R-Studio와의 대화를 통한 행정/경영계량분석

이기는 통계학

[챔피언과 도전자 관점에서 본
게임 중심의 스토리가 있는 통계학]

이 석 환

WINNING STATISTICS

DY 도서출판 대영문화사

머리말

그동안 통계학은 너무 어렵게 접근되었다. 이는 분명 통계학을 배우는 사람들의 능력의 문제는 아니다. 상당한 부분은 통계학을 저술하는 저자들에게도 책임이 있다. 해당 전공 영역에서 해당 전공학생들만 볼 수 있도록 만들어진 통계학 서적들도 딱딱하고 이해하기 어렵기는 마찬가지이다. 통계학을 좀 더 이해하기 쉽게 전달하고 많은 사람들이 두려움을 없애고 자유자재로 통계적 기법들을 활용하게 할 수 있는 방법은 없는 것일까? 학교뿐 아니라 직장에서도 일반인들이 쉽게 통계학적 지식을 접하고 활용할 수 있다면 불확실한 현실과 미래에서 우리의 삶의 질을 한 층 더 높일 수 있다. 통계학은 의사결정을 지원하기 위한 강력한 수단을 제공하는 학문이기 때문이다. 개인과 조직의 의사결정의 성공확률을 높여야 한다는 점에서 우리는 '이기는 통계학'이 필요한 것이다.

사회현상을 계량적으로 측정하여 분석하는 통계기법들은 오랫동안 사회과학자들의 경험적 연구를 위한 강력한 도구로 역할을 하여 왔다. 연구자들의 입장에서는 필수적으로 알아야 할 계량방법론들이지만 많은 경우 인문사회계열 학부학생들의 입장에서 보면(물론 대학원생의 경우도 더러 있을 것이다) 계량분석이나 통계학이라는 과목들은 아무래도 느낌상 편안하지 않다. 이는 전문직뿐 아니라 가끔은 통계학적 지식이 필요한 인문사회계열 출신의 일반인들에게도 마찬가지일 것이다.

왜 그럴까?

인문사회계열 학생들과 일반인들로 하여금 통계학을 의사결정지원 수단으로 자유자재로 사용할 수 있게 하려면 다음의 세 가지 조건이 충족되어야 한다.

첫째, 통계학 서적은 지식을 전달하는 사람의 입장에서 통계를 활용해야 하는 사람의 입장으로 관점이 전환되어져야 한다. 즉, 통계기법들을 개별적으로 나열하고 개념을 설명하는 방식에서 통계기법들이 사용되어져야 하는 상황 내지는 배경(여기서는 이를 게임명과 게임의 룰이라 부른다)을 먼저 알려주고 해당 통계기법을 소개하는 순서로 관점이 전환되어져야 한다. '이기는 통계학'이 되려면 게임에 임하는 연구자가 상대방과 겨루기 한판을 벌여야 하는데 이때 어떤 게임인지를 명확히 알아야 한다. 구체적으로 게임의 룰을 알아야하고 누가 판정해 주는지를 알아야 한다. 이때 누가 판정해 주는지에 관한 도구가 바로 통계기법이다. 지금까지의 통계학은 게임의 내용을 알려주지 않고 심판들에 대하여 소개만 하는 데 그쳤다. 물론 심판들을 소개하면서 적절한 사례를 첨부했지만 적어도 게임에 임해야 하는 사람(연구자)의 입장에서 정보를 주지 못했고, 이는 연구자들로 하여금 통계학은 어렵다고 느끼게 하는 데 기여했다.

둘째, 통계패키지의 접근성이다. 통계패키지는 수식을 몰라도 명령어만 주면 대화할 수 있는 인터페이스를 제공한다는 측면에서 큰 역할을 하고 있다. 그러나 아무 훌륭한 통계패키지가 존재해도 이것이 모든 사람들에게 접근 가능하지 않으면 의미가 없다. 과거에는 SAS와 SPSS가 주를 이루어 교육의 장에서 활용되어 왔는데, 이들 프로그램은 실제로 성능이 우수하고 대량의 데이터를 다양하게 다룰 수 있다는 장점이 있다. 그러나 SAS의 경우는 개인이 접근하기가 어렵고 기관이 라이선스를 사서 학생들에게 제공하여야 하며 학생들이 장소에 구애받지 않고 아무데서나 사용하기 어렵다. SPSS의 경우는 개인적 접근이 가능하지만 개인용 프로그램을 구입하는 데 비용이 든다. 이러한 모든 장애요인을 극복하고 기능은 SAS/SPSS와 동등 내지는 더 우수하면서 학생과 연구자들에게 무료로 제공되는 획기적인 플랫폼 중심의 오픈소스

프로그램이 나왔다. 'R'이라고 불리는 이 통계프로그램은 언제 어디서든 자신의 컴퓨터만 있으면 다운로드해서 사용이 가능하고 다양한 사람들이 참여해서 프로그램의 성능을 수시로 업데이트시킨다. 지금 이 순간 본 교재를 읽고 있는 모든 독자들은 바로 사이트에 들어가 'R'을 다운로드 받을 수 있고 바로 사용할 수 있다.

셋째, 통계패키지에서 사용하는 명령어 및 함수의 난이도 문제이다. 아무리 R이 오픈소스이고 누구나 접근가능하다 해도 R 자체에서 사용하는 명령어들은 초보자에게는 매우 낯설고 어려운 언어가 될 수밖에 없다. R이 아무리 확장성이 뛰어나다고 하지만 C, C^{++}, Java, Python 등의 컴퓨터 언어에 익숙하지 않은 연구자 및 일반인들에게는 프로그래머가 아닌 이상 혼자서 독학하여 이해하기 어려울 수밖에 없다. 요즘 모두가 R이 중요하고 R을 배워야겠다고 얘기하는 사람은 주위에 많지만 선뜻 실행에 옮기지 못하는 이유는 바로 이 부분 때문이다. 그러나 저자는 R을 100% 활용할 것을 권하지 않는다. 저자는 R의 모든 기능을 다 알 필요도 없고 완벽하게 이해할 필요도 없다고 주장한다. 가장 많이 쓰이는 필수 기능 정도를 요약해 모아놓고 공유하면서 그대로 명령어를 갖다 쓰는 것만으로도 사회과학에서 석·박사학위 논문을 쓰는 데 충분하다고 주장한다. 이것이 바로 『이기는 통계학』이 나오게 된 배경이다. 더 나아가 아쉽게도 시중에 나와 있는 많은 R 관련 책들은 엄청난 양의 R 명령어 체계를 제시하고 있지만 실제 그대로 따라해 보면 에러가 나는 경우가 의외로 많다. 이러한 점이 공부하는 사람들을 좌절하게 만든다. 본 교재에서는 에러가 생길 때 어떻게 해야 하는지에 대한 내용과 함께 관련 해당 분석에서 반드시 있어야 하는 패키지들을 실제 프로그램에 일일이 표기하여 두었고, 연구자들이 응용하여 분석할 때 알아두어야 할 점들을 미리 세세하게 설명해 R 프로그램이 에러가 나서 한참을 고생하는 수고를 최대한 덜어주려 노력하였다. 여하튼 본 교재의 목표는 본 교재에 나와 있는 프로그램들을 그대로 독자들이 사용하면 무조건 에러 없이 R 출력결과가 나오게 한다는 것이 목표이다.

이렇게 위의 세 가지 조건만 충족되면 통계학은 쉬워지며 누구나 쉽게 이용할 수 있는 의사결정의 도구로 확산될 수 있다고 믿는다.

본 교재가 통계학과 계량분석을 처음 접하는 인문사회계 학부학생들, 그리고 통계학의 기본개념을 좀 더 체계적으로 이해하고 쉽게 적용하는 방법을 원하는 대학원생들, 그리고 합리적 의사결정을 하고 싶어서 통계분석에 관심이 있는 일반인들에게도 큰 도움이 되길 기대한다.

본 교재는 두 개의 프롤로그와 본문, 그리고 두 개의 에필로그로 구성되었다.

두 개의 프롤로그를 통해 '이기는 통계학'의 본질이 무엇이고 수식 없이 배우는 통계학이 가능하다는 것을 강조한다.

제1편에서는 귀찮지만 알고 넘어가야 할 통계학의 기본개념들을 언급하며,

제2편에서는 통계학에 대한 새로운 이해로서 가설검정의 논리를 설명하며,

제3편에서는 통계패키지 'R'과 'R-Studio'에 대한 소개를 하고,

제4편에서는 이기는 통계학을 본격적으로 소개하면서 게임의 내용과 룰을 설명하고, 사례를 활용하여 R 명령어 및 출력결과와 함께 설명한다.

마지막으로, 두 개의 에필로그를 통해 이기는 통계학으로 가기 위한 지는 통계학의 의미를 설파하고, 통계학과 관리과학(OR) 간의 연계성과 맥락에 대해 언급하면서 끝을 맺는다.

본 교재에서 또 한 가지 언급하고 넘어갈 부분은 바로 '비정형데이터'에 대한 분석을 소개한 부분이다. 정형화된 데이터를 다루는 기존의 통계학의 발달사에 비해, 아직 역사가 일천하지만 이 부분에 대한 과학적 연구를 통해 새로운 기법들이 나타나고 진화될 것이다. 중요한 것은 비정형데이터 역시 분석의 목적에 따라 정형데이터와 게임의 룰이 동일하고, 이에 대한 동일한 심판이 존재한다는 것이다. 다만, 이러한 통계기법을 사용하기 위해 비정형데이터를 정형데이터로 바꾸어주는 전처리 작업이 중요하므로 이에 대한 연구가 더 뒤따라야 한다.

아무쪼록 본 교재를 통해 독자들이 통계학에 대한 두려움을 떨쳐 버리고 통계기법들을 보다 체계적으로 이해할 수 있게 되어 일상에서의 의사결정에 자유자재로 활용되는 『이기는 통계학』을 습득하게 되기를 기원한다.

마지막으로, 본 교재가 발간되기까지 꽤 오랜 시간을 인내해 주시고 기다려 주신 대영문화사의 임춘환 사장님과 임현준 부장께도 감사의 말씀을 드린다.

언제나 그렇듯이 본 교재를 쓰면서 가족의 소중함을 언급하지 않을 수 없다. 평생을 내가 하는 일에 아무런 간섭을 하지 않고 공기처럼 내 주변에서 묵묵히 지켜봐주고 편안하게 해 주는 아내 김경연의 내조와 큰아들 동준, 작은아들 동현의 아빠에 대한 신뢰와 사랑이 없었다면 본 교재에 집중할 수 없었을 것이다.

감사드린다.

2021년 12월

팬데믹의 긴 터널의 끝이 보이는 그 순간을 기다리며

북악산 기슭에서

저자 이석환

【프롤로그 I】 무엇이 이기는 통계학인가?
- 챔피언과 도전자의 관점에서의 통계학 -

추론통계학은 가설을 필요로 하며 가설은 귀무가설과 연구가설로 나누어진다. 연구자는 연구가설을 지지하며 귀무가설을 상대로 본인의 주장이 맞음을 입증해야 한다. 결론부터 말하면 귀무가설은 '기각(reject)'시키라고 있는 것이지 채택하라고 있는 것이 아니다. 귀무가설은 세상의 기득권을 가진 챔피언이다. 챔피언은 세상이 변하길 원하지 않는다. 반면 연구가설은 도전자로서 챔피언을 이겨야만 도전자의 세상이 온다. 그래서 '이기는 통계학'이다.

기존의 세상 사람들이 가지고 있던 당연하다고 여겨지는 생각들에 대해 어떤 사람이 합리적 의심과 질문을 내 놓고 이를 검증해서 합리적 의심이 맞았다는 것을 증명한다면 이 사람은 세상을 바꾸는 훌륭한 인재가 된다. 통계학은 바로 이 사람을 위해 존재하며 이 사람과 함께 세상을 이겨나간다. 설사 이번 단계에서 의심이 틀렸다고 결론이 날지라도 다음번 도전을 위해 이길 수 있는 질문을 만드는 데 결정적 도움을 주는 것이 통계학이다. 결국 이기는 통계학인 것이며, 세상을 바꾸는 통계학이다. 연구자(도전자)가 설정하는 연구가설(Ha)의 존재이유는 기존의 세상(챔피언)이 설정한 귀무가설(Ho)을 기각시키기 위해 있는 것이지 귀무가설의 손을 들어주려고 있는 것이 아니라는 점을 '이기는 통계학'은 명확히 하고 있다.

그런데 이길 때는 편법이나 운에 의존하는 것이 아닌 정정당당하게 과학적으로 검증받아 이겨야 한다. 그 과학적 검증을 무시하고 대충 분석해서 이겼다고 결론을 내면 큰 재앙이 기다린다. 즉, 잘못된 의사결정에 대한 결과를 책임져야 하는 것이다. 통계학에서 100%의 확신은 존재할 수 없다. 다만, 우리는 과학적 검증을 철저히 하여 의사결정의 리스크를 최소화하면서 우리가 원하는 것을 얻고자 하는 것이며, 그 어떤 경우든 우리의 결정이 틀릴 수도 있다는 점을 인정하고 있어야 한다.

지금까지 기존의 통계학 서적은 전문가가 통계기법 위주로 지식을 전달하고 사례를 제시하면서 독자들의 이해를 돕는 방식으로 집필되었다. 즉, 통계학의 어려운 지식을 알아서 이해하고 기법을 적용해야 하는 것은 독자들의 몫이었다. 그런데 여기 빠진 게 있다. 바로 책을 쓰는 저자의 관점이 아닌 독자(연구자)의 관점이다. 연구자의 관점에서 보면 통계학을 배워야 하는 이유가 명확해진다. 즉, 귀무가설을 상대로 이겨야 한다. 이겨도 그만 저도 그만이 아니라는 것이다. 그런데 수단과 방법을 가리지 않고 주먹다짐으로 해서 귀무가설을 때려눕히라는 게 아니다. 『이기는 통계학』은 통계기법을 소개하기 전에 전쟁터에 또는 싸움터에 나가는 연구자들에게(아니 전쟁터나 싸움은 좀 과격한 표현이니 게임이나 경기라고 하자), 즉 게임에 임하는 연구자들에게 게임의 내용과 룰을 사전에 알려주어야 한다. 『이기는 통계학』의 관점이 없다면 이러한 게임의 내용을 알려줄 수 없는 것이다.

『이기는 통계학』의 관점에서는 총 9개의 게임이 있다고 보고 각각의 게임에서 정한 룰을 통하여 누가 이겼는지를 결정해줄 심판이 존재해야 하는데, 이것이 바로 통계적 기법들이다. 따라서 책의 목차가 통계기법 중심이 아니라 게임명 중심으로 구성된다.

여기서 본 교재에서 정리한 13개의 게임과 30여 명 이상의 심판원들(통계기법들)을 공개한다. 물론 여기서 제시된 게임과 심판원들은 통계학에서 다루는 전부가 아니지만 가장 많이 벌어지는 게임의 종류를 나열한 것이며, 가장 많이 등장하는 심판원들을 나열한 것임을 밝혀둔다.

본 교재의 또 하나의 주요한 특징 중의 하나는 이러한 게임들을 스토리 중심으로 전개하였다는 점이다. 즉, 제1장에서 제2장으로 넘어갈 때마다 새로운 게임이 등장하게 된 배경을 스토리로 표현하였다. 여기서 제시된 모든 스토리들이 진실에 기초한 것은 물론 아니다. 일부는 진실에 기초하기도 하고, 일부는 저자의 상상력을 동원하여 독자들이 게임탄생의 배경을 쉽게 이해할 수 있도록 재미있게 각색된 것이기도 하다.

저자는 본 교재를 읽는 사람들에게 각각의 게임을 단편적이고 독립적인 것으로 이해하도록 내용을 전개하는 방법을 버리고 싶었다. 챔피언과 도전자의 관점을 통계학에 도입하게 되면 패자들은 게임의 룰에 문제제기를 하고 불만을 제시하게 된다. 그러면 통계학은 이러한 의견들을 반영하여 수정된 새로운 게임을 탄생시키고, 또 이 게임이 그 다음에 나타나는 게임을 탄생시키는 스토리를 만들어갈 수 있고, 이것이 바로 스토리가 있는 통계학인 것이다. 따라서 이기는 통계학은 스토리가 있는 통계학을 기반으로 한다고 할 수 있다.

Chapter	게임명	게임 룰	주 심판원	세부 및 보조 심판원
1	한 집단의 평균 부인하기 게임	한 집단에서의 평균 부정하기	z-검정 또는 t-검정 (one sample t-test)	
2	두 집단 간 평균 비교 게임 Ⅰ	두 집단 간 평균의 차이 만들기	두 집단 비교 t-검정 (two sample t-test)	• 윌콕슨 순위 합 검정 (Wilcoxon rank sum test) • 웰치 t-검정(Welch two sample t-test) • 샤피로-윌크 정규성 검정(Shapiro-wilk normality test) • F-검정(F-test to compare two variances)
3	두 집단 간 평균 비교 게임 Ⅱ	두 집단(before-after) 간 평균의 차이 만들기	한 쌍의 짝 간의 실험 (paired t-test)	
4	세 집단 이상의 평균비교 게임	세 집단 이상의 비교에서 최소한 하나의 평균을 다르게 만들기	분산분석 (ANOVA)	One-Way ANOVA One-Way ANCOVA Two-Way ANOVA MANOVA Tukey/LSD test Interaction Effect test

5	빈도분석 게임	빈도분석표 찌그러뜨리기	카이제곱 검정 (Chi-square test)	
6	상관관계 찾아내기 게임	세상에서 가장 조화로운 사건, 가장 충돌하는 사건 찾아내기	상관관계 분석 (Correlation Analysis)	
7	인과관계 찾아내기 게임 Ⅰ	결과(y)에 영향을 주는 선행요인(x) 찾아내기 (간격·비율·서열 데이터)	다중회귀분석 (Multiple Regression Analysis)	더빈-왓슨분석 다중공선성분석(VIF) Global Stats
8	인과관계 찾아내기 게임 Ⅱ	결과(y)에 영향을 주는 선행요인(x) 찾아내기 (범주화·이산화·빈도 데이터)	Generalized Linear Model: GLM	로지스틱 회귀분석 포아송 회귀분석
9	기울기 영향 미치기 게임	집단 간 비교를 통해 독립변수의 기울기에 영향 주기	조절회귀분석 (Moderated Multiple Regression Analysis: MMR)	위계적 조절회귀분석 (Hierarchical Moderated Multiple Regression Analysis: HMMR)
10	매개효과 찾아내기 게임 Ⅰ	간접효과 찾아내기	경로분석 (Path Analysis)	
11	매개효과 찾아내기 게임 Ⅱ	간접효과 찾아내기(잠재변수 측정의 경우)	구조방정식 모형 (Structural Equational Modeling: SEM)	교차타당성 분석(Cross Validation Analysis)
12	미래예측모형의 적합성 찾아내기 게임 Ⅰ	추세를 반영하는 종속변수를 예측하는 데 있어 모형의 적합성 테스트 통과하기	지수평활모형 (Exponential Smoothing: ETS)	RMSE, accuracy test
13	미래예측모형의 적합성 찾아내기 게임 Ⅱ	추세가 없는 (정상성을 반영하는) 종속변수를 예측하는 데 있어 모형의 적합성 테스트 통과하기	아리마 모형 (ARIMA)	Box-Ljung test

【프롤로그 Ⅱ】 수식 없이 배우는 통계학

- 모든 사람이 수학자, 통계학자일 필요가 없다 -

수학 분야에서 우리 시대의 불멸의 바이블로 평가받아오고 있는 『수학의 정석』은 대한민국 국민들에게 엄청난 영향을 끼쳤다. 이 엄청난 영향은 긍정적인 측면과 부정적인 측면으로 나누어 볼 수 있을 것이다.

우선, 긍정적인 측면은 수학을 잘하고 수학을 계속 공부하고 싶어하는 학생들에게는 큰 통찰력과 에너지가 되어 우리 시대의 이공계열을 주도하는 인재들을 양성하는 데 기여하였다는 점이다.

반면 부정적인 측면 또한 만만치 않은데 이는 수학에 재능이 없거나 수학을 어려워하는 학생들에게 확률과 통계(수학의 정석의 맨 뒷부분에 나와 있다)에 대한 편견을 심어주어 고등학교를 졸업한 이후 (또는 대학을 졸업한 이후) 수학 없이 살 수 있는 직종의 영역에서 근무할 수 있고, 확률과 통계를 전혀 몰라도 사는 데 아무 지장이 없다는 말로 자신들을 위로하면서 통계학이라는 학문의 영역이 아닌 일상의 영역에 대하여 애써 거리를 두고 외면하게 만들었다는 것이다.

그러나 현실은 어떤가? 우리는 매일 아침 일어나 뉴스를 보면서 직장에 출근하여 누가 대통령이 될까? 돈을 벌기 위해서 주식투자가 좋을까, 부동산 투자가 좋을까? 정부가 규제를 하면 부동산 가격이 내릴까? 등등의 일상에서 일어나는 일들에 대해 깊은 관심을 갖고 동료들 지인들과 그리 고통스럽지 않게 대화를 나누고 있다. 이 모든 질문의 답이 바로 확률과 통계에 있다는 것을 모르는 채 말이다. 즉, 통계와 전혀 관련이 없는 영역에서 먹고 살고 삶을 영위해 나갈 수 있다는 것은 착각이고 틀린 말이다.

이렇게 보면 지금까지 우리는 통계학을 제대로 이해하고 제대로 사용할 줄 알면 위의 질문들에 대해 어느 정도 그럴듯한 답을 낼 수 있고, 이에 기초하여 합리적인 투자결정 내지는 의사결정을 할 수 있다는 사실을 간과해 온 것이다.

우리는 지금까지 삶을 자기 주도적으로 살아오지 못했다. 적어도 위의 질문에 대해 스스로 데이터를 모아보고 스스로 결정하는 사람을 제외하고 말이다. 그냥 남들이 그렇게 얘기하니까 따르고 남들이 하지 말라고 하지 안 했던 적이 더 많다. 한 번쯤은 직관이나 경험에 기초한 의혹 내지는 가정을 세워놓고 내가 스스로 데이터를 모아보고 이에 기초한 분석을 해본 후 내 가정이 맞았는지 틀렸는지를 검증받아 보는 시스템이 있다면 그렇게 한 번 해보고 싶지 않을까?

이 시스템이 바로 통계학이다. 그리고 우리는 우리가 설정한 합리적 의심 내지는 의혹을 증명하여 그 반대편에 선 사람들의 주장이 틀렸다는 것을 증명해 내는 것이 목표이다. 우리는 이기기 위한 게임을 해야 한다. 만일 우리가 틀렸다 할지라도 그것은 다음번에 이기기 위한 중요한 경험이 된다. 이 경험을 토대로 더 논리가 강한 합리적 의심을 설정할 수 있기 때문이다. 궁극적으로는 이기는 쪽으로 한발 다가가야 한다.

그렇다면 이제 그토록 어렵게 느껴진 통계학적 지식을 어떻게 평범한 사람들에게 주입할 수 있을까?

확률과 통계를 수학적으로 이해하지 않아도 된다. 복잡한 문제를 직접 풀거나 이해할 필요도 없다. 다만, 인과관계를 밝혀내는 다양한 기법들이 있음을 인지하고 그 개념을 이해하며 어느 게임에서 어떤 기법을 적용할지만 이해하면 된다. 나머지는 통계프로그램이 대신해 준다. 우리는 통계프로그램과 대화하는 방법만 배우면 된다는 것이다. 이것은 마치 자동차의 부품과 작동원리는 이해하지 못하여도 운전을 잘하는 방법만 배우면 되는 것과 같다. 자동차의 성능을 업데이트하고 고장났을 때 고치는 것은 엔지니어의 역할이지

운전자가 감당해야 할 역할이 아니다.

또 하나 강조하고 싶은 것은 요즘 나오는 자동차는 운전자에게 기능제공면에서도 너무나도 다양하고 많은 정보를 제공한다. 그러나 실제로 운전자들이 이러한 기능을 다 사용하지도 않을뿐더러 다 이해하지 못해도 운전을 편안하고 안전하게 하는 데는 전혀 문제가 없다. 이와 마찬가지로 통계적 기법과 방법론을 한없이 깊게 들어가면 한없이 많은 기능들과 분석방법들이 존재함을 알게 된다. 그러나 우리는 이러한 기능들을 다 배우고 연구할 필요가 없다고 생각한다. 적어도 학부를 넘어서서 대학원생 수준에서 석 · 박사 논문을 쓰기 위한 통계적 지식들은 세상에 존재하는 모든 복잡하고 디테일한 기법들을 이해할 것을 요구하고 있지도 않고 요구해서 다 이해해야 한다고 한들 실제 학위논문을 쓰는 데 그 자체가 결정적 역할을 하지 못한다. 통계학은 그저 연구자의 그럴듯한 가설을 상대방이 이해하기 쉽도록 검증하고 전달해 주는 기능을 담당하는 것으로도 충분하다. 적어도 통계학도나 수학도가 아니라면 사회과학도에게는 그 이상이 필요치 않다고 생각한다. 사실 이 정도의 양도 결코 가볍지 않다.

본 교재에서는 그 정도 수준의 지식만을 담으려고 노력하였다. 누구나 쉽게 R을 다룰 줄 알고 결과를 해석할 줄 알며 필요한 정도까지만 디테일을 이해하게 하는 것이 본 교재의 목표이다. 방법론과 통계학으로 박사학위를 받을게 아니라면 이 정도 선에서 멈추고 자신의 전공내용에 더 집중해야 한다. 본 교재를 쓰는 저자의 전공은 행정학 중에서도 성과관리와 평가 분야이다. 통계학 전공이 아니다. 그러나 성과관리 분야에서의 논문을 쓰고 연구를 하기 위해 통계학적 지식이 필요한 것이고, 내 주장을 펼치는 데 있어서 현재의 통계학적 지식으로 전혀 부족함이 없다.

차례

1

P·A·R·T

귀찮지만 알고 넘어가야 할 통계학의 기본개념들

제1장 추론통계학의 본질
제2장 확률이론
제3장 표본과 모집단 간의 관계

Winning Statistics

01 CHAPTER 추론통계학의 본질

1. 기술통계와 추론통계

통계는 기술통계와 추론통계로 크게 나누어 볼 수 있다. 기술통계는 조사대상 전체가 바로 연구대상이 되는 통계를 말하며, 추론통계는 전체 중에서 대표를 뽑아서 표본을 얻고 그것에서 얻은 값으로 전체의 값을 추리하는 방법이다. 모집단으로부터 아무리 대표적인 요소를 뽑아 얻은 통계치를 갖는다고 해도 모수치를 추론하지 않는 경우에는 기술통계라고 할 수 있다. 다시 말해서, 기술통계는 분석결과를 분석대상에게만 적용하는 기법이며, 추론통계란 모집단과 표본 간의 관계를 다루는 통계이다.

2. 정규분포에 대한 가정

정규분포는 통계분포 중에서 대표적인 것으로 평균과 표준편차가 주어진 상태에서 특정값이 나타날 확률을 나타내는 확률분포식으로 표시된다. 추론통계의 기본으로 샘플사이즈가 30개 이상이면 정규분포를 띤다는 가정이 통계의 시작이다. 정규분포는 평균을 중심으로 좌우 대칭형으로 나타나며 확률분포이다. 정규분포의 형태는 평균부분에서 가장 높고 양쪽으로 가면서 점차 낮아진다. 즉, 평균값과 차이가 나는 값들이 관찰될 확률은 낮아지지만 0이 되지는 않는다.

이러한 정규분포는 표본을 통해 모집단을 추론하는 데 없어서는 안 될 도구로서 사용된다. 정규분포의 주된 특징은 종모양의 곡선(bell-shaped curve)의 모습을 갖는다는 것이며, 양쪽 극단으로 갈수록 그 확률이 줄어든다는 것이다. 그러나 그 끝이 결코 닫혀 있지 않다는 점을 유의해야 하며 정규분포상에서 모든 면적의 합은 1의 확률값을 갖는다.

정규분포를 추론에 사용하기 위해서는 일반적인 의미의 정규분포를 표준화된 정규분포로 바꾸어 주는 작업을 하여야 하며, z-score를 통해 확률값을 계산하게 된다.

3. 측정의 척도(Scales of Measurement)

사회현상을 측정하기 위해서는 현상을 바라보는 '안경'이 필요한데 이를 통계학에서는 척도라고 부른다. 통계학에서는 어떠한 형식으로든지 숫자로서 현상을 표현하여야 하기 때문에 이러한 척도의 유형을 구분하고 이해하는 것이 중요하다. 척도 유형의 중요성은 척도의 유형에 따라 측정으로부터 얻어지는 자료의 성격이 달라지고 이에 기초하여 통계분석의 기법이 달라져야 한다는 데 있다.

이러한 척도는 일반적으로 네 종류로 나누어진다.

명목척도(nominal scale)는 측정대상의 특성을 분류하거나 확인할 목적으로 범주화하여 숫자를 부여하는 경우로 가장 낮은 수준의 척도이다. 예를 들어, 남자와 여자, 환승유무 등을 들 수 있다. 이때 범주의 분류는 측정대상이 상호배타적이며, 각 측정결과는 어느 한 범주에만 포함되어야 한다. 명목척도는 네 가지 척도 형태 중에서 가장 적은 정보량을 제공하며 교차분석과 같은 방법을 이용할 수 있다.

서열척도(ordinal scale)는 명목척도의 범주 분류를 바탕으로 범주 사이의 순위를 나타내는 조건을 추가한 것이다. 예를 들어, 대·중·소, 상·중·하처럼 사물을 분류하는 것은 서열척도이다. 서열척도는 분류와 순위에 관한 정보를 제공하지만 척도 간격의 크기에 대해서는 정보를 제공하지 못한다.

다만, 서열척도는 명목척도에서 가능한 분석방법에 더해 중앙값, 서열상관관계와 같은 통계분석을 이용할 수 있다.

등간척도(interval scale)는 서열척도처럼 측정대상 간의 순위를 부여하지만 순위 사이의 간격이 동일한 척도이다. 성적이나 온도 등을 예로 들 수 있으며, 등간척도에서 영점은 임의로 정한 점수이며, 절대'0'의 의미를 갖지는 않는다. 즉, 임의 영점은 어떤 수준을 '0'이라 합의한 것이다. 온도가 같은 섭씨, 화씨의 임의 영점 기준이 다른 것을 예로 생각해 볼 수 있다. 등간척도의 이점은 덧셈, 뺄셈의 가감승제의 산술적 연산이 가능하다는 것이지만 곱셈, 나눗셈의 법칙은 성립하지 않는다.

비율척도(ratio scale)는 등간척도가 갖는 특성에 추가적으로 측정값 사이의 비율계산이 가능한 척도로 절대'0'의 개념이 추가된 척도이다. 같은 간격에 같은 단위를 부여하는 등간성을 가지며, 덧셈법칙은 물론 곱셈법칙 모두 성립한다.

[표 1-1] 척도의 종류와 특성

척도	속성	예
명목척도	범주 분류, 확인	남/녀
서열척도	범주 분류, 순위	상 · 중 · 하 설문문항의 리커트 척도
등간척도	분류, 순위, 동간격	20℃ 30℃
비율척도	분류, 순위, 동간격, 절대영 등 절대간격 비교	1m, 2m

4. 중심화 경향의 척도(Measures of Central Tendency & Variability)

중심화 경향은 자료가 어디에 집중되어 있는가를 나타내는 정도를 말하며, 측정수준과 점수의 변산도에 따라서 가장 빈도가 높은 수치를 나타내는 최빈값(mode), 도수의 분포에서 크기순 배열에 따라 중간(50%)에 위치하는 중앙값(median), 그리고 모든 점수의 합을 전체 경우의 수로 나눈 값으로 산술평균(arithmetic mean)을 사용한다.

최빈값은 주어진 데이터 그룹 내에서 가장 많은 빈도로 나타나는 것을 의미한다. 따라서 특정한 집단 내에 최빈값은 둘 이상 존재할 수 있다.

중앙값은 주어진 데이터 그룹 내에서 서열상으로 가운데에 위치하는 숫자를 의미한다. 주어진 그룹 내에서의 전체의 관찰치의 수가 홀수일 때에는 하나의 중앙값이 존재하나 총 관찰치의 수가 짝수일 때에는 중앙에 위치하는 숫자를 두 개 선택하여 평균을 내어 사용한다. 주의할 점은 중위수를 발견하기 전에 반드시 크기에 따라 순서를 배열해 놓고 중앙값을 찾는 작업을 시작해야 한다는 것이다.

평균은 중앙값과 최빈값보다 그 분포의 극단의 점수가 있느냐 없느냐에 더 민감하다. 중심화 경향의 통계량이 전체 점수를 반영해야 할 때, 평균이 가장 좋은 선택이 될 것이다. 평균값이 대표성이 있는 척도인가를 보기 위해서는 표준편차를 반드시 살펴보아야 한다. 이 표준편차의 크기가 너무 크게 되면 평균은 대표성을 갖기 어렵게 된다. 이러한 경우에 위에서 언급한 최빈값 또는 중앙값을 사용하여 주어진 집단의 특성을 표현하고자 하는 것이다.

5. 독립변수(independent variable)와 종속변수(dependent variable)

사실 추론통계학에서 이 두 가지의 개념이 핵심이라 할 수 있다. 우리는 지금부터 변수 간 관계를 주로 다루게 될 텐데 독립변수의 개념과 종속변수의 개념을 모르고서는 한 단계도 진행할 수 없다.

독립변수는 종속변수를 설명하는 변수이고 종속변수는 종속변수에 의하여 설명되어지는 변수이다. 굳이 수학적 공식인 1차함수 모형을 사용한다면 종속변수는 y에 해당하는 변수이고, 독립변수는 x에 해당하는 변수를 의미한다. 우리는 여기서 늘 독립변수의 기울기[이를 계수값(coefficient)이라고도 부른다]에 관심을 보이게 된다. 굳이 이러한 인과관계 모형이 아니더라도 통계학에서는 상관관계 분석 등 다양한 분석을 통해 변수와 변수 간 관계를 검증해내는 데 주된 관심이 있다는 것을 잊어서는 안 된다. 해당 부분에서 또 언급하겠지만 독립변수와 종속변수 외에 조절변수(moderating variable), 매개변수(mediating variable)에 대해서도 통계학은 매우 깊은 관심을 갖는다.

Winning Statistics

02 CHAPTER 확률이론

1. 기초확률이론(Basic Elements of Probability)

확률이란 일정한 인과체제 하에서 장기적으로 발생하게 되는 상대적인 빈도를 의미한다. 우리가 보통 확률이라 할 때에는 이러한 상대적인 빈도로 정의되는 확률을 의미한다. 확률을 이해하기 위해서는 기초확률의 종류와 내용에 대해 이해할 필요가 있다. 이러한 기초확률이론들을 통하여 궁극적으로 왜 정규분포가 중요한지, 어떻게 정규분포의 논리가 표본으로부터 모집단을 추론하는 데 도움을 줄 수 있는지를 이해할 수 있게 될 것이다.

1) 상호배타적 사건(Mutually Exclusive Events)

상호배타적 사건은 우선 다음과 같이 정의된다.

$$P(E1+E2)=P(E1)+P(E2)-P(E1 \text{ and } E2)$$

이것은 사건 1(E1) 또는 사건 2(E2)가 발생할 확률을 의미한다. 즉, 두 개의 또는 그 이상의 사건들이 발생할 확률을 다루는 것인데, 만일 두 가지의 사건이 동시에 발생할 확률[P(E1 and E2)]이 0이라면 이를 상호배타적 사건이라 부른다.

예를 들어, 52장의 카드 중에서 E1이 에이스를 꺼내는 사건이라 하고 E2가 King을 꺼내는 사건이라고 하면 에이스 또는 King을 한 번 시도에서 꺼낼 확률은 다음과 같다.

$$
\begin{aligned}
P(E1\ \text{or}\ E2) &= P(E1)+P(E2)-P(E1\cap E2)\\
&= 4/52+4/52-0\\
&= 1/13+1/13-0\\
&= 2/13
\end{aligned}
$$

그러나 E1이 에이스를 꺼내는 사건이고 E2가 스페이드를 꺼내는 사건이라고 하면 한 번의 시도에서 에이스 또는 스페이드를 꺼내거나 둘 다를 꺼내게 될 확률은 다음과 같다.

$$
\begin{aligned}
P(E1\ \text{or}\ E2) &= P(E1)+P(E2)-P(E1\cap E2)\\
&= 4/52+13/52-1/52\\
&= 16/52=4/13
\end{aligned}
$$

이 경우 우리는 이를 상호배타적인 사건이라 할 수 없다는 것이다.

2) 여사건(Complementary Events)

이는 어느 하나가 모든 것을 의미하면 나머지는 없다는 가정에서 출발한다(One is everything the other is not). 즉, 다음의 공식이 성립한다는 것이다.

$$P(A)+P(B)=1$$

예를 들어, E1이 검은색 에이스를 꺼내는 사건이고 E2가 나머지 모든 카드를 꺼낼 수 있는 사건이라 한다면 이는 여사건에 해당된다. 즉, 전체 확률 1에서 검은색 에이스를 꺼낼 확률을 빼면 나머지 확률이 된다는 것이다. 이 경우 E2에 대한 확률은 다음과 같이 계산된다.

E1 = 2/52, E2 = 1 − 2/52 = 52/52 − 2/52 = 50/52

3) 조건부 확률(Conditional Probability)

조건부 확률이란 특정한 사건이 먼저 일어나고 이 사건이 나중에 일어나는 다른 사건에 영향을 미치느냐 미치지 못하느냐에 관한 확률을 의미한다. 이러한 조건부 확률에는 독립적 사건과 종속적 사건이 있다. 만일 E1과 E2가 두 가지 사건이라고 하고, E1이 발생하였다는 가정 하에 E2가 일어날 확률을 구한다면 이는 조건부 확률이 된다. 이는 다음과 같이 표현된다.

$$P(E1 \cup E2) = P(E1)\ P(E2|E1) \text{ or}$$
$$P(E1 \cup E2) = P(E2)\ P(E1|E2)$$

여기서 E1이 E2가 일어날 확률에 영향을 못미치면 독립적 사건이라 부르고, 영향을 미치면 종속적 사건이라 부르는 것이다.

2. 이항확률분포와 정규분포(Binominal and Normal Distributions)

1) 이항확률분포

이항확률분포(Binomial Probability Distribution)는 중요한 확률분포 중 하나이다. 이항확률분포는 두 가지의 여사건(Complementary Events)으로 특징지어진다. 이항확률분포에서는 오로지 두 가지의 반대되는 사건, 즉 성공(success)과 실패(failure)로 나누어진다. 이때 성공은 연구자가 관심 있는 사건을 의미하며 실패는 그 반대의 사건을 의미한다.

이항확률분포를 통해 확률을 구하는 방법은 이항확률표를 활용하여 얻는 법, 공식을 통하여 얻는 법, 정규분포를 사용하여 얻는 법의 세 가지 방식이 있다. 이 중 공식을 사용하여 그 값을 구하는 방법을 소개하기로 한다.

$$P(success) = [n!/x!(n-x)!] * [p^x(1-p)^{n-x}]$$

여기서, n: 전체 관찰치의 수(total number of events)
p: 성공할 확률(probability of a success)
q: 1−p=실패할 확률(probability of failure)
x: 성공 횟수(number of successes)
n−x: 실패 횟수(number of failures)

주사위를 네 번 던졌을 때 두 번 '6'을 관찰할 확률은 이항확률분포의 문제이며 다음과 같이 구할 수 있다.

위의 공식에 의하면 n=4, x=2, n−x=2, p=1/6, q=1−p=5/6
P(두 번 '6'을 관찰할 확률)=[(4)(3)(2)(1)/(2)(1)*(2)(1)]*[1/6]*[5/6]
=5/6

2) 정규분포를 활용한 이항확률분포의 확률

위에서 언급한 이항확률분포는 사실상 전체의 관찰치수(n)가 일정한 규모를 넘어가면 공식으로도, 이항확률 분포표를 활용해서도 구하기가 어려워지게 된다. n이 커질 경우에 비록 가정은 다르지만 정규분포를 응용하여 확률을 구하는 방법이 추천된다. 정규분포는 이른바 연속변수(continuous variable)를 가정하는 반면, 이항확률분포는 단속변수(discrete variable)가정하기 때문에 이에 대한 전환적용(approximation)이 필요하다. 이를 위해 표준화된 정규분포를 사용하는 과정에서 연속적인 숫자를 사용하는 대신 0.5점을 기준으로 하여 해당되는 숫자가 포함되도록 구간을 설정하고, 이를 토대로 정규분포의 z 값을 활용하여 확률을 구하는 것이다.

Winning Statistics

03 CHAPTER

표본과 모집단 간의 관계

1. 표본분포와 정규분포(Sampling Distributions, Normal Distribution)

모집단에 대한 전수조사를 하지 않고도 표본을 조사하여 모집단을 추정할 수 있는 근거는 표본평균의 분포의 특성 때문이다. 모집단 분포(population distribution)는 연구대상이 되는 사물 혹은 사물의 전체집합을 말하며, 표본분포(sample distribution)는 모집단의 속성을 알기 위해 대표할 수 있게 추출된 대상군의 분포이다. 표본분포는 이론적으로 표본의 크기가 n인 표본을 무한히 반복 추출한 후, 그 표본들 평균의 분포를 말한다.

다시 말해, 기본적으로 모집단을 추론하기 위해서는 모집단으로부터 일정한 부분(표본)을 추출하여 추정(estimation)하게 되는데, 이때 여러 차례에 걸쳐 표본(sample)을 추출할 경우 각각의 평균과 표준편차가 생기게 된다. 이러한 표본평균들의 분포를 표본분포라고 부른다.

이때의 표본분포가 정규분포를 이루어야 한다는 가정이 있어야 함은 물론이다. 정규분포와 관련하여서는 이미 앞서 설명한 바와 같다.

2. 표준오차와 신뢰구간(Standard of Error of the mean, Confidence Intervals)

1) 표준오차

표본평균의 표준편차도 표준편차를 계산하는 일반적인 절차에 따라서 계산이 되는데 표본평균의 표준편차를 표준오차라고 한다. 표준오차는 표본평균의 표본추출분포에 있어서 모든 가능한 표본평균의 변이의 정도를 나타내는 척도이다.

2) 신뢰구간(Confidence Interval)

실제의 경험적 조사연구에서는 표본을 여러 번 추출하는 것이 아니라, 단 한 번 표본을 추출하여 그 평균과 표준편차를 계산하게 되는데, 이때 구체적인 표본의 평균이 모집단의 평균과 일치하는 경우는 거의 없다 그러므로 표본 평균값을 토대로 모집단의 평균을 추정할 때, 추정값의 신뢰 정도를 신뢰구간을 설정하여 나타내게 된다. 모집단의 평균이 얼마인지는 알려져 있지 않으며, 다만 표본의 평균을 통하여 실제의 모집단의 평균이 어느 구간에 있는가를 추정할 수 있을 뿐이다. 따라서 신뢰구간은 우리가 추정한 구간이 옳다는 데 대한 신뢰의 정도를 나타내는 구간이다.

3) 중심극한의 정리(Central Limit Theorem)

표본을 통해 모집단(population)을 추론하기 위해서는 정규분포를 거쳐야 하는데, 중심극한의 정리는 이러한 정규분포의 사용을 가능하게 해 준다. 위에서도 언급되었듯이, 모집단에서 표본을 하나만 뽑더라도 표본의 크기(sample size: n)가 충분히 크면 정규분포를 사용하여 모집단을 추론할 수 있다는 것이다. 이를 중심극한의 정리라고 부르고, 이때 일반적인 정규분포를 표준화된 정규분포로 전환하기 위한 z 값 도출을 위한 공식이 다음과 같다.

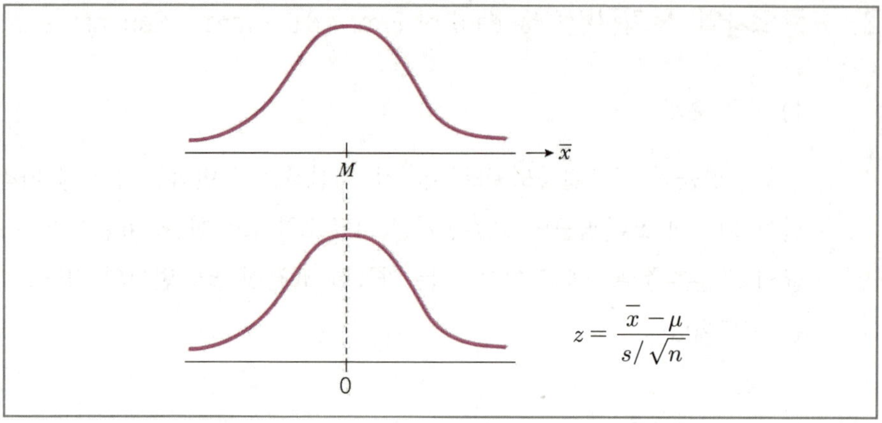

이때 정규분포상에서의 관찰치는 x가 아닌 $\bar{x}$임을 주의해야 한다. 이러한 중심극한의 정리는 향후 가설검정을 위한 중요한 도구로 사용된다.

2

P·A·R·T

통계학에 대한 새로운 이해:

가설검정과 이기는 통계학의 원리

제1장 가설검정의 논리: 챔피언과 도전자 관점의 도입

제2장 오류와 표본크기

Winning Statistics

01 CHAPTER 가설검정의 논리: 챔피언과 도전자 관점의 도입

가설이란 연구자가 연구문제에 대하여 해답이라고 생각되는 것을 제시하여 경험적으로 그 진위를 확인하는 절차를 거칠 때에 연구자가 잠정적으로 해답이라고 간주한 것이다. 이러한 관점에서 가설은 아직 검정되지 않은 상태의 문장을 의미하며 연구자의 연구 질문과 직결된다.

조사연구에서는 종속변수와 독립변수 간의 관계에 대한 가설을 설정하고 자료를 수집하여 그 진위를 검정하게 된다. 즉, 연구자가 설정한 가설은 자신이 제기한 연구문제에 대한 잠정적인 해답이며 이러한 가설이 검정과정을 거쳐서 진실이라고 받아들여지면, 그 가설은 연구문제에 대한 검정된 해답, 즉 결론이 된다.

즉, 가설검정은 수집된 자료를 기초로 가설의 진위 여부에 대해 결정을 하는 과정과 절차를 말한다.

이때 가설검정은 연구자가 설정한 가설(연구가설 또는 대립가설)에 정반대되는 영가설(또는 귀무가설)을 설정하여 귀무가설의 기각 여부를 중심으로 결론을 내리게 된다.

1. 가설검정의 5단계

어떤 의미에서 보면 가설검정의 절차를 이해하는 것은 인생을 이해하는 것이며, 인생을 이해하는 것은 권투경기의 게임의 법칙을 이해하는 것과도 일

맥상통한다. 이하에서는 이러한 권투경기의 논리에 따라 가설검정의 다섯 가지 주요 단계를 살펴보기로 한다.

다음에서 제시되는 설명은 기존의 통계학에서 사용하지 않는 저자의 독창적인 생각임을 밝힌다. 가설검정의 논리를 보다 쉽게 이해하도록 돕기 위하여 권투경기에 비유하여 가설검정의 5단계를 설명하는 방식을 취한다.

1) 귀무가설과 연구가설의 설정

권투경기에 있어서 Champion과 Challenger 간의 대립 관계를 설정하는 단계이다. 다시 말해, Champion에 해당하는 것이 귀무가설이고, Challenger에 해당하는 것이 연구자가 세운 연구가설이라고 보면 된다. 따라서 귀무가설(Null Hypothesis)의 기본가정은 아무런 변화라 일어나서는 안 된다는 것이고(Nothing is going on), 연구가설(Alternative Hypothesis)의 기본가정은 어떻게 해서라도 귀무가설을 기각시켜 세상을 변화시켜야 한다(Something is going on)는 것이다.

따라서 다음과 같은 가설이 설정된다.

① Ho: 귀무가설 [Null Hypothesis] Nothing is going on! ▸ Champion's position: 변화가 일어나면 안 된다! ② Ha: 대안가설(연구가설) [Alternative Hypothesis] Something is going on! ▸ Challenger's position(연구자의 입장): 변화가 일어나야 한다!

2) 신뢰구간 설정에 따른 유의수준의 결정

귀무가설과 연구가설이 설정되고 나면 귀무가설이 기각시킬 수 있는 무대의 영역을 정하는 일이다. 즉, 유의수준을 발견하는 단계인데, 이것은 신뢰구간을 얼마로 정하느냐에 따라 결정된다. 권투경기로 치면 경기를 시작하기 전에 여론을 살펴보는 단계로서, 여기서 신뢰구간은 Champion의 것임을 명심하고, 이 신뢰구간에서 Champion의 'Z-score'가 주어지게 된다. 이때 z-score

를 중심으로 유의수준이 결정됨은 물론이다. 즉, 사람들은 모든 여타의 조건이 동일하다면(other things being equal) 90% 이상의 확률로 Champion이 이긴다고 생각한다는 것이다. 이때의 확률을 신뢰구간이라고 부른다.

일반적으로 신뢰구간은 얼마든지 자유롭게 사용할 수 있으나 크게 세 가지로 구분하며, 그 반대편의 영역을 유의수준이라고 부른다.

신뢰구간의 세 가지 종류
① 100% 중 99%가 Champion이 이긴다고 생각=유의수준 1% (반대편)
② 100% 중 95%가 Champion이 이긴다고 생각=유의수준 5% (반대편)
③ 100% 중 90%가 Champion이 이긴다고 생각=유의수준 10% (반대편)

이것은 Champion에 대한 신뢰구간으로, 우리는 그 반대의 신뢰구간(유의수준)을 갖는다고 보면 된다. 이러한 반대편 신뢰구간의 확률값을 유의수준(significance level)이라 부른다.

따라서 Champion의 Z-score가 클수록 이 반대편 확률값은 줄어들게 된다는 것을 명확히 인지하여야 한다.

이때 또 하나의 이슈는 정규분포상에서 신뢰구간을 설정할 때 양쪽을 모두 다 볼 것인가 아니면 한쪽만 볼 것인가를 정해야 한다는 것이다. 즉, 양측검정과 단측검정 중 어느 검정을 선택하느냐에 따라 Champion의 z-score가 달라진다는 것이다.

생각하기

우리는 Champion에 비해 희박한 가능성일지라도 (반대편: 1%, 5%, 10%) 그 가능성을 믿고 희망을 가지며 노력해야 한다. 100%의 신뢰구간이 존재하지 않는 것은 1%라도 희망을 남겨두기 위해서이라는 점을 잊지 말아야 한다. 10% 가능성보다는 1% 가능성으로 승리했을 때 더 값어치가 있다고 할 수 있으므로, 1% 가능성일지라도 긍정적인 생각을 갖는 것이 중요하다.

바로 이 점이 가설검정의 논리에서 유추된다는 것이며, 이 점 때문에 인생의 논리가 숨어 있다고 하는 것이다.

3) (공식을 사용하여) 연구가설을 위한 Challenger의 Z-score의 계산

일단 위에서 Champion의 z-score가 결정이 되면 이제 연구자를 위한 z-score를 계산하는 단계이다. 이른바 중심극한의 정리를 이용하여 z-score를 계산하게 되는데, 이것이 연구자에게 주어지는 점수라고 보면 된다.

4) 'Champion의 Z-score'와 'Challenger의 Z-score'를 비교하는 단계

결국 2단계에서 얻었던 z-score와 3단계에서 얻었던 z-score를 비교하는 단계이다. 말 그대로 점수가 높은 쪽이 이기는 게임이다. 이때 z-score의 부호는 중요하지 않다. 절댓값으로 사용해서 판정하면 된다.

단, 이때 구체적인 점수를 비교하지 않고 P-value를 사용하여 판단을 할 수 있다는 점을 알아야 한다. 이 경우 판단의 논리는 정반대로 가져가면 된다. 이른바 정규분포상에서 P-value는 특정한 z-score로부터 오른쪽 끝까지에(z-score가 마이너스인 그 점수로부터 왼쪽 끝까지) 이르는 면적이기 때문에 절댓값 z-score가 클수록 P-value는 줄어들 수밖에 없다.

따라서 유의수준을 0.05로 잡았다면 이것이 통계학에서는 Critical P-value로 불리고, 우리는 이른바 관찰된 P 값(Observed P-value)을 찾아야 한다는 것이다. 이때에는 z-score를 중심으로 정규분포표에서 그에 해당하는 확률값을 찾아 P-value를 결정하게 된다. 즉, 관찰된 확률값(Observed P-value)이 Critical P-value(유의수준 확률값)보다 작으면 귀무가설을 기각할 수 있다는 것이다.

5) 비교결과 승패를 결정하여 최종 결정하는 단계

비교결과 귀무가설을 기각할 수 있는지를 최종적으로 결정하는 단계이다. 4단계에서 언급한 것처럼 귀무가설에 대한 기각 여부를 결정하고 그에 따른 함의를 도출해야 한다.

생각하기

권투경기를 통해 Challenger와 Champion의 관계를 살펴보았다. 세상을 살아가다 보면 Champion은 외롭다는 것을 발견하게 된다. 계속되는 Challenger들의 도전 속에서 Champion의 자리를 지키기란 쉽지 않기 때문이다. Champion의 자리에 있다면 현재의 위치를 유지하기 위해서 뿐만 아니라, 보다 높은 것을 위해 노력하지 않으면 안 된다. 가설검정의 논리가 우리에게 주는 또 하나의 교훈은 영원히 우리들은 Champion의 자리에서 안주해서는 안 되고 끊임없는 Challenger의 자세로 살아가야 한다는 것이다.

보론: 양측검정[Two tailed test]과 단측검정[One tailed test]에 대한 비교

❒ 앞에서도 언급되었듯이 어느 검정을 택하느냐에 따라 판단기준이 달라진다. 이하에서는 양측검정과 단측검정의 차이를 보다 구체적으로 살펴보기로 한다.

[ex. 신뢰구간 99%일 경우]

① 양측검정[Two tailed test]: (eg, μ=specific mean)

[양측검정 Two-taled Test]

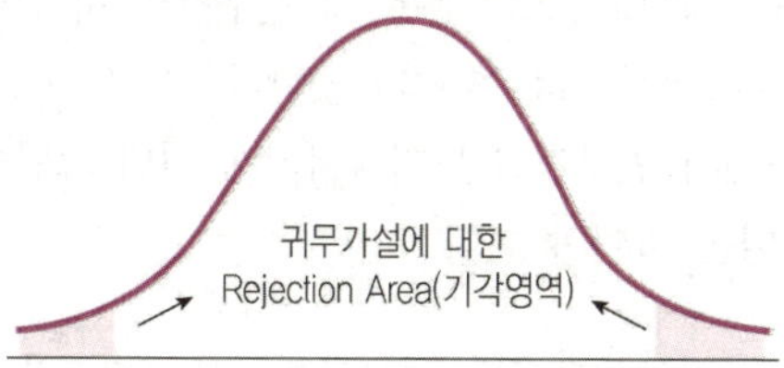

❒ 이 경우 신뢰구간 99% 양측검정에 해당하는 z-score 값은 2.575로서(정규분포표 참조) 이 점수가 귀무가설을 기각할 수 있는 기준이 된다.

② 단측검정[One tailed test]: (eg., μ>specific mean or μ<specific mean)

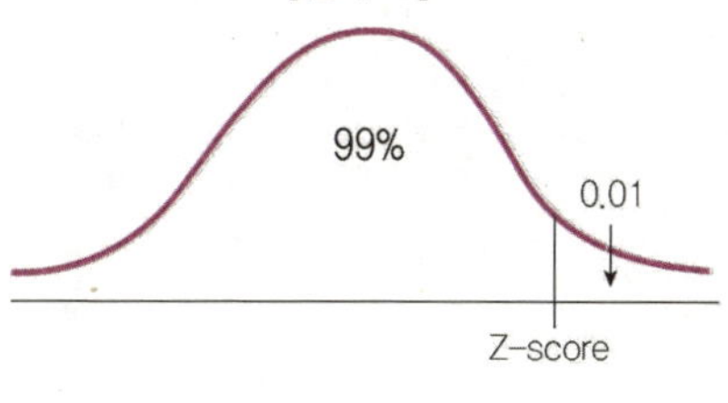

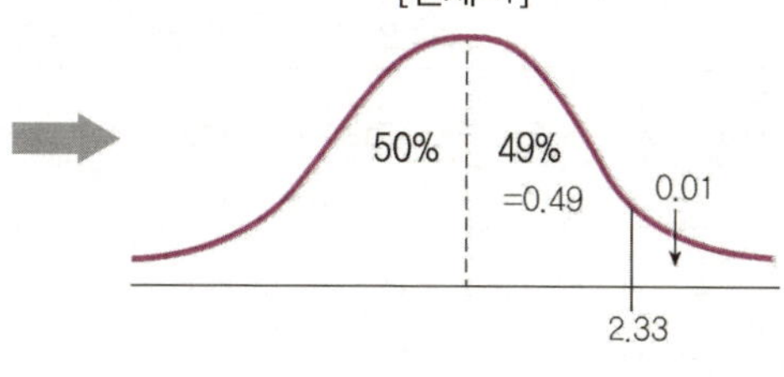

[단측검정 One-taled Test]

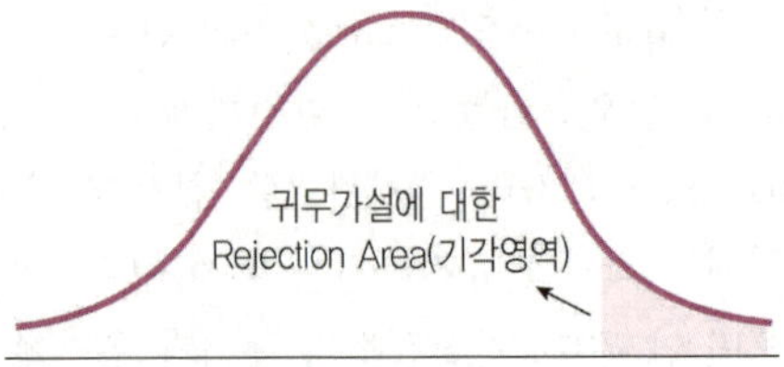

❐ 이 경우 신뢰구간 99%의 단측검정의 경우 이에 해당하는 z-score는 2.33이 되고, 이것이 귀무가설을 기각하는 판단기준이 된다.

❐ 결론적으로 양측검정과 단측검정을 비교했을 때, 같은 99%의 신뢰구간이라도, 그 가능성이 틀리다는 점을 인식해야 한다(양측검정: 2.575 vs. 단측검정: 2.33).

❐ 여기서 중요한 사항을 하나 발견하게 된다. 즉, 단측검정의 경우 기각영역(Rejection Area)이 더 넓어질 수밖에 없으며, 이는 곧 귀무가설을 기각하기 상대적으로 더 용이해진다는 것이다.

❐ 연구자의 목적은 귀무가설을 기각시키는 것이므로 기각영역이 넓어야 연구가설을 통과시키기 쉽다는 것이다. 만일 양측검정으로 기각시킬 수 없다면 단측검정을 사용하여서라도 기각을 시키고 보고 싶은 게 연구자의 마음인 것이다. 그러나 언제나 그렇듯 어려운 상황에서 이긴 승리가 빛난다. 즉, 양측검정을 설정하고 기각영역을 좁혀놓은 상태에서 귀무가설을 기각시키게 되면 그만큼 연구자의 주장에 힘이 실리게 되는 것임을 알아야 한다.

❐ 많이 사용되는 z-score는 그때그때 정규분포표를 찾지 않고 별도의 표로 정리해 두면 편리하다.

	단측검정			양측검정		
	90%	95%	99%	90%	95%	99%
Z 값	1.28 or −1.28	1.645 or −1.645	2.33 or −2.33	1.645 and −1.645	1.96 and −1.96	2.575 and −2.575

Winning Statistics

02 CHAPTER 오류와 표본크기

1. 1종 오류와 2종 오류

가설검정을 위해 하나의 모집단으로부터 하나의 표본을 얻어서 모집단을 추론하는 것을 허락하는 것이 중심극한의 정리(Central Limit Theorem)이다. 그러나 현실적으로 모집단으로부터 샘플을 추출할 때 그때마다 그 평균과 표준편차가 달라질 수밖에 없는 것이 현실이다. 따라서 어쩔 수 없는 태생적인 오류의 한계를 가지고 있게 되는데, 통계학에서는 이를 오류(Error)라고 부르고 1종 오류(Type Ⅰ Error), 2종 오류(Type Ⅱ Error)로 구분한다. 1종 오류를 α라고 부르고 이를 유의수준(Significance Level)이라고도 부른다. 2종 오류는 β라고 부르며 '1-β'를 모델의 설명력(Power of Model)이라고 부른다.

다음의 [표 2-1]은 1종 오류와 2종 오류 간의 차이를 설명해 준다.

[표 2-1] 1종 오류와 2종 오류

Truth(Ho)	True	False
Reject	☹ (Type Ⅰ)	☺ Smile
Fail to reject	☺ (Smile)	☹ (Type Ⅰ)

- Type Ⅰ Error: 귀무가설이 진실임에도 불구하고, 우리가 귀무가설을 기각하게 될 오류

- 옳은 결정 1: 귀무가설이 진실일 때, 우리가 귀무가설을 기각하지 못한다면 아무런 문제가 없음.
- 옳은 결정 2: 귀무가설이 거짓일 때, 우리가 귀무가설을 기각한다면 아무런 문제가 없음.
- Type Ⅱ Error: 귀무가설이 거짓임에도 불구하고, 우리가 귀무가설을 기각하지 못하게 되는 오류

여기서 중요한 점은 우리가 귀무가설을 기각했더라도 오류의 가능성이 있을 수 있다는 점을 항상 인지하고 있어야 한다는 것이다.

생각하기

귀무가설을 기각하는 순간 우리는 Champion이 된다. 이는 곧, 우리가 Champion의 확률 95%를 갖는다는 것이고, 반대로 Champion의 Title을 박탈당한 사람이 우리의 반대되는 유의수준 5%로 도전하는 입장이 되는 것이다. 이 경우, 비록 내가 Champion이 되었지만 유의수준 5% 확률은 오류의 가능성인 것이다. 우리가 Champion이 되었더라도 다시 도전자의 입장에서 생각하며 겸손해져야 한다.

이러한 의미에서 오류에 대하여 다음과 같은 색다른 정의를 내려 볼 수 있다.

- Type Ⅰ Error: 겸손한 차원에서 알아보는 오류
  (귀무가설이 진실임에도 불구하고 우리가 기각해서 이겼기 때문에)
- Type Ⅱ Error: 진실규명 차원에서 알아보는 오류
  (귀무가설이 거짓임에도 불구하고 우리가 졌기 때문에)

여기서 또 하나의 중요한 점은 $1-\alpha$ (Type Ⅰ Error) $\neq \beta$ (Type Ⅱ Error)가 아니라는 점이다.

즉, Type Ⅰ Error가 증가하면 Type Ⅱ Error는 감소하며, Type Ⅱ Error가 증가하면 Type Ⅰ Error는 감소하는 것은 사실이지만 이것이 $1-\alpha$가 β가 되는 것은 아니라는 것이다.

2. 표본의 크기

표본을 추출할 때 표본의 크기를 어느 정도 하는 것이 적정한 지를 결정하여야 하는데, 표본의 크기를 결정할 때에는 다음의 사항을 고려하여야 한다.

1) 모집단의 성격

표본의 크기는 모집단의 성격에 크게 영향을 받는다. 모집단의 규모가 작을수록 표본의 비율을 커야 한다. 특히 정확도가 높은 자료를 얻기 위해서는 규모가 적은 모집단을 대상으로 연구할 때에는 많은 비율의 표본의 크기가 필요하다.

2) 연구의 목적과 방법

표본의 크기는 연구의 목적과 방법에 크게 영향을 받는다. 한 예로, 표본추출의 방법이 무작위 추출방법보다는 층화표본 추출이나 다단계표본 추출방법을 사용하게 되면 적은 표본으로도 신뢰수준을 유지할 수 있다.

3) 시간과 비용

현실적으로 경험적 조사를 실시하는 데에는 시간과 비용이 소요되기 때문에 조사에서는 이 시간과 비용을 고려해야 한다. 특히 표본의 크기를 크게 할 때에는 조사원 훈련, 자료수집, 처리 및 분석과정에서 시간과 비용을 간과할 수 없다.

4) 표본의 크기를 구하는 공식

표본의 크기(sample size)의 적절성을 판단하는 것은 쉽지 않지만 신뢰구간을 설정하고 주어진 상황 하에서 다음과 같은 공식을 이용해 적정 규모의 표본크기를 도출해 볼 수 있다.

$$\text{표본크기 } n = \left[\frac{z\text{-}score \times SD}{E}\right]^2$$

여기서, *n*: 표본크기

z-score: 설정된 신뢰구간에 해당하는 표준화된 점수

SD: 평균의 표준편차

E: 연구자가 감당할 수 있는 최대한의 오류

그러나 위의 공식은 표본의 크기가 추정하려고 하는 전체 모집단의 50%를 넘어서면 적용할 필요가 없게 된다. 적어도 모집단이 유한하다면, 그리고 측정하려고 하는 표본이 50% 이상이라면 위의 공식을 통한 적정 표본의 규모는 의미가 없다는 것이다.

P·A·R·T 3

R 시작하기

Winning Statistics

01
CHAPTER

패키지 설치

먼저, 인터넷에서 R 소프트웨어를 다운받기 위하여 https://www.r-project.org/로 방문한다([그림 1-1] 화면 캡처 참조).

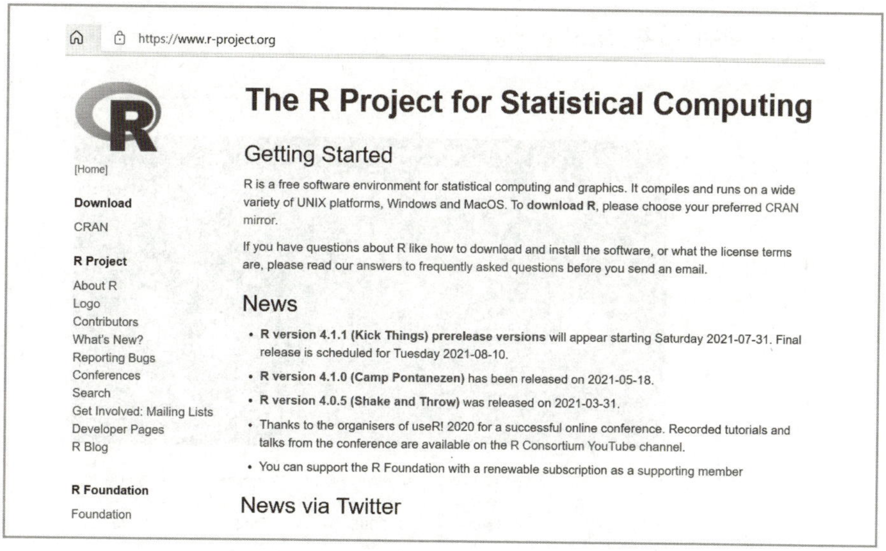

[그림 1-1] R 소프트웨어 소개 및 다운로드

여기서 일반 R 버전(RGui)과 RStudio 버전이 있는데 RGui는 표준화된 사용자 인터페이스이며 무료로 제공된다. 그리고 RGui를 먼저 설치해야 Rstudio를 설치할 수 있는데, RStudio는 기능과 사용면에서 사용자에게 더 편리함을 줄 수 있도록 만들어진 프로그램이다. RStudio는 사용자의 분석목적과 분석의 깊이에 따라 더 많은 기능을 제공하며 유료로 제공된다. 그러나 역시 기본형은 무료로 제공되며 일반인들뿐 아니라 대부분의 사회과학도들에게는 무료 버전의 RStudio를 사용하여도 원하는 분석을 수행하는 데 아무런 지장이 없다고 생각한다. 따라서 두 가지 다 분석기능에 큰 차이는 없으나 여러 가지 정보제공 측면과 사용의 편리성의 측면에서 RStudio를 설치할 것을 추천한다.

따라서 위의 주소 〈https://www.r-project.org/〉로 가서 RGui를 먼저 다운받은 후에 다시 〈https://www.rstudio.com/〉로 가서 무료로 배포되는 RStudio를 다운받으면 된다([그림 1-2] 화면 캡처 참조). R은 기본적으로 무료 배포되는 소프트웨어이지만 RStudio는 상업용 목적에 따라 다양한 추가기능을 제공하고 있어 기본형이 아니면 사용료를 지불해야 한다. 대학이나 대학원 수준에서 추론통계를 공부하기 위한 목적이라면 무료로 제공되는 RStudio로 충분하다. RStudio Desktop과 RStudio Server를 무료로 다운받으면 된다([그림 1-2] 화면 캡처 참조).

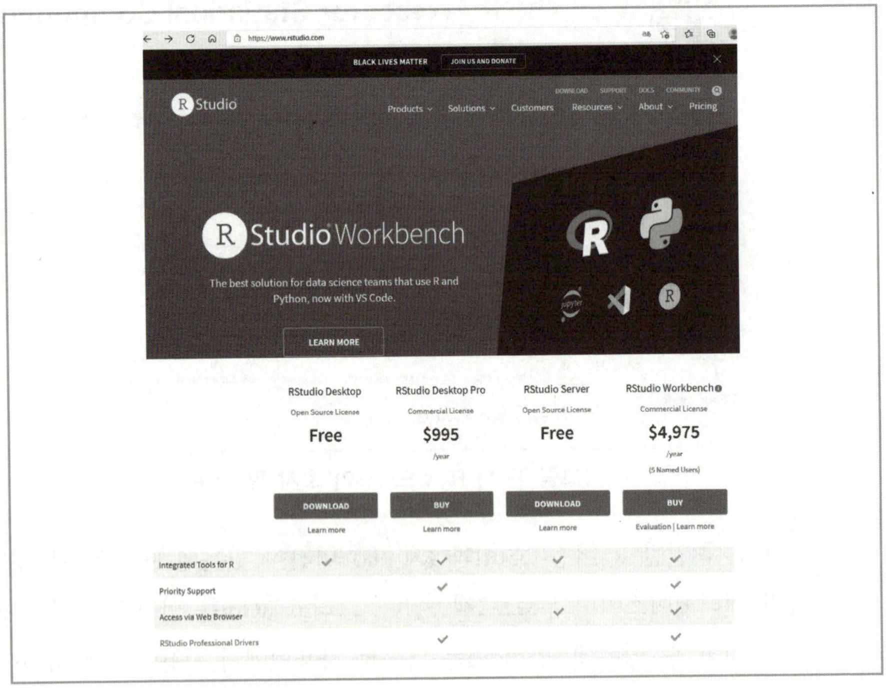

[그림 1-2] RStudio 소프트웨어 소개 및 다운로드

Winning Statistics

02 CHAPTER 본 교재에서 사용하는 데이터 셋에 대한 설명

본 교재에서는 R 프로그램을 활용분석하기 위한 별도의 데이터 셋을 임의로 만들어 사용하고자 하였다. 통계기법에 적합한 사례들과 이를 보여줄 수 있는 적절한 데이터 셋을 만들어 독자들의 이해를 돕고자 하였으며 독자들이 자유자재로 분석연습을 해볼 수 있도록 이 엑셀파일들을 함께 제공하기로 하였다. 다음에서는 각각의 데이터 셋에 대한 설명과 구성변수들을 소개한다. 임의로 생성된 것이므로 관찰치의 수는 분석이 가능할 정도로만 추가하였다. 해당 데이터 셋에 대한 배경설명 및 구체적인 통계기법과의 연계성을 해당 부분에서 다시 언급하면서 설명을 하기로 한다.

1. 대학평가(University Evaluation) 데이터 셋(파일명: university evaluation.csv)

이 엑셀파일에서는 세계대학의 성과를 평가하기 위해 다양한 변수들이 필요하다고 보고 대학을 우선 국가별로 나누고(Country), 사립대학과 국립대학으로 나누었고(Category), 취업률(Employment), 학생들 장학금 지급비율(Scholarship), 교수들의 연구역량점수(Faculty), 평판도(Reputation), 위치(Location: 도심권과 비도심권), 전년도 세계대학평가등급(Evaluation, 3등급)이라는 변수를 사용하여 변수 간 다양한 분석이 되도록 하였다. 대학의 성과 중의 하나는 학생들의 취업률이라고 보고 이러한 취업률에 영향을 미치는 변수들을 다양하게 설정하여 그 관계를 보고자 임의로 만든 데이터 셋이다.

2. 조직몰입도와 생산성 변수 간 관계를 묻는 설문지와 코딩된 데이터 셋(파일명: commitment-productivity.csv)

이 엑셀파일에서는 조직구성원들의 동기부여가 성과향상 의지에 어떤 영향을 미치는지를 알아보기 위해 설정된 변수들을 가지고 데이터를 구성한 것이다.

우선, 조직몰입도(commitment to organization)와 상관몰입도(commitment to supervisor), 동료몰입도(commitment to work group)가 성과향상변수들, 즉 가외적 노력(extra-role behavior)과 혁신적 행태(innovative behavior)에 어떠한 영향을 미치는지를 살펴보고 이러한 세 가지의 몰입도와 성과향상변수들에 대한 관계가 인식된 조직, 상관, 동료들의 성과향상에 대한 몰입도의 정도에 따라 달리 나타날 수 있다는 부분을 알아보기 위해 만든 데이터 셋이다. 또한 신뢰(trust)변수를 추가하여 다양한 매개효과를 분석하는 데 사용하고자 하였다.

3. 교통사고사망자수 데이터 셋(파일명: drunkdriving.csv)

이 엑셀파일은 운전자들을 대상으로 최근 3개월 간 음주운전을 한 사례가 있는지를 묻는 조사와 함께 운전자의 나이, 성별, 교육수준, 그리고 과거 경찰의 음주단속 적발에 걸린 경험을 조사한 파일이다. 여기서 음주운전 사례는 종속변수로 코딩되고, 나이, 성별, 교육수준, 음주단속에 걸린 사례는 독립변수로 코딩되었다.

4. 강남/강북 화재발생건수 데이터 셋(파일명: fire.csv/fireedu.csv)

첫 번째 엑셀파일(fire.csv)에서는 화재발생건수가 강남과 강북에 따라 차이가 나는지를 알아보기 위해 변수를 생성한 것이다. 화재발생건수는 fire라는 변수로 코딩되었고, 강북지역은 1로, 강남지역은 2로 코딩되었다(location

변수).

두 번째 엑셀파일(fireedu.csv)은 안전과 관련된 교육프로그램의 효과를 보고 싶어서 교육프로그램이 시행되기 이전 시점에서의 각 공장의 화재발생건수와 이후 시점에서의 화재발생건수를 비교하기 위해 생성된 파일이다. 여기서는 세 가지의 변수가 담겨 있는데 ① 공장에 대한 정보, ② 교육프로그램 이전 시점의 화재발생건수, ③ 이후 시점의 화재발생건수가 그것이다.

5. 직무만족도 관련 데이터 셋(파일명: jobsatisfaction.csv)

이 엑셀파일은 직무만족이 구성원들의 가외적 노력(extra-role behavior: 변수명 extra)을 궁극적으로 향상시킨다고 하고, 직무만족(job satisfaction: 변수명 job.satisfaction)이 조직몰입도(commitment to organization: 변수명 co)를 거쳐서 가외적 노력에 영향을 미친다는 가정을 하고 생성되었으며, 세 종류의 변수를 담고 있다.

6. AI 산업 분야 신규고용동향 데이터 셋(파일명: new-employment.csv)

이 엑셀파일은 제4차 산업혁명시대에 유망한 AI 유관산업 분야에서의 신규고용동향(변수명: new.employment)의 시계열 정보를 담고 있고, 월별 데이터이며 2017년부터 2020년 12월까지의 기간을 대상으로 한다.

7. 박사학위 취득자 데이터 셋(파일명: Phd.csv)

이 엑셀파일은 앞의 6번 데이터와 마찬가지로 시계열 데이터이며, 1930년도부터 2017년도에 이르기까지 우리나라와 해외에서 박사학위를 받은 사람들의 숫자를 연도별로 기록한 파일이다.

8. 구성원의 동기부여요인 순위 데이터 셋(파일명: motivation.csv)

이 엑셀파일은 상관관계 분석 중 스피어만(spearman) 상관계수 분석을 위한 데이터이며, 11개의 동기부여요인들을 나열하고 구성원들이 조직에게 원하는 것과 실제 받고 있다고 느끼는 것 간의 순위에 얼마나 상관관계가 있는지를 보고자 하는 파일이다.

Winning Statistics

03 CHAPTER R-Studio에서 파일 읽어 들이기

우선, R-Studio를 설치하고 띄우게 되면 화면이 다음 [그림 3-1]과 같이 나타난다. R-Studio 화면상에서는 총 네 개의 창이 나타나는데 왼쪽 상단의 창은 프로그램의 논리적 오류 여부를 알려주기도 하고, 프로그램 작성 전에 다양한 편집과 함께 새로 생성된 데이터 셋을 보여주는 창이고, 왼쪽 하단의 창(박스로 표시된 부분)이 바로 R과 대화할 수 있는 프로그램 창이다. 그리고 오른쪽 상단의 창은 과거에 분석을 위해 작성했던 프로그램들이 기록으로 남아 확인 할 수 있는 기능들을 제공하고, 오른쪽 하단의 창은 파일을 읽어 들이는 기능과 기타 분석에 필요한 패키지 등을 보여주는 기능을 제공한다. 여하튼 왼쪽 하단의 창에서 작업이 시작된다는 것을 알고 일단 프로그램을 작성해서 돌리면 나머지 창에서는 필요한 정보들이 제공된다는 것만 이해하면 된다.

데이터를 읽어 들일 때 가장 많이 사용하는 방법이 엑셀을 사용하는 방법이므로 엑셀에서 작성된 파일을 읽어 들이는 방법을 소개한다.

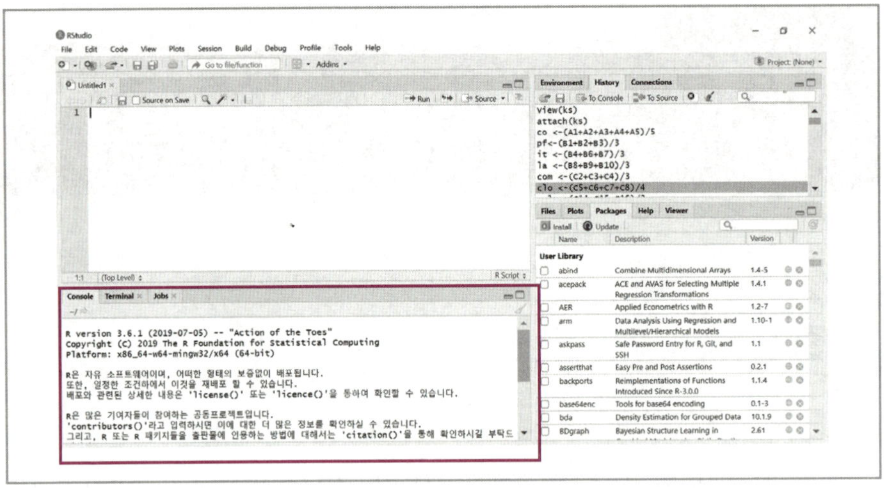

[그림 3-1] R-Studio 프로그램 클릭 후 초기 화면

엑셀파일을 읽어 들이기 위해서는 우선 엑셀의 확장자를 'CVS'로 변환시킨 후 읽어 들이는 것이 편리하다. 그 절차는 다음과 같다.

install.packages("readxl")
해석: 엑셀에서 'CSV' 파일을 읽기 위한 패키지 프로그램을 깔아라.

library(readxl)
해석: 엑셀파일 읽는 프로그램을 내 도서관에 저장하라.

df<-read.csv("k://university evaluation.csv")-usb에 직접 저장된 경우
df<-read.csv("C://Users//user//Desktop//R-교재집필//university evaluation.csv")

-데스크탑의 문서에 저장된 경우
해석: 드라이브에 있는 파일(university evaluation이라는 파일명)을 읽어 들여서 df라는 방에 저장하라.

View(df)
해석: 이제 df라는 방에 저장된 파일을 보자(단, 여기서 View는 반드시 대문자 "V"로 시작해야 한다).

◎ 여기서 실제 엑셀파일(.xlsx)을 직접 읽어 들이려면 위의 명령어로는 안 된다. 가장 쉬운 방법은 위의 방법대로 CSV(Comma-Separated Values)파일의 형태로 바로 불러들이는 것이다. 굳이 엑셀파일 자체를 읽어 들이기 위해서는 xlsx, xlsxjars 패키지를 각각 다운받고, Java 홈페이지에 가서(http://java.com) Java 프로그램을 다운받아야 하는 번거로움이 생긴다. 그리고는 다시 다음과 같이 경로를 지정해 주되 sheet name(workbook)도 함께 지정해 주어야 하는 번거로움이 생긴다. 다음의 프로그램 작성예시는 참조만 하기를 권고한다.

예시

```
workbook< -"e:/university evaluation.xlsx"
mydata< -read.xlsx(workbook, 1)
View(mydata)
```

이제 위의 설명대로 파일을 불러들이면 다음 [그림 3-2]와 같은 화면을 만나게 된다. 엑셀파일의 내용이 R-Studio 화면에 들어왔음을 알 수 있다.

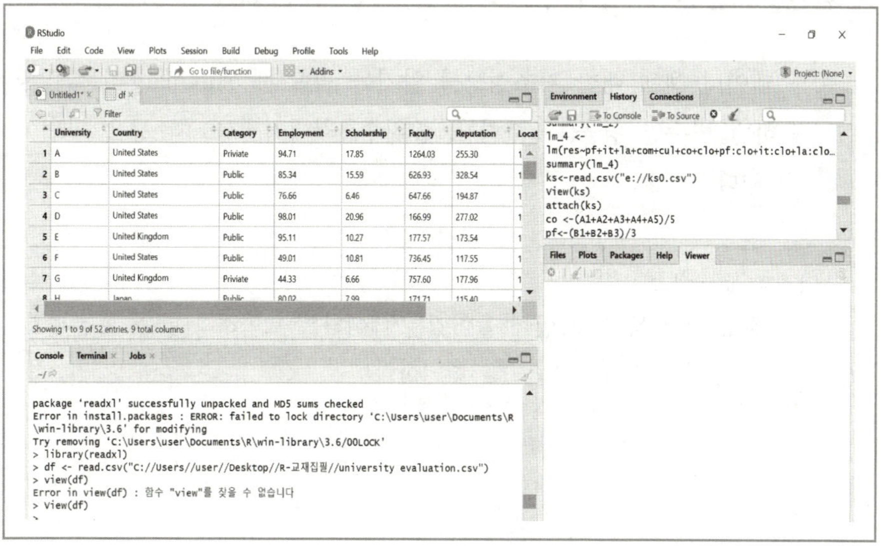

[그림 3-2] View 명령어를 활용한 첫 화면

Winning Statistics

04 CHAPTER 기초통계(평균, 표준편차, 빈도) 및 데이터 셋 다루기

이렇게 해서 엑셀파일을 읽어 들이는 절차가 완료되면 이제 읽어 들인 엑셀파일의 데이터를 가지고 간단한 기초통계를 분석하는 방법을 알아보기로 한다.

1. 평균, 표준편차, 중위수, 최대치, 최소치 정보를 구할 때

데이터 셋에 대한 기초정보를 알기를 원할 때 'summary'라는 명령어를 활용하면 변수별 평균, 표준편차, 중위수, 최대치, 최소치 등을 한번에 확인할 수 있다.

summary(df)
해석: 읽어 들인 df 방에 들어있는 데이터를 요약하라(평균, 표준편차, 최솟값, 최댓값, 중위수를 출력하라).

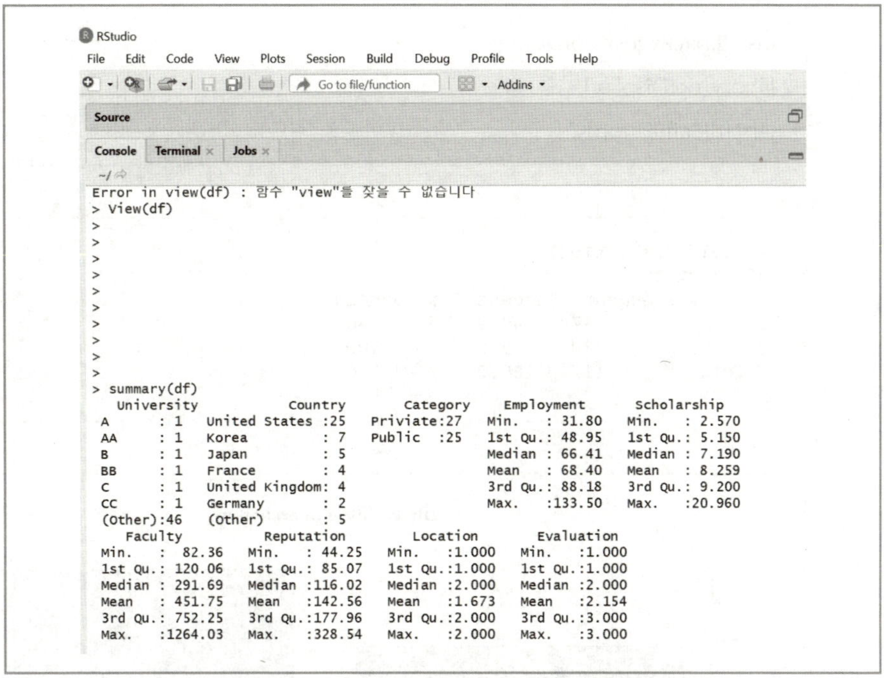

[그림 4-1] summary 명령어를 활용한 기초통계 화면

2. 개별변수의 빈도분석표를 보고 싶을 때

데이터 셋에 나와 있는 개별변수들을 대상으로 비율과 함께 빈도를 보고 싶을 때가 있다. 이때는 별도의 패키지를 다운받아 설치하고(epiDisplay) "tab1( )" 명령어를 사용하면 구체적인 결과와 함께 그래프까지 보여준다. 여기서는 본 교재에서 제공하는 "commitment-productivity.csv" 파일을 읽어 들여 View( ) 명령어를 통해 화면을 확인한 후 소속(affiliation)이라는 변수에 대한 빈도분석을 해보기로 한다. 여기서 1은 공무원 집단이고, 2는 민간기업 집단이다. "df$"는 "df"라는 방을 만들고 여기에 저장된 데이터 셋 하에 있는 변수인 affiliation을 사용하겠다는 뜻이다.

```
install.packages("epiDisplay")
library(epiDisplay)
tab1(df$affiliation)
```

```
> tab1(affiliation)
affiliation :
        Frequency Percent Cum. percent
1              47    40.2         40.2
2              70    59.8        100.0
  Total       117   100.0        100.0
>
```

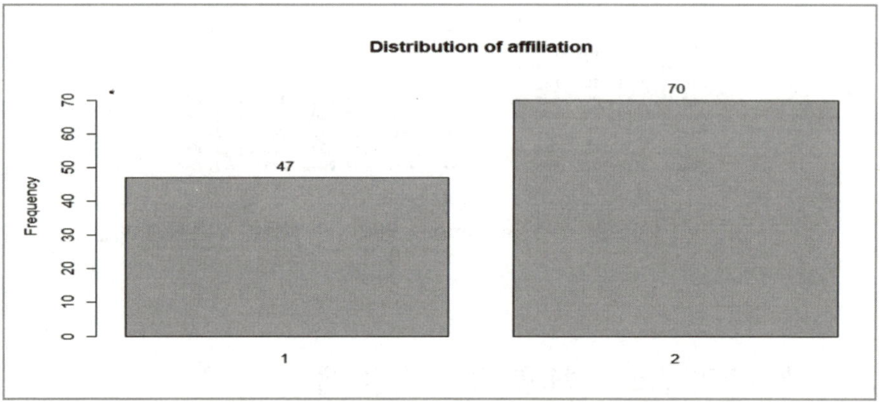

[그림 4-2] 빈도분석 그래프

3. 개별변수를 지정하여 해당 변수에 대한 평균과 표준편차만을 보고 싶을 때

이 밖에도 다양한 방법으로 개별변수를 지정하여 원하는 정보를 계산해 낼 수 있다. 앞의 “university evaluation.csv” 파일을 사용하였다.

```
a<-df$Employment
해석: df 방에 있는 Employment 변수를 a라는 방에 집어넣어라.
```

```
mean(a)
```
해석: a 방의 평균을 구하라: 그냥 직접 mean(df$Employment)해도 됨.

```
sd(a)
```
해석: 표준편차를 구하라.

```
var(a)
```
해석: 분산을 구하라.

```
Mode(df$Location)
```
해석: 최빈치를 구하라.

◎ 최빈치를 구하기 위해서는 install.packages("prettyR")를 선행하고, library(prettyR)를 수행한 후 대문자로 "Mode"함수를 써야 한다. 소문자 "mode"는 데이터 형태를 확인하는 다른 함수임에 유의해야 한다.

4. 자유자재로 출력된 값을 사용하여 새로 변수를 만들고 계산하고 싶을 때

또한 다양한 방식으로 새로운 변수를 만들고 계산식을 만들 수 있다.

```
b<-sd(a)+2
print(b)
```
해석: a 방에 지정된 데이터의 표준편차로 얻어진 값에다 2를 더하여 b라는 방에 넣고 출력하라.

```
b<-(sd(a)+2)*33
print(b)
```
해석: a 방에 지정된 데이터의 표준편차로 얻어진 값에다 2를 더하고, 여기에 33을 곱해서 b라는 방에 넣고 출력하라.

5. 새로운 변수 설정과 평균, 표준편차, 그리고 통계함수의 적용

마찬가지로 새로운 변수들을 조합하여 더하거나 빼고 곱하고 나눌 수 있으며, 다양한 변수들을 만들어 낼 수 있다.

```
b<-(df$Employment+df$Faculty)/2
```
해석: df 방에 있는 Employment 변수와 Faculty 변수를 더해서 2로 나누고, 그 값을 b라는 새로운 방에 넣어라.

```
mean(b)
```
해석: b 방에 들어가 있는 데이터의 평균을 구하라.

```
sd(b)
```
해석: b 방에 들어가 있는 데이터 평균의 표준편차를 구하라.

6. 데이터 셋에서 변수들의 범주를 선택하고 해당되는 데이터만 가지고 분석에 이용하기

데이터를 분석할 때에는 연구자의 기호에 맞게 일정한 기준을 넘는 데이터 또는 기준에 적합한 데이터만 따로 떼어서 변수 간 관계를 분석해야 하는 경우가 빈번하게 나타난다. 이럴 때 다음의 순서에 따라 명령어 세트들을 사용하면 효과적이다.

```
y<-df[df$Country=="Korea" & df$Location>"1",]
View(y)
```

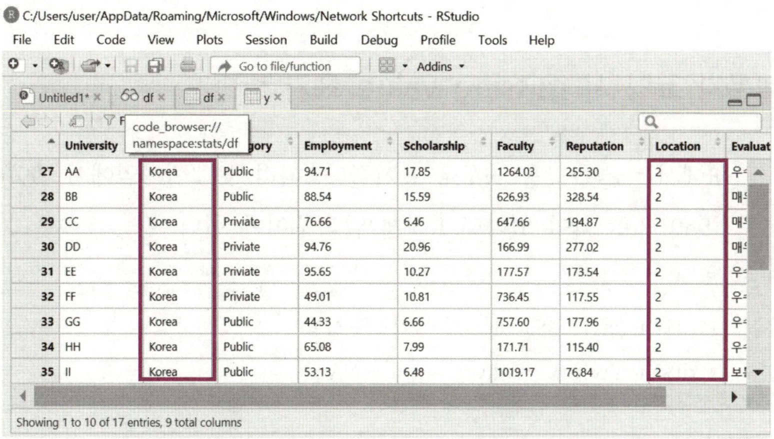


```
t<-lm(df$Faculty~df$Reputation, data=y)
summary(t)
```

해석: 미국(the US)이면서 위치(Location)가 1 이상이 되는 데이터 만(즉, 비도심권)을 선택하라는 의미이다. '또는'의 의미는 '&' 대신 '|'를 사용하면 된다.

즉, 다음과 같이 표기하면 된다.

```
y<-df[df$Country=="Korea" | df$Location>"1",]
```

```
attach(y)
```

해석: y 방에 있는 데이터 셋을 keep하라.

```
summary(y)
```

해석: y에 대한 요약정보를 보여주라.

```
fit<-lm(y$Employment~y$Faculty)
summary(fit)
```

해석: (전체 데이터 셋이 아닌) y 방에 있는 해당 데이터 셋으로 회귀분석(lm)을 돌려라.

```
detach(y)
해석: 지금까지 지정했던 방 내에서의 변수선택 범위를 해제하라.
```

7. 설문지 코딩 시 missing value 표기 방법

R에서는 결측값을 'NA'로 표기한다. 따라서 엑셀파일에서 "99"(SPSS) 또는 "."(SAS)으로 되어 있다면 R에게 알려주어야 한다.

```
* df$Faculty[df$Faculty==99]<-NA
* df$Faculty[df$Faculty==.]<-NA
```

그러나 엑셀파일에서 "99"나 "."으로 처리된 것을 "찾아 바꾸기" 메뉴를 실행하여 아예 바꾼 후 R로 불러들이면 제일 간단하다. 또한 엑셀파일에서 빈칸으로 놓아두면 R은 자동으로 NA로 인식한다.

8. 데이터 셋에서 문자로 되어 있는 변수를 숫자로 전환하기

위의 결측치(missing value) 처리방법을 응용하여 데이터 셋에서 문자로 구성된 변수를 숫자로 구성된 변수로 전환시킬 수 있는데, 예를 들면 위의 7번의 사례에서 Evaluation 변수가 "매우 우수", "우수", "보통"으로 문자로 구성되어 있는 경우이다. 이 경우 우리가 데이터를 달리 편집하고자 할 때, 즉 예를 들어 국가변수(Country)는 Korea를 선택하고, 평가변수(Evaluation)는 우수와 매우 우수인 집단을 선택하고자 할 때에는 더 이상 한 변수 하에서 두 개 이상의 문자변수를 선택하는 것은 명령어 구조상 불가능하다. 이럴 때에는 숫자로 전환하여 부등호 사용을 통해 해결해야 한다.

이제 다음과 같은 과정을 거쳐 Evaluation 변수에서 문자를 숫자로 전환해 둔다.

```
df$Evaluation[df$Evaluation=="매우 우수"]<-3
df$Evaluation[df$Evaluation=="우수"]<-2
df$Evaluation[df$Evaluation=="보통"]<-1
```

그리고 난 후 위 7번에서 설명한 명령어를 사용하여 다음과 같이 명령어를 주고 데이터를 확인해 보면 다음과 같이 변화되었음을 알 수 있다.

```
y<-df[df$Country=="Korea" & df$Evaluation>"1",]
View(y)
```

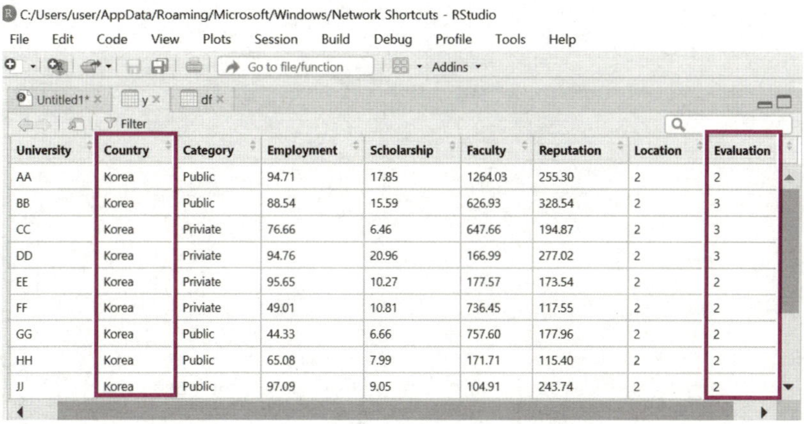

University	Country	Category	Employment	Scholarship	Faculty	Reputation	Location	Evaluation
AA	Korea	Public	94.71	17.85	1264.03	255.30	2	2
BB	Korea	Public	88.54	15.59	626.93	328.54	2	3
CC	Korea	Priviate	76.66	6.46	647.66	194.87	2	3
DD	Korea	Priviate	94.76	20.96	166.99	277.02	2	3
EE	Korea	Priviate	95.65	10.27	177.57	173.54	2	2
FF	Korea	Priviate	49.01	10.81	736.45	117.55	2	2
GG	Korea	Public	44.33	6.66	757.60	177.96	2	2
HH	Korea	Public	65.08	7.99	171.71	115.40	2	2
JJ	Korea	Public	97.09	9.05	104.91	243.74	2	2

9. 패키지를 다운받을 때 나타나는 오류 메세지를 해결하는 방법

R은 오픈소스이기 때문에 분석을 위해서 다양한 패키지를 다운받아 설치해야 한다. 그러나 가끔 다음과 같은 오류 메세지가 뜰 때 해결할 수 있는 명령어도 있으니 이도 알아두면 편리할 것이다. 이것이 바로 〈options("install.lock"=FALSE)〉이라는 명령어이다.

```
Error in install.packages: ERROR: failed to lock directory 'C:\Users\user\
      Documents\R\win-library\3.6' for modifying
Try removing 'C:\Users\user\Documents\R\win-library\3.6/00LOCK'

options("install.lock"=FALSE)
install.packages("epiDisplay")
library(epiDisplay)
```

4

P·A·R·T

이기는 통계학: 게임의 내용과 룰, 그리고 심판원들(통계기법들)

Winning Statistics

01 CHAPTER 한 집단의 평균 부인하기 게임

1. 게임에 대한 소개와 게임의 룰: 한 집단에서의 평균 부정하기

평균 부인하기 게임은 우선 한 개의 집단에 대하여 챔피언이 주장하는 평균값이 맞는지 틀리는지를 가려내는 게임이다. 최소한 도전자(연구자)의 입장에서는 실제 모집단의 평균값이 적어도 챔피언이 적시한 그 값은 아니라는 점과 오히려 그 값보다 훨씬 크거나 훨씬 작다는 점을 주장함으로써 게임에서 승리하게 되는 것이다.

이를 위해 도전자(연구자)는 모집단으로부터 자신이 추출한 표본(sample)을 가지고 평균값을 계산해 봄으로써 챔피언이 주장한 평균값과 적어도 통계적으로 유의미한 정도로 다르다는 것을 보여주어야 한다. 즉, 챔피언이 주장하는 특정 집단의 평균값을 부인해야 하는 게임이다.

2. 심판원의 이름: 한 집단의 표본에 대한 검정 (One Sample Hypothesis Test: z-검정 / t-검정)

평균 부인하기 게임에서 검증 후 손을 들어줄 심판원의 이름은 〈한 집단의 표본에 대한 검정〉으로 불리는 사람이다. 이 검정결과가 도전자가 이겼는지 졌는지를 명확하게 알려줄 것이다.

3. 게임의 실제상황(사례) 소개

사례CASE 1

소방서에서는 성인들이 화재 시 비상상황(emergency situation)에 반응하는 데 걸리는 시간을 알고 싶어한다. 일반사람들은 성인들이 비상상황에 반응하는 데 0.56초가 걸린다고 주장한다. 그러나 소방서에서는 0.56초는 아닌 것 같다는 생각으로 이를 증명하기 위해 35명의 성인을 대상으로 가상의 상황에서 테스트를 해본 결과 0.59초라는 평균시간이 나왔으며, 표준편차는 0.082인 것으로 나타났다고 하자. 이 경우에 신뢰구간 95%에서 소방서의 의견이 맞는지 검정하라.

해설

여기서 챔피언은 소방서가 되고(평균값 0.56초를 주장), 도전자는 이에 대한 의혹을 가지고 35명의 표본을 사용하여 다시 계산해 평균값 0.59초를 얻은 사람이 된다. 챔피언과 도전자 모두 각각 모집단에 대한 전수조사가 아닌 표본에 대한 조사였으므로, 표본을 추출할 때마다 그때그때 값이 달라질 수 있고 어떤 것이 맞는지 알 수 없다. 이 때문에 Champion과 Challenger의 입장에서 가설을 검정해야 한다.

가설검정을 위한 5단계

1. 귀무가설(Ho)과 연구가설(Ha) 설정

《Champion》 Ho: $\mu=0.56$ (Champion이 주장하는 평균시간)
《Challenger》 ① Ha: $\mu\neq0.56$
(양측검정: 0.56보다 더 걸릴 수도 있고 적게 걸릴 수도 있다고 동시에 가정)
② Ha: $\mu>0.56$
(단측검정: 0.56보다 클 것이라고 확신)

이 경우에는 양측검정으로 가기로 결정한다. 왜냐하면, 0.56초보다 더 걸릴지 아닐지 모르지만 0.56초는 아닌 것 같다는 생각이 들기 때문이다.

2. 신뢰구간 설정

이 경우 신뢰구간은 95%이므로 유의수준(α)은 자동적으로 5%(0.05)가 된다.

여기서 얻게 되는 Critical Z-score는 $= \pm 1.96$이다(신뢰구간에 따른 Z 값 Table 표 참조).

다시 말해, 최소한 Challenger의 Z-score인 1.96보다 커야 Challenger가 이길 수 있다는 결론이 나온다.

3. Challenger의 Z-score 값을 얻는 단계

이제 소방서(Challenger)의 입장에서 z-score를 얻는 단계이다. 즉, 관찰된 z-score를 얻는 단계인데, 이는 중심극한의 정리를 통해 얻어진다. 즉, 다음의 공식을 적용하여 계산하면 된다.

중심극한의 정리: $$z = \frac{\overline{x} - \mu}{s / \sqrt{n}}$$

$$z = \frac{0.59 - 0.56}{0.082 / \sqrt{35}} \approx 2.16$$

여기서 관찰된(또는 계산된) z 값은 2.16이 된다.

4. Champion의 Z-score와 Challenger의 Z-score를 비교하는 단계

결국 Champion의 Z-score는 1.96이고 Challenger의 Z-score는 2.16이므로 Challenger가 이겼다. 즉, 귀무가설을 기각할 수 있게 되었다.

5. 최종 결정을 하는 단계

실제 화재 비상상황에서 성인들이 반응하는 시간은 0.56초가 아니라는 결론을 얻게 된다.

사례CASE 2

소방장비를 만드는 회사에서 공기호흡기의 평균수명이 28,000시간이라고 주장하는 회사가 있다. 소방방재청에서는 이러한 회사의 주장을 과장된 광고라고 생각하고 있다. 만일 소방방재청이 이를 증명하기 위해 40개의 그 회사 제품인 공기호흡기를 무작위로 선정하여 테스트를 해본 결과 27,563시간으로 나타났으며, 표준편차는 1,348시간으로 나타났다고 가정해 보자. 그렇다면 유의수준 0.01에서 소방방재청의 의견이 맞는지를 검정하라.

해설

가설검정을 위한 5단계

1. 귀무가설(Ho)과 연구가설(Ha) 설정

《Champion》 Ho: $\mu=28{,}000$ (Champion이 주장하는 평균시간)

《Challenger》 ① Ha: $\mu\neq 28{,}000$

(양측검정: 수명이 28,000시간보다 더 오래갈 수도 있고 더 적게 갈 수도 있다고 동시에 가정)

② Ha: $\mu>28{,}000$

(단측검정: 수명이 28,000시간보다 덜 갈 것이라고 확신)

이 경우에는 단측검정으로 가기로 결정한다. 왜냐하면, 앞의 사례 1에서의 경우와는 달리 소방방재청이 28,000시간의 수명이 과장된 광고라고 의심하고 이 조사를 수행했기 때문이다.

2. 신뢰구간 설정

이 경우 신뢰구간은 99%이므로 유의수준(α)은 자동적으로 1%(0.01)가 된다.

여기서 얻게 되는 Critical Z-score는 $=+2.33$ 또는 -2.33이다(신뢰구간에 따른 Z 값 Table 표 참조).

다시 말해, 최소한 Challenger의 Z-score인 절댓값 2.33보다 커야 Challenger가 이길 수 있다는 결론이 나온다.

3. Challenger의 Z-score 값을 얻는 단계

이제 소방서(Challenger)의 입장에서 z-score를 얻는 단계이다. 즉, 관찰된 z-score를 얻는 단계인데, 이는 중심극한의 정리를 통해 얻어진다. 즉, 다음의 공식을 적용하여 계산하면 된다.

중심극한의 정리: $z=\dfrac{\bar{x}-\mu}{s/\sqrt{n}}$

$$z=\frac{27{,}563-28{,}000}{1{,}348/\sqrt{40}}\approx -2.05$$

여기서 관찰된(또는 계산된) z 값은 -2.05가 된다.

4. Champion의 Z-score와 Challenger의 Z-score를 비교하는 단계

[단측검정 One-taled Test]

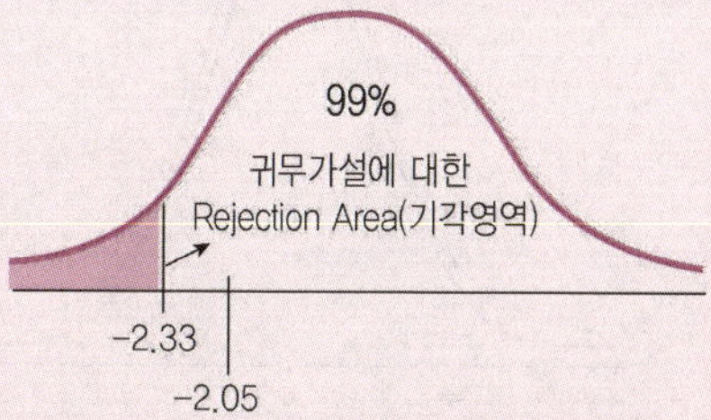

결국 Champion의 Z-score는 2.33이고, Challenger의 Z-score는 2.05이므로 Challenger가 진 것이다. 즉, 귀무가설을 기각할 수 없게 되었다.

5. 최종 결정을 하는 단계
실제 소방장비를 생산하는 회사의 공기호흡기의 평균수명이 28,000시간이 안 된다고 주장할 수 없게 되었다.

4. R을 활용한 분석(t-검정)

원칙적으로(표본의 크기가 30 미만인 경우를 제외하고) 한 집단의 평균검정을 위해서는 t-test가 아닌 z-test를 수행해야 하지만 우리에게 모집단의 분산이 알려져 있지 않으므로 많은 경우에 t-test를 써야 하는 경우가 대부분이다. 따라서 평균검정에는 주로 z-분포보다는 t-분포를 사용하게 된다.

원래 t-test는 모집단의 분산을 모르거나 표본의 크기가 30보다 작아 정규분포를 가정할 수 없을 때 사용하게 된다. 표본의 크기가 작으면(n<30) 정규분포를 이루지 않고 t-분포를 이루게 되는데, 자유도가 낮을수록 납작한 모양을 띠다가 표본이 증가하여 30에 가까워지면 정규분포와 동일한 모양을 보인다. t-분포는 특수한 형태의 z-분포라고 생각하면 된다.

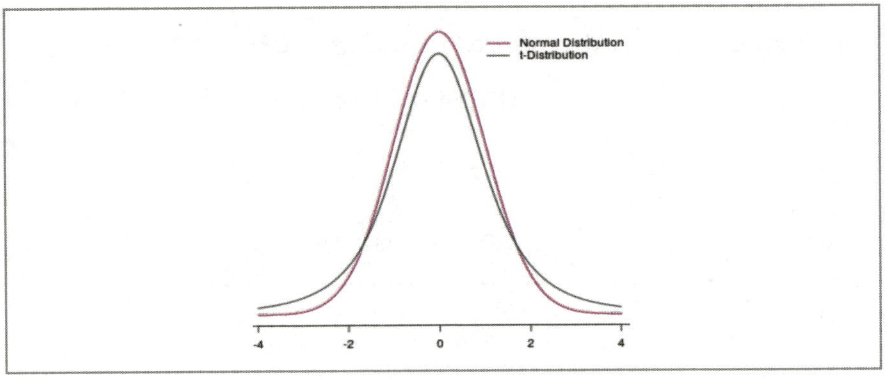

[그림 1-1] t-분포와 z-분포(정규분포)의 차이

t-검정을 위해서는 자유도(degree of freedom)에 대한 이해가 필수이다. 자유도는 모집단의 분산을 추정하기 위해서 최대한 모집단의 분산에 접근하기 위해 사용하는 값이다. 자유도는 표본 데이터가 가지고 있는 모수에 대한 정보량이라고 생각하면 된다. 데이터의 정보량이 많을수록 모수(평균과 분산)에 가깝게 추정할 수 있는 것이다.

t-분포의 자유도가 높아지면 거의 정규분포에 가까워지는 것을 볼 수 있고, 이는 정규분포의 모수인 평균과 분산을 더 정확히 추정할 수 있게 되는 근거가 된다.

이제 본 교재에서 제공되는 데이터 셋인 "evaluation univeristy.cvs" 파일의 내용을 기준으로 하나의 평균에 대한 t-검정을 해보기로 한다. t-검정을 위한 명령어는 't.test'이며 기본 포맷은 다음과 같다.

```
t.test(해당 변수, alternative=판별 방향, mu=모집단의 주장에 대한 특정 기준 내지는 평균, conf.level=신뢰수준)

* alternative에는 "greater", "less", "two.sided"가 있음. 각각 큰지/작은지/같은지를 구분하라는 명령어이다.

t.test(df$Employment, alternative="two.sided", mu=80, conf.level=.95)
t.test(df$Employment, alternative="greater", mu=80, conf.level=.95)
```

t.test(df$Employment, alternative="less", mu=80, conf.level=.95)

* mu=80의 의미는 모집단의 평균(μ)이 80이라고 주장하는 것에 대해서 실제 수집된 표본평균을 토대로 검정하라는 것이다.

```
> t.test(df$Employment, alternative="two.sided", mu=80, conf.level = .95)

        One Sample t-test

data:  df$Employment
t = -3.8564, df = 51, p-value = 0.0003241
alternative hypothesis: true mean is not equal to 80
95 percent confidence interval:
 62.35627 74.43719
sample estimates:
mean of x
 68.39673
```

[그림 1-2] t.test 출력화면(one sample t-test)

[그림 1-2]의 출력물에서 보는 바와 같이 대학의 취업률이 80점이라는 귀무가설의 주장에 맞서 연구가설(대학의 취업률 평균은 80이 아니라는 가설)을 세웠고, 표본 데이터를 수집해 계산해 본 결과 표본평균은 68.39673이 나왔으며, 양측검정으로 추론해 본 결과 95%의 유의수준에서 p-value가 0.05 이하이므로 귀무가설을 기각한다는 결정에 이르게 된다. 즉, 평균이 80이 아니라는 사실을 확인한 것이다.

Winning Statistics

02 CHAPTER 두 집단 간 평균비교 게임 I

제1장과 제2장을 연결하는 스토리

통계학에서 첫 번째 게임은 한 집단의 평균에 대한 주장에 대해 이를 부인하고 입증하는 게임이었다. 따지고 보면 이 게임은 하나의 집단만 가지고 평균을 따지며 누가 진실의 평균에 가까운가를 판정받는 게임이었다. 그러나 이 게임은 상대방이 잘나서 평균이 높다는 것을 주장하는 데 대해서 이를 도전자가 다시 표본을 추출하여 그렇지 않다고 반박하는 차원이었다. 이러자 챔피언이 문제를 제기하고 나섰다. 챔피언이 다른 유사한 집단의 평균을 들고 나왔던 것이다. 그러면서 챔피언은 잘 나가는 다른 유사한 집단의 평균도 챔피언 측의 평균과 동일하다고 주장하기 시작했다. 이제 이에 대한 검증의 몫은 도전자에게 주어지게 되었다. 이제 두 번째 게임은 이보다 한 단계 진일보한 게임으로서 한 집단을 넘어서서 두 집단 간에 평균의 차이가 존재하는지를 입증하는 게임으로 들어가게 된다. 즉, 챔피언은 두 집단 간에 평균의 차이가 존재하지 않으니 문제가 없다고 하고, 도전자는 두 집단 간에 어떠한 이유이든 차이가 있을 터이니 파헤쳐 보자고 주장하는 것이다. 이제 이와 관련한 게임을 시작하기로 한다. 그 게임의 첫 번째 이름은 〈두 집단 간 평균비교 게임 I〉이다.

1. 게임에 대한 소개와 게임의 룰: 두 집단 간 평균의 차이 만들기

〈두 집단 간 평균비교 게임 I〉은 우선 한 개의 집단과는 달리 그 어떠한 이유로 인하여 두 집단 간에 평균의 차이가 존재한다는 것을 가려내야 하는 게임이다. 챔피언은 늘 두 집단 간에는 차이가 없다고 주장하고 있는 것이며, 도전자(연구자)의 입장에서는 어떠한 연유를 발견하여서라도 두 집단 간에 평균의 차이가 존재한다고 주장하여야 한다. 상황에 따라서 단순히 두 집단 간 평균의 차이가 다르다고 주장할 수도 있고, 특정 집단의 평균이 반대편 집단의 평균보다 특히 높거나 낮다고 주장할 수도 있다.

이를 위해 도전자(연구자)는 두 모집단으로부터 각각 표본(sample)을 추출하고 평균값을 계산해 봄으로써 챔피언이 가정하는 집단 간 통계적으로 유의미한 평균의 차이가 없다는 주장에 펀치를 날려야 하는 게임이다.

2. 심판원의 이름: 두 집단 비교 t-검정(Two Sample T-Test)

〈두 집단 간 평균비교 게임 Ⅰ〉에서 검증 후 손을 들어줄 심판원의 이름은 〈일반 t-검정(t-test)〉으로 불리는 사람이다. 이 심판원이 경기를 지켜보고 검정결과를 판단하여 도전자가 이겼는지 졌는지를 명확하게 알려줄 것이다.[1)]

---

1) 이제부터는 z-score를 사용하는 대신 t-score를 사용하게 된다. 일반적으로 n이 30 미만이면 t-score를 사용하고, 30 이상이면 z-score를 사용하게 되어 있지만 통계패키지에서는 t-score를 일괄적으로 사용한다. 또한 t-test 단계로 들어서면 이제 수작업으로 공식을 사용하여 계산하는 작업은 상당히 시간을 요하는 작업이 된다. z 분포표와 마찬가지로 t 분포표를 이용하여 critical t-score를 구할 수 있지만, 관찰된 t 값을 구하는 과정이 관찰된 z 값을 구하는 과정보다 훨씬 복잡해진다. 이 때문에 통계패키지에 의존하게 되면 자동적으로 관찰된 t 값을 계산해 주므로 분석을 하기가 용이해진다.
관찰된 t-score는 다음과 같은 공식을 통해 이루어지게 된다.

$$t = \frac{\overline{x_1} - \overline{x_2}}{S_p\sqrt{\frac{1}{n_1} + \frac{1}{n_2}}} \quad where\ S_p = \sqrt{\frac{(n_1 - 1)s_1^2 + (n_2 - 1)s_2^2}{n_1 + n_2 - 2}}$$

여기서 통합된 표준편차(S_p)가 먼저 계산되어져야 하고 자유도(Degree of Freedom)라고 하는 값이 $(n_1 + n_2 - 2)$라는 공식을 통하여 계산이 된다. 이 자유도의 값을 알아야 t 분포표를 읽을 수 있다. 따라서 본 교재에서 통계패키지인 R을 이용하여 t 값을 얻고 가설을 검정하는 방법론 위주로 살펴보기로 한다. R을 사용하게 되면 통계학 책의 부록에 나와 있는 t 분포표(다른 분포표도 마찬가지)를 보지 않고도 가설검정을 할 수 있다. 왜냐하면, 관찰된 t 값에 기초하여 이에 상응하는 관찰된 p-value를 계산해 주기 때문이다. 이렇게 되면 유의수준(critical p-value)을 알고 있는 상황에서 관찰된 p-value(observed p-value)를 R이 제공해 주므로 이를 비교함으로써 가설검정을 할 수 있게 된다. 따라서 이제부터는 t 값을 비교하지 않고 p-value의 비교를 통하여 간편하고 정확하게 가설을 검정하는 방법을 배워보기로 한다.

3. 게임의 실제상황(사례) 소개: 두 집단 비교 t-검정(Two Sample T-Test)

사례CASE 1

소방방재청장은 강남과 강북지역에서 최근 10년 간 발생한 화재건수에 차이가 있다는 내부 보고를 받았다. 만일 이것이 사실이라면 강북지역의 화재를 줄이기 위해 다양한 차원의 정책적 지원과 장비 및 시설지원, 그리고 규제조치가 뒤따라야 한다. 이에 소방방재청은 이를 검정하기 위하여 다음과 같이 무작위로 데이터를 조사해 보았다.

- 강남지역: 78 84 81 78 76 83 79 75 85 81
- 강북지역: 85 75 83 87 80 79 88 94 87 82

위의 결과를 보고 화재발생건수에 있어서 강남과 강북지역이 차이가 있다고 주장할 수 있는가? 유의수준 0.05를 사용하시오.

해설

여기서 챔피언은 두 집단 간에 평균의 차이가 존재하는지 모르겠다는 입장이고 도전자(연구자)는 이러한 챔피언의 가정을 깨야 하는 상황이다. 도전자는 사실상 강남보다는 강북지역에서 여러 가지 소방시설 인프라가 부족하여 화재가 더 발생할 확률이 높다고 의심하고 있는 것이다. 이제 하나의 표본에 대한 검정의 경우와 마찬가지로 가설검정의 5단계를 따라가면서 이를 검정해 보기로 한다.

가설검정을 위한 5단계

1. 귀무가설(Ho)과 연구가설(Ha) 설정

《Champion》 Ho: $\mu_1 = \mu_2$

《Challenger》 ① Ha: $\mu_1 \neq \mu_2$

(양측검정: 강남과 강북지역의 화재발생건수가 다르다고 가정)

② Ha: $\mu_1 < \mu_2$

(단측검정: 강남의 화재발생건수가 강북의 발생건수보다 적을 것이라고 확신)

이 경우에는 단측검정으로 가기로 결정한다. 왜냐하면, 연구자가 이 경우 여러 가지 시설의 노후화 및 설비 차이로 강남지역의 평균 80건보다 강북지역의 평균 84건이 많다고 주장하고 싶기 때문이다.

2. 신뢰구간 설정
이 경우 신뢰구간은 95%이므로 유의수준(α)은 자동적으로 5%(0.05)가 되며, 이는 Critical P-value가 0.05라는 의미이다.

3. R에서 생성한 관찰된 P-value(Observed P-value)를 얻는 단계
데이터를 입력하고 분석을 하면 R은 출력물을 보여주는데, 여기에서 관찰된 P-value를 발견하게 된다.

4. Critical P-value와 Observed P-value를 비교하는 단계
z 또는 t 값을 비교하는 경우와 마찬가지로 두 종류의 확률값인 P-value들을 비교해야 하는데, 이 경우 논리가 정반대임을 주의해야 한다.
즉, Observed P-value가 Critical P-value보다 작아야 귀무가설을 기각하는 것이다. 이 유에 대해서는 이미 앞에서 기각영역(Rejection Area)과 P-value의 논리부분에서 설명하였다.

5. 최종 결정을 하는 단계
위의 P-value 비교에 기초하여 강북지역에 새로운 투자 및 규제를 해야 하는지에 대한 의사결정을 내려야 한다.

4. 〈두 집단 간 평균비교 게임 I〉이 온전히 성립하기 위한 까다로운 전제조건들과 이에 대한 검정(R을 활용한 분석)

앞의 사례에서와 같이 게임의 내용은 이해가 가겠지만 사실 게임에 임하기 위해서는 이 게임이 가정하는 조건들을 면밀히 검토할 필요가 있다. 이 조건들 중 어느 하나가 맞지 않으면 이 게임에 등록된 심판원인 〈두 집단 비교 t-검정〉이 게임에 들어오지 못하게 되는 수가 있다. 이제 이 조건들이 무엇인지를 먼저 살펴보도록 한다.

1) 〈두 집단 평균비교 게임 I〉의 전제조건과 심판원의 한계

여기서 말하는 게임의 전제조건이란 도전자가 챔피언에 도전하기 위해 수집한 데이터가 갖추어야 하는 전제조건을 말한다. 만일 이 데이터가 어느 하나의 조건을 충족시키지 못하면 우리는 심판원인 〈두 집단 비교 t-검정〉을 게임에 입장시킬 수 없게 된다. 대신 다른 대안 심판원을 입장시켜야 한다.

이제 각각의 전제조건이 무엇인지 알아보고 각 전제조건을 검정해 낼 수 있는 보조 심판원도 함께 소개하기로 한다.

먼저, 이 게임의 전제조건은 다음과 같다.

> ① 표본이 정규분포를 따라야 한다.
> (Both samples should be normally distributed)
> ② 표본이 상호 독립적이어야 한다.
> (Samples should be independent of each other)
> ③ 두 집단의 분산이 동일하여야 한다.
> (Variances of both groups are assumed to be equal)

여기서 위 세 가지 전제조건(가정)을 모두 만족시켜야 심판원인 〈두 집단 비교 t-검정〉이 게임에 입장할 수 있다. 특히, ①번과 ③번의 경우에는 두 집단이 정규분포를 따른다는 가정과 두 집단의 분산이 동일하여야 한다는 가정을 검정하는 보조 심판원들이 대기하고 있으니 우리는 이 보조 심판원들에게 이 작업을 의뢰하면 된다. ②번의 경우에는 표본이 상호 독립적인지를 판단하기 위해서는 데이터의 속성을 보고 판단해 볼 수 있으므로 별도의 검증을 위한 심판원을 부르지 않는다.

이하에서는 본 교재에서 제공하는 'fire.csv' 파일을 R에서 읽어 들여 분석을 수행하기로 한다. 여기서 화재발생건수는 fire라는 변수로 코딩되었고 강북지역은 1로, 강남지역은 2로 코딩되었다(location 변수).

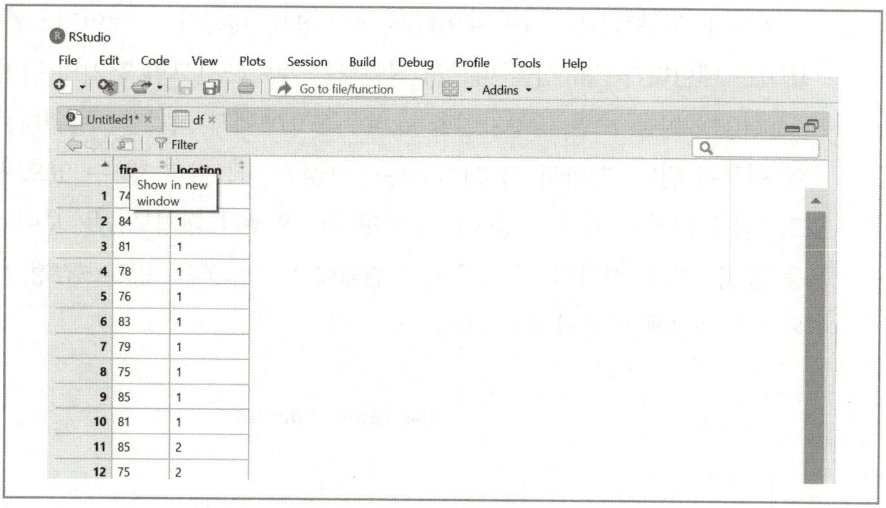

[그림 2-1] 강남/강북지역 화재발생건수 입력화면

2) 정규성을 판정하기 위한 보조 심판원의 호출: 샤피로-윌크 정규성 검정(Shapiro-wilk normaility test)

일반 t-검정을 사용하기 위해서는 분산에 대한 동일성 테스트뿐 아니라 표본이 정규분포를 따르고 있는지도 분석해 보아야 한다. 표본 데이터가 정규성을 따르는지를 확인하는 shapiro 검정을 소개하고 명령어를 소개한다. 우선, fire 변수에 있는 데이터가 정규성을 따르는지 히스토그램을 그려보고 shapiro 검정을 수행하는 명령어이며 출력결과는 다음 [그림 2-2]와 같다.

(1) 정규성을 따르는 것으로 판명되는 경우

```
> hist(df$fire, col="yellow", las=1)
> shapiro.test(df$fire)

        Shapiro-Wilk normality test

data:  df$fire
W = 0.9685, p-value = 0.7229
```

[그림 2-2] 정규성 검정을 위한 샤피로 검정

여기서 귀무가설(Ho)은 데이터가 정규성을 따른다는 것이며, 연구가설(Ha)은 데이터가 정규성을 따르지 않는다는 것이다. [그림 2-2]의 관찰된 p-value(0.7229)를 보면 귀무가설을 유의수준 0.05에서 기각할 수 없다는 결론에 이르게 된다. 따라서 이 데이터는 정규성을 따른다고 할 수 있으며, 히스토그램을 보아도 외관상 정규분포의 형태로 좌우가 대칭모습을 보이고 있음을 알 수 있다. 따라서 이 경우에는 원래대로 〈두 집단 비교 t-검정〉을 심판원으로 게임에 입장시켜도 된다.

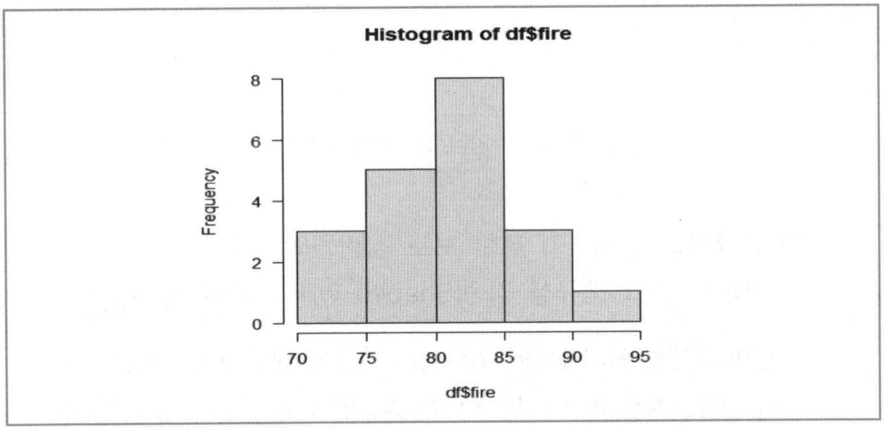

[그림 2-3] 정규성을 확인하는 히스토그램

(2) 정규성을 따르지 않는 경우 호출되는 대안 심판원:
윌콕슨 순위 합 검정(Wilcoxon rank sum test)

사실상 [그림 2-3]의 데이터가 정규성을 따른다고 결론이 낫지만 만일 정규성 검정후 정규성을 따르지 않는 다고 결론이 나게 되면 이제 다른 검정인 윌콕슨(wilcoxon) 검정을 수행해야 한다. 그 명령어와 출력결과는 다음 [그림 2-4]와 같다.

```
> wilcox.test (df$fire, df$location, data=df)

        Wilcoxon rank sum test with continuity correction

data:  df$fire and df$location
W = 400, p-value = 4.167e-08
alternative hypothesis: true location shift is not equal to 0

경고메시지(들):
In wilcox.test.default(df$fire, df$location, data = df) :
  tie가 있어 정확한 p값을 계산할 수 없습니다
```

[그림 2-4] 윌콕슨 검정결과

이 경우 정규성을 따르는 데이터였지만 일단 그렇지 않다고 가정하고 윌콕슨 검정을 해 보았더니 일단 p-value는 매우 낮게 나타나 강남과 강북지역에서 화재발생건수에 차이가 있다고 결론을 내릴 수 있다. 경고 메시지에서의 내용은 윌콕슨 검정이 순위합 검정이므로 동일한 순위의 데이터, 즉 같은 관측값(절대값 기준)이 존재하는 경우 평균순위와 분산에 영향을 미치기 때문에 정확한 의미에서 p-value를 계산할 수 없다는 의미이다. 그러나 많은 경우에 이 경고 메세지가 주는 한계를 인정하면서 윌콕슨 검정에서는 관찰된 p-value 중심으로 결론을 내리는 경우가 대부분이다.

3) 분산의 동일성을 검정하기 위한 보조 심판원의 호출: F-검정(F-test to compare two variances)

(1) 분산이 동일한 것으로 판명될 경우

```
> var.test(df$fire~df$location, data=df)

        F test to compare two variances

data:  df$fire by df$location
F = 0.50534, num df = 9, denom df = 9, p-value = 0.3238
alternative hypothesis: true ratio of variances is not equal to 1
95 percent confidence interval:
 0.1255202 2.0345100
sample estimates:
ratio of variances
         0.5053435
```

[그림 2-5] 분산의 동일성을 테스트하는 검정 명령어와 출력결과

[그림 2-5]의 출력물에서 보듯이 분산이 동일하지 않다는 연구가설을 세우고 검정한 결과 observed p-value가 0.32로 나타나 critical p-value인 0.05보다 크므로 귀무가설을 기각하지 못하게 된다. 따라서 두 집단의 분산이 동일하다는 결론을 얻고 t-검정을 수행하게 된다.

```
> t.test(df$fire~ df$location, var.equal=T)

        Two Sample t-test

data:  df$fire by df$location
t = -2.1019, df = 18, p-value = 0.04991
alternative hypothesis: true difference in means is not equal to 0
95 percent confidence interval:
 -8.798019348 -0.001980652
sample estimates:
mean in group 1 mean in group 2 
           79.6            84.0 
```

[그림 2-6] 분산이 동일하다고 판명된 이후 시행하는 t-test 명령어와 출력결과

[그림 2-6]의 출력물에서 보듯이 분산이 동일하다고 판명된 이후에 시행한 t-test 결과는 관찰된 p-value가 0.0491로 유의수준 0.05(critical p-value)에서 이론상으로 귀무가설을 사실상 겨우 기각할 수 있는 것으로 나타난다. 그러나 사실상 0.0491은 반올림하여 0.05이므로 두 집단의 평균이 동일하지 않다는 결론을 내리기가 어렵게 된다. 즉, 강남과 강북지역에서의 화재발생건수에 유의미한 평균의 차이가 있다고 표현하기 어려운 상황이 발생한 것이다.

여기서 R이 제시하는 관찰된 p 값을 해석할 때 주의해야 할 점이 있어 짚고 넘어간다. R은 연구자가 단측검정을 의도하고 했는지 아니면 양측검정을 의도하고 했는지에 대한 마음까지 읽을 수는 없기 때문에 관찰된 p 값을 제시할 때 기본적으로 양측검정을 가정한 상태에서 p 값을 제시한다는 점에 유의해야 한다. 따라서 연구자가 양측검정을 가정했다면 여기서 제시된 p 값을 그대로 사용하여 유의수준 0.05와 비교하면 된다. 그러나 연구자가 단측검정을 가정했다면 R이 제시한 p 값을 그대로 사용하지 않고 2로 나누어 (왜냐하면, 단측검정은 한쪽 면만 보는 것이므로) 비교해야 한다.

이 사례에서는 양측검정이 아닌 단측검정을 의도했었다. 따라서 0.04991을 2로 나눈 값인 0.024955를 유의수준 0.05와 비교해야 한다. 이 경우 귀무가설을 여유있게 기각할 수 있게 되는 것이다. 즉, 강남과 강북지역에서의 화재발생건수에 있어서 강북지역이 강남지역보다 화재발생건수가 더 많이 나타난다고 주장할 수 있게 된다.

이처럼, '단측검정'을 사용할 때 기각할 수 있는 영역이 넓어지므로 귀무가설을 기각시키기 더 쉽다. 따라서 검정하는 데 있어서 '단측검정'을 선호하는 경향이 나타나기도 한다. 그러나 단측검정보다 검정하기 어려운 '양측검정'을 통과했을 때 주장을 더 강하게 내세울 수 있다는 점 또한 강조되어져야 한다.

따라서 소방방재청장은 단측검정결과에 기초하여 강남과 강북 간에 화재발생건수의 차이가 존재한다고 보고 강북지역에 대한 집중적인 방재시설 투자와 예산배정을 위한 의사결정을 내려야 한다.

이것이 바로 통계를 중심으로 한 과학적 의사결정의 사례이다.

(2) 분산이 동일하지 않다고 판명된 경우 호출되는 대안 심판원: 웰치 t-검정(Welch two sample t-test)

그렇다면 분산이 만일 동일하지 않은 것으로 판명될 경우에는 어떻게 해야 할까? 이 경우에는 이른바 분산이 동일하지 않다는 가정 하에 게임을 하게 되었을 때 들어오는 심판원의 이름은 바로 웰치 t-검정(Welch two sample t-test)이다.

```
[Workspace loaded from ~/.RData]

> df <- read.csv("C://Users//user//Desktop//R-교재집필//fire.csv")
> View(df)
> t.test(df$fire~ df$location, data=df)

        Welch Two Sample t-test

data:  df$fire by df$location
t = -2.1019, df = 16.246, p-value = 0.0515
alternative hypothesis: true difference in means is not equal to 0
95 percent confidence interval:
 -8.83230761  0.03230761
sample estimates:
mean in group 1 mean in group 2
           79.6            84.0

> |
```

[그림 2-7] 분산이 동일하지 않다는 가정 하에서의 t-test 시행 명령문과 출력결과

[그림 2-7]의 출력물에서 보듯이 R은 이 경우 Welch Test 결과를 보여주게 된다. R은 t-test를 할 때 기본적으로 분산이 동일하다는 가정을 미리 입력해 주시 않으면 기본적으로 분산이 동일하지 않은 것으로 보고 바로 Welch Test 결과를 보여준다.

이 경우에도 유의수준 0.05 양측검정에서 p-value가 0.0515로 나타나 귀무가설을 기각시키지 못하므로 강남과 강북 사이에 화재발생건수에 있어서 평균의 차이가 존재한다고 주장할 수 없게 된다.

> 간혹 R 출력물을 보면 관찰된 p-value가 예를 들면, '2.2e−16'으로 표현되어 나오는 경우를 종종 보게 된다. 이에 대한 해석은 다음과 같다.
>
> * p-value=2. 2e−16의 의미
>
> =2.2*10^(−16)
>
> =0.00000000000000022
>
> * 10^0=1, 10^−1=0.1, 10^−2=0.01, 10^−3=0.001…
>
> 즉, e−16의 의미는 숫자 앞에 소수점 포함하여 '0'이 몇 개 존재하는가를 보여주는 것이므로 관찰된 p-value가 매우 작아지는 것을 의미하며, 이 숫자가 클수록 매우 유의미한 차이로 귀무가설을 기각할 수 있음을 확인하게 된다.

Winning Statistics

03 CHAPTER 두 집단 간 평균비교 게임 Ⅱ

제2장과 제3장을 연결하는 스토리

여전히 우리는 제2장에서 언급한 〈두 집단 간 평균비교 게임〉에 머물러 있다. 그런데 제2장에서 펼쳐진 게임은 말 그대로 서로 다른 두 개의 모집단에서 표본을 추출하고 평균을 비교하는 게임이었다. 그런데 이 게임이 한 단계 더 진화하여 모집단은 같은데 어떤 사건이나 개입에 의해 before와 after 그룹이 만들어지면서 두 개의 집단이 나누어지는 상황이 발생하게 된 것이다. 이 경우 역시 〈두 집단 간 평균비교 게임〉이라고 할 수 있지만 두 집단의 속성이 앞선 〈두 집단 간 평균비교 게임 Ⅰ〉과는 다른 조건이 형성되고, 따라서 제2장에서 등장했던 심판원이 제3장에서는 등장할 수 없게 된다. 이제 또 하나의 〈두 집단 간 평균비교 게임 Ⅱ〉를 경험해 보기로 한다.

1. 게임에 대한 소개와 게임의 룰: 두 집단(before-after) 간 평균의 차이 만들기

〈두 집단 간 평균비교 게임 Ⅱ〉는 우선 앞 장에서 다룬 〈두 집단 간 평균비교 게임 Ⅰ〉에서 두 번째 전제조건인 표본이 상호 독립적이어야 한다는 가정에 위배되는 경우 성립하는 게임의 유형이다. 이 경우 앞 장에서의 게임의 룰과 다른 점은 어떠한 연유로 인하여 두 집단 간에 평균의 차이가 있다고 의심하는 차원을 넘어서서 구체적인 정책이나 사업이 특정 시점을 기준으로 시행되었거나 특정한 사건이 명확하게 발생하였고, 이를 기점으로 데이터를 이전 시점(before)과 이후 시점(after)으로 분리하여 수집할 수 있으며, 이 경우 새롭게 만들어진 두 집단 간의 평균에 통계적으로 유의미한 차이가 있는지를 가려내는 게임이다.

결국 챔피언은 여러 가지 사건과 정책, 사업의 일어났음에도 불구하고 이전 시점과 이후 시점 간에 아무런 변화가 일어나지 않았다고 주장하는 것이고, 이에 반해 도전자(연구자)는 반드시 그로 인한 변화가 있었다고 주장하고, 이러한 차이를 인정받아야 이길 수 있는 게임이다.

2. 심판원의 이름: 한 쌍의 짝 간의 실험(Paired T-Test)

〈두 집단 간 평균비교 게임 Ⅱ〉에서 검증 후 손을 들어줄 심판원의 이름은 〈한 쌍의 짝 간의 실험(paried t-test)〉으로 불리는 사람이다. 이 심판원이 경기를 지켜보고 도전자가 이겼는지 졌는지를 명확하게 알려줄 것이다.

3. 게임의 실제상황(사례) 소개: 한 쌍의 짝 간의 실험(Paired T-Test)

사례CASE 1

소방방재청에서 전국의 공장에서 발생하는 화재발생건수를 줄이기 위하여 안전사고와 관련한 특별 교육프로그램을 시행하였다. 이제 이러한 특별 교육프로그램이 효과를 거두었는지를 분석해야 할 필요가 생기는데, 궁극적인 목표는 화재발생건수를 줄이는 것이기 때문에 이 교육프로그램이 도입되기 이전 시점과 이후 시점에 있어서의 화재발생건수의 평균을 비교해 보면 알 수 있게 된다.

이러한 분석을 위해서는 전국의 각각의 공장으로부터 크고 작은 화재발생건수에 대한 데이터를 모아야 하며, 교육프로그램이 시행되기 이전 시점과 이후 시점에서의 데이터들이 수집되어져야 한다.

이 경우 데이터의 형태는 다음과 같다.

공장명	교육프로그램 이전 시점에서의 화재발생건수	교육프로그램 이후 시점에서의 화재발생건수
공장 A	34	24
공장 B	35	33
공장 C	36	30

여기서 〈두 집단 간 평균비교게임 Ⅰ〉과 구별되는 주된 특징은 게임을 위한 정보가 세 가지가 주어져야 한다는 것이다. 즉, 공장에 대한 정보, 이전 시점의 정보, 이후 시점의 정보를 보아야 한다는 것이다.

즉, 이전 시점에서 발생하는 화재건수와 이후 시점에서 발생하는 화재건수가 상호 독립적이라기보다는 개별 공장이 가지고 있는 특수한 환경에 의해 화재발생건수에 차이가 있을 수 있다는 것이며, 이는 개별 공장의 특성이 이전과 이후 시점의 화재발생건수에 영향을 줄 수 있다는 것을 의미한다.

비록 우리는 안전과 관련된 교육프로그램의 효과를 보고 싶어서 이전과 이후의 두 집단으로 나누어 평균을 비교해 보고 싶지만 개별 공장이 처한 환경이 새로운 변수로 고려될 필요가 있다는 것이다. 이러한 점을 고려하여 〈두 집단 간 평균비교 게임 Ⅱ〉는 새로운 심판원인 〈한 쌍의 짝 간의 실험〉이라는 사람을 게임에 초대한다.

해설

이제 여기서 가설검정의 논리는 앞 장의 논리와 동일하니 생략하도록 하고 바로 R을 활용한 분석에 들어가도록 한다.

4. 〈두 집단 간 평균비교 게임 Ⅱ〉를 위한 심판원의 초대(R을 활용한 분석)

R에서 이 게임의 심판원인 Paired t-test를 초대하여 수행하기 위한 명령어 문법체계는 다음과 같다.

```
t.test(df$before.education, df$after.education, paired=T)
```

여기서 파일명은 'fireedu.csv'이고, 이 파일을 읽어 들여서 분석을 하였다.

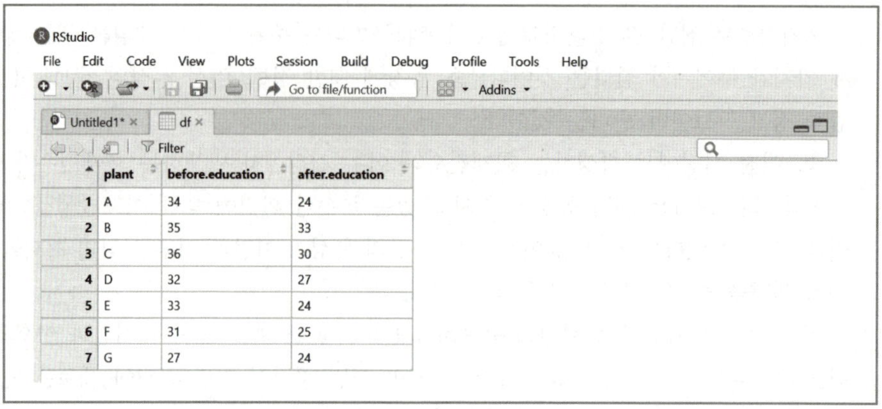

	plant	before.education	after.education
1	A	34	24
2	B	35	33
3	C	36	30
4	D	32	27
5	E	33	24
6	F	31	25
7	G	27	24

[그림 3-1] 화재발생 예방교육 관련 자료입력화면

여기에 따른 R 프로그램의 예시와 출력결과물은 다음 [그림 3-2]와 같다. 분석결과를 해석하는 방식은 앞서 설명한 가설검정의 논리와 동일하며 교육 프로그램이 화재발생건수를 줄이는 데 효과가 있었다는 것을 보여주고 있다 (관찰된 p-value 0.002).

```
> df <- read.csv("C://Users//user//Desktop//R-교재집필//fireedu.csv")
> View(df)
> t.test(df$before.education, df$after.education, paired=T)

        Paired t-test

data:  df$before.education and df$after.education
t = 5.3227, df = 6, p-value = 0.001791
alternative hypothesis: true difference in means is not equal to 0
95 percent confidence interval:
 3.164556 8.549729
sample estimates:
mean of the differences
               5.857143
```

[그림 3-2] Paired t-test 명령어 및 출력결과

Winning Statistics

04 CHAPTER 세 집단 이상의 평균비교 게임

제3장과 제4장을 연결하는 스토리

이제 〈두 집단 간 평균비교 게임〉에서 승리하다 보면 게임이 단순하다고 여겨질 수 있고, 도전자의 입장에서는 늘 새로운 게임과 게임의 룰을 시도해 보고 싶어하고 이에 도전해 보고 싶어하게 마련이다. 이제 두 집단 평균비교 게임은 실컷 해보았는데 한 가지 의문이 생겼다. 만일 두 집단이 아닌 세 집단 간 평균의 비교 게임을 어떻게 할 수 있을까? 세 개가 아닌 네 개, 다섯 개 이상의 집단 간 비교는 과연 가능할까? 사람들은 이 부분에 관심을 갖기 시작했다. 혹자는 주장하기를 기존의 두 집단의 평균비교 방식을 세 번 반복하면, 즉 A집단, B집단, C집단이 있을 때 A와 B를 비교하고 B와 C를 비교하며, C와 A를 비교하면 결국 최종적으로 세 집단 간 평균비교가 가능하다고 한다. 그러나 이 방법론은 치명적인 흠을 가지고 있다는 것을 알게 되었다. 우리가 가설검정을 한 번 할 때마다 신뢰구간에 기초한 겸손의 원칙에 따라 1종 오류가 발생하게 되는데 (즉, 100%의 신뢰구간이 없으므로) 이 방법은 1종 오류(예를 들면, α=0.05)를 3번 누적적으로 발생시키기 때문에 위험하다는 것이다(이 경우 α=0.15가 된다). 따라서 무엇인가 세 개 이상의 집단을 마치 세 종류의 다른 술을 섞어서 폭탄주를 만들어 한번에 마시듯이 한번에 집어넣고 한번에 원샷 테스트를 하는 게임(이른바 multiple one-shot test)을 고안하게 되었던 것이다. 이렇게 되면 1종 오류를 그대로 유지시키면서 한번에 게임을 치를 수 있게 된다. 이것이 바로 〈세 집단 이상의 평균비교 게임〉이 등장하게 된 배경이다.

1. 게임에 대한 소개와 게임의 룰: 세 집단 이상의 비교에서 최소한 하나의 평균을 다르게 만들기

제2장과 제3장에서는 〈두 집단 간 평균비교 게임〉을 수행하였다. 이번 게

임은 이제 세 개 이상의 집단 간 나타나는 평균비교 게임이다. 이 게임의 특징은 세 개 이상의 집단들의 평균들 중에 최소한 어느 한 집단의 평균이 다르다는 점만 밝혀내면 게임의 승리자가 된다. 챔피언은 이 경우 그 어떤 집단에서도 평균에는 통계적으로 유의미한 차이가 나타나지 않는다는 점을 지향하고 있고 반면, 도전자인 연구자는 이에 맞서 최소 단 하나의 집단에서 평균이 다른 집단보다 통계적으로 유의미하게 나타나는 것만 찾아내면 게임에서 승리하는 것이다.

2. 심판원의 이름: 분산분석(ANOVA)의 등장과 그 능력의 차별화

〈세 집단 이상의 평균비교 게임〉에서 검증 후 손을 들어줄 심판원의 이름은 〈분산분석(ANOVA)〉으로 불리는 사람이다. 이 심판원이 경기를 지켜보고 도전자가 이겼는지 졌는지를 명확하게 알려줄 것이다

앞에서 살펴본 바와 같이 두 집단의 평균비교 게임에서는 t-검정이라는 심판원들을 초대하였다. 그렇다면 만일 비교해야 하는 집단이 세 개 이상이 되는 평균비교 게임이라면 어떻게 하면 될까? 아마도 혹자는 기존의 심판원인 t-검정을 세 번 초대하여 각각 판정결과를 받으면 결국 집단 간 비교가 된다고 주장할지도 모른다. 그러나 이 경우에 통계학적으로 게임운영에 심각한 문제가 발생함을 인지하여야 한다.

앞에서 가설검정을 한 번 할 때마다 발생하는 1종 오류 때문에 한 사람의 심판원을 여러 번 초대해서 동일한 게임을 실시할 때마다 발생하는 1종 오류(Type I Error)가 만일 0.05였다면 이것이 세 배 증가한 0.15가 된다는 것을 의미한다. 따라서 1종 오류를 최소한으로 유지시키면서 세 개 이상의 복수집단의 평균비교를 동시에 관찰하고 처리해 줄 수 있는 새로운 능력이 강화된 심판원을 찾게 되었다. 이러한 동시처리 능력이 가능한 심판원이 바로 분산을 이용하여 분석하는 분산분석(ANOVA)인 것이다. 이러한 관점에서 분산분석을 이른바 'Multiple One-shot Test'라고도 부른다.

분산분석에서 사용되는 자료는 독립변수는 명목척도로 측정되고 종속변수

는 등간척도나 비율척도로 측정된다. 분산분석(ANOVA)은 그런데 그 독립변수의 숫자나 추가조건에 따라 다양한 분신 심판원들을 두고 있다. 즉, 분산분석이라는 연합회사 내지는 연합체 아래 분야별 전문 심판원들을 두고 있는데 이들 개별 심판원의 이름을 기억해 놓아야 한다. One-Way ANOVA, One-Way ANCOVA, Two-Way ANOVA, MANOVA가 그것이다.

3. 게임의 실제상황(사례) 소개

1) R을 활용한 분석: 심판원 1-일원분산분석(One-way ANOVA)

사례 CASE

본 교재에서 제공하는 세계대학평가자료 파일(university evaluation.csv)을 보면 각 나라의 대학교들에 대한 전문가들의 세계대학평가등급이 매우 우수, 우수, 보통의 3등급으로 분류되어 있다. 글로벌 기업의 입장에서는 우수한 인재를 선발하기 위하여 어느 나라, 어느 대학 출신을 채용할 것인가가 중요한 관심사가 될 수 있다. 주어진 자료에서 각 대학출신들의 취업률(Employment)에 영향을 미치는 요인이 세계대학평가결과(Evaluation)라고 할 때 종속변수는 취업률이 되고 독립변수는 세계대학평가결과가 된다. 이때 세계대학평가결과는 범주형 데이터이고 3등급으로 구분되어 있기 때문에 〈세 집단 이상의 평균비교 게임〉이 되어 버린다. 이제 우리는 세계대학평가결과가 취업률에 미치는 영향을 살펴보고 싶다. 이때 검증을 위해 초대하는 심판원이 바로 분산분석(ANOVA)이라는 심판원인 것이다.

해설

하나의 표본에 대한 검정의 경우와 마찬가지로 가설검정의 5단계를 따라가면서 이를 검정해 보기로 한다.

가설검정을 위한 5단계

1. 귀무가설(Ho)과 연구가설(Ha) 설정

《Champion》 Ho: $\mu_1 = \mu_2 = \mu_3$

《Challenger》 Ha: 최소한 하나의 평균이 다르다(At least one mean differs)

분산분석이 앞의 t-검정과 다른 부분은 연구가설 부분이다. 분산분석에서는 세 집단의 평균 중 최소한 어느 하나의 평균이 다른 집단과 다르다는 것을 검정하려 한다. 이것이 통계적으로 유의미한지를 보는 것이다. 그러나 이럴 경우 세 집단 내에서 어느 집단이 어느 집단보다 평균이 높다고 할 수 있고 낮다고 할 수 있는지에 대한 정보는 제공받지 못한다. 이를 보완하기 위해 보조 심판원인 Tukey 분석이 게임에 초대되어야 한다. 또한 분산분석이 판정하는 점수는 F 값이다. 더 이상 t 값이나 z 값의 활용은 없다.

2. 신뢰구간 설정

이 경우 신뢰구간은 95%이므로 유의수준(α)은 자동적으로 5%(0.05)가 되며, 이는 Critical P-value가 0.05라는 의미이다.

3. R에서 생성한 관찰된 P-value(Observed P-value)를 얻는 단계

데이터를 입력하고 분석을 하면 R은 Output을 보여주는데, 여기에서 관찰된 P-value를 발견하게 된다.

4. Critical P-value와 Observed P-value를 비교하는 단계

두 종류의 확률값인 P-value들을 비교해야 하는데, 이 경우 논리가 정반대임을 주의해야 한다.

즉, Observed P-value가 Critical P-value보다 작아야 귀무가설을 기각하는 것이다. 이 유에 대해서는 이미 앞에서 기각영역(Rejection Area)과 P-value의 논리부분에서 설명하였다.

5. 최종 결정을 하는 단계

위의 P-value 비교에 기초하여 세계대학평가결과가 취업률에 영향을 미쳤는지를 살펴보게 되고, 만일 영향이 있는 것으로 나온다면 각 대학에서는 이 평가를 잘 받기 위해 무엇을 해야 할 것인지를 결정하여야 한다.

이제 R에서 분산분석을 수행하기 위해서는 우선 전용 패키지를 다운받아 설치해야 한다. 다음의 설치명령어를 통하여 “multcomp”라는 패키지를 다운받고 내 도서관(library)에 보관해 두는 절차를 거치도록 한다.

```
분산분석을 위한 패키지 설치
install.packages("multcomp")
library(multcomp)
```

위의 사례에서 세계대학평가결과가 취업률에 미치는 영향을 분석하는 분산분석의 명령어와 출력결과는 다음 [그림 4-1]과 같다. 명령어는 "aov"이며 "~"의 왼쪽에는 종속변수가, 오른쪽에는 독립변수가 위치하게 된다. 그리고 이 변수들이 "df"라는 방에 있는 데이터라는 것을 알려주게 된다. 이 모든 결과를 저장해서 "output"이라는 새로운 방을 만들고 여기에 집어넣어야 한다.

그리고 "summary" 명령어를 통해 분석결과를 출력한다. 이와 동시에 분산분석은 위에서 설명된 바와 같이 세 집단의 평균이 다르다는 것만 의미하지 어느 집단이 특히 더 평균이 높고 낮은지에 대한 정보를 제공하지 못하므로 TukeyHSD 검정을 실시 그 구체적 결과를 확인한다.

여기서 주의할 점은 ANOVA에서 R은 독립변수(treatment)의 표기를 숫자(1, 2, 3)가 아닌 문자의 형태로 표기해 주어야 정상적인 출력을 해줄 수 있고 Tukey test도 마찬가지이다. 안 그러면 treatment의 자유도는 1로 도출되어 분석의 가정이 성립하지 않는다. 그러나 t-검정에서 두 집단 구분은 숫자(1, 2)로 사용해도 무방하다.

분산분석에서는 'F 값'을 보고 판단하게 되며, 이 경우 관찰된 p-value가 0.0161이므로 유의수준 0.05에서 귀무가설을 기각할 수 있게 된다. 한편 Tukey라는 보조 심판원을 초대하여 검정받은 결과를 보면 세계대학평가결과 우수 등급을 부여받은 대학과 보통 등급을 부여받은 대학 간에 취업률 평균이 유의미한 차이를 보이며(관찰된 p-value: 0.032), 우수와 매우 우수 등급 대학 간에는 유의미한 차이를 보이지 않고(관찰된 p-value: 0.980), 보통과 매우 우수 등급 간에는 유의수준 0.1에서 한계적(marginally)으로 유의미한 차이를 보이고 있음을 알 수 있다(관찰된 p-value: 0.052). 통상적으로 0.1을 유의수준으로 사용할 수 있으나 이 경우에는 한계적으로 유의미하다(marginally significant)라고 해석을 한다. 귀무가설을 형식적으로 기각시킬 수 있는 것은 맞지만 내용적으로는 확실하게 확신을 가지고 기각시킨다는 자신감은 조금 떨어진다 할 수 있겠다. 따라서 많은 경우에 사회과학연구에서는(자연과학도 마찬가지이다) 양측검정 기준으로 최소 0.05 유의수준 이하를 사용해서 귀무가설을 기각시킬 수 있어야 주장의 신빙성을 더 할 수 있게 된다.

```
> output <- aov(Employment~Evaluation, data=df)
> summary(output)
            Df Sum Sq Mean Sq F value Pr(>F)
Evaluation   2   3726  1862.9   4.501 0.0161 *
Residuals   49  20283   413.9
---
Signif. codes:  0 '***' 0.001 '**' 0.01 '*' 0.05 '.' 0.1 ' ' 1
> TukeyHSD(output)
  Tukey multiple comparisons of means
    95% family-wise confidence level

Fit: aov(formula = Employment ~ Evaluation, data = df)

$Evaluation
                  diff        lwr        upr     p adj
보통-매우우수 -18.033182 -36.191570  0.1252067 0.0519599
우수-매우우수  -1.475981 -20.106094 17.1541327 0.9799980
우수-보통      16.557201   1.156808 31.9575940 0.0324796
```

[그림 4-1] 일원분산분석 수행을 위한 명령어와 출력화면

2) R을 활용한 분석: 심판원 2-일원 공분산분석(One-way ANCOVA)

ANCOVA는 ANOVA 모형에 하나 이상의 공변량 변수가 추가된 경우를 말한다. 엄밀히 말하면 독립변수가 하나 더 추가된 것인데, 이를 Two-way ANOVA라 부르지 않고 One-way ANCOVA로 부르는 이유는 공변량 변수는 범주형 데이터가 아니라는 점이다. 예를 들어, 코로나19 확진자의 수가 종속변수이고, 거리두기에 4단계의 방법이 존재하며, 이러한 변수는 범주형 독립변수가 된다. 그러나 확진자 수에는 이러한 거리두기뿐 아니라 백신을 접종한 사람들의 수에 의해서도 영향을 받는다. 이 경우 백신을 접종한 사람들의 수는 계량적으로 카운트할 수 있는 단속적(discrete) 계량변수이므로 공변량에 해당하는 변수가 된다. 따라서 모델의 정확성을 기하기 위해 두 가지 변수를 동시에 고려해야하는 상황이 발생한다.

여기서 세계대학평가자료를 활용하면 세계대학평가결과(질적변수)가 취업률에 영향을 미친다는 일원분산분석에서 더 나아가 각 대학의 평판도점수(양적변수)가 영향을 동시에 미칠 수 있으므로 이 양적변수를 통제했을 때 질적변수가 취업률에 미치는 영향을 보고 싶은 것이다.

ANCOVA는 순수한 질적변수가 독립변수에 미치는 영향을 보기 위해 공변량에 해당하는 변수를 사전에 통제하고, 질적변수의 순수효과를 보기 위한 분석방법이다. ANCOVA에서는 요인(질적변수)과 공변량(양적변수) 간에 상호작용이 없는 것을 기본가정으로 한다.

ANCOVA 분석을 수행하기 위한 명령어는 ANOVA와 동일하며 차이점은 양적변수인 평판도(reputation)변수가 공변량으로 처리되기 위해 "+"로 처리된다는 점이다. 다음 [그림 4-2]의 분석결과를 보면 Reputation이 취업률에 미친 영향이 있는 것으로 나타나며(관찰된 p-value 0.047), 이 평판도변수를 통제했을 때 세계대학평가결과가 여전히 유의미한 영향을 미친다는 사실을 알게 된다(관찰된 p-value 0.013).

```
> output <- aov(Employment~Evaluation+Reputation, data=df)
> summary(output)
            Df Sum Sq Mean Sq F value Pr(>F)
Evaluation   2   3726  1862.9   4.792 0.0127 *
Reputation   1   1623  1623.3   4.176 0.0465 *
Residuals   48  18659   388.7
---
Signif. codes:  0 '***' 0.001 '**' 0.01 '*' 0.05 '.' 0.1 ' ' 1
```

[그림 4-2] ANCOVA 명령어 및 출력화면

3) R을 활용한 분석: 심판원 3-이원분산분석(Two-way ANOVA)

이원분산분석은 말 그대로 범주형 독립변수(질적변수)가 두 개이며, 종속변수가 하나인 경우를 의미한다. 이 경우 독립변수 간의 교호작용(interaction effect)을 측정하는 것이 핵심이 된다. 앞의 세계대학평가사례를 계속 이용하기로 한다. 취업률은 사실상 세계대학평가결과 그 자체뿐 아니라 어느 국가에 소속된 대학인지도 영향을 미칠 수 있다. 즉, 선진국이나 특히 교육에 투자를 많이 하는 나라의 대학일수록 평가결과에도 영향을 미칠 수 있기 때문이기도 하고, 이러한 사실과 관계없이 특정한 선진국이라는 이유로 그 나라의 대학이 과대평가되는 경우도 있을 수 있다. 어쨌거나 세계대학평가결과 외에 어느 국가인가가 취업률에 영향을 미칠 수 있다고 가정해 본다.

이원분산분석을 수행하기 위한 R 명령어는 ANOVA에서와 동일하며, 다만 추가 질적변수인 Country 변수 앞에 "*" 처리를 해 준다는 점이 ANCOVA 모델과 다른 점이다.

이원분산분석에서는 ANCOVA 분석과는 달리 두 질적변수 간에 상호(교호) 작용이 있는지를 확인해 보는 것이 필요하다. 왜냐하면, 하나의 종속변수에 하나의 독립변수가 영향을 미치는 과정에서 또 하나의 독립변수가 개입되어 기울기에 영향을 준다면 이를 고려해야 하기 때문이다. 이를 위해 보조 심판원인 상호(교호)작용 검정기법을 게임에 초대하기로 한다.

다음 [그림 4-3]의 출력결과를 보면 이 경우에 Country 변수는 영향을 미치지 못했고, Evaluation 변수와 상호작용이 없는 것으로 나타났다(관찰된 p-value가 각각 0.378, 0.411).

```
> output <- aov(Employment~Evaluation*Country, data=df)
> summary(output)
                   Df Sum Sq Mean Sq F value Pr(>F)
Evaluation          2   3726  1862.9   4.542 0.0167 *
Country             3   1301   433.5   1.057 0.3781
Evaluation:Country  6   2575   429.2   1.046 0.4105
Residuals          40  16407   410.2
---
Signif. codes:  0 '***' 0.001 '**' 0.01 '*' 0.05 '.' 0.1 ' ' 1
```

[그림 4-3] Two-way ANOVA

이러한 상호작용의 결과를 그래프로 그려서 시각적으로 확인해 볼 수 있으며 종종 이러한 방식이 연구결과를 분석하는 과정에서 선호되기도 한다. 우선, 다음과 같이 R에서 "HH"라는 패키지를 다운받아 설치하고 나의 도서관(library)에 저장해 둔다. 그리고 "interaction2wt"라는 명령어를 사용하고 괄호 안에 모델을 삽입한다(Employment~Evaluation*Country, data=df).

```
install.packages("HH")
library(HH)
interaction2wt(Employment~Evaluation*Country, data=df)
```

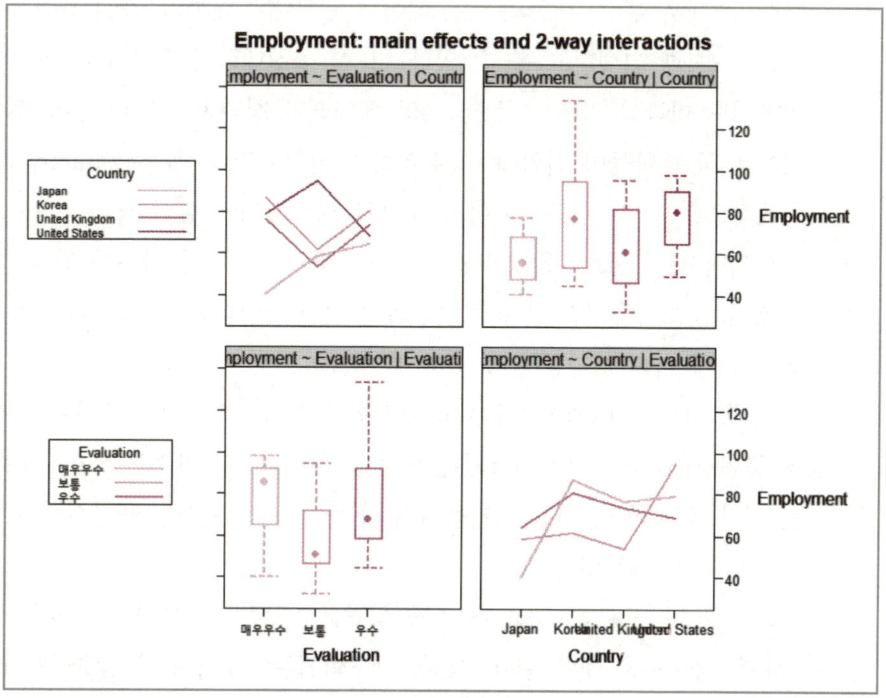

[그림 4-4] 상호작용효과의 그래프

이 경우는 이미 두 개의 변수 간에 상호작용(interaction)이 없는 것으로 나타난 상황이기 때문에 [그림 4-4]의 그래프들이 의미가 없게 나타나지만, 만일 대학평가결과(evaluation)나 국가(country)가 취업을 설명하는 데 있어 상호작용을 하는 것으로 나타났다면 [그림 4-4]의 그래프들이 서로 다른 일관된 기울기를 보이고 있어야 한다.

한편 [그림 4-4]에서 Box Plot(Box-and-Whisker Plot: 상자수염플롯)을 읽는 방법을 소개할 필요가 있다. 여기서는 전체를 4분면으로 나누어 아래 박스가 25%, 위의 박스선이 75%, 따라서 박스는 50%의 데이터가 어떻게 몰려 있는지를 보여준다. 가운데 찍힌 점은 중위수를 표현한다. 비교해 보면 기업들의 입장에서 세계대학평가결과가 취업에 미친 영향에는 "보통"보다는 "매우 우수"나 "우수" 등급의 대학들이 상대적으로 좀 더 영향을 미친 것을 알 수 있다(비록 "우수" 등급 대학의 최소와 최대편차가 "매우 우수"보다 크지만 그래도 "매우 우수" 대학의 50% 데이터가 "우수" 대학의 50%보다 상위에 위치함을 볼 때 그렇다고 볼 수 있다). 또한 출신대학의 국가가 취업률에 미친 영향에도 미국이 일본보다는 50%의 데이터가 상대적으로 더 높게 위치하고 있어 미국 대학들이 취업에 더 유리함을 알 수 있다. 물론 "Country" 변수가 통계적으로 유의미한 것은 아닌 것으로 나타났지만 말이다.

마지막으로, 상호작용효과에 대하여 정리를 해 두면 다음과 같다.

첫째, 상호작용이란 한 독립변수의 종속변수에 대한 효과가 다른 독립변수의 수준에 의해 영향받는 것을 의미한다.

둘째, 원래 ANCOVA에서는 하나의 범주형 독립변수에 집중해야 하기 때문에 공변량(covariate)에 해당되는 변수가 범주형 독립변수와 상호작용을 하면 안 된다. 왜냐하면, 회귀식 기울기의 동등성, 즉 기울기의 등분산성이 충족되어져야 하기 때문이다.

그러나 Two-way ANOVA와 다중회귀분석으로 넘어오면 독립변수 간 상호작용은 흥미로운 것이 된다. 특히, 다중회귀분석에서는 이 상호작용효과(interaction effect)가 조절작용(moderating effect)으로 표현되며 논문에서 중요한 수단을 제공한다. 이 부분에서는 다중회귀분석 파트에서 더 자세히 다루기로 한다.

4) R을 활용한 분석: 심판원 4-다변량 분산분석 (Multivariate Analysis of Variance: MANOVA)

이제 좀 더 분석의 복잡한 게임의 세계로 들어가 보자. 다변량 분산분석(MANOVA)이라는 심판원은 무엇을 하는 사람인가? 이는 〈세 집단 이상의 평균비교 게임〉을 하는데, 종속변수가 두 개 이상일 때 사용하는 통계적 기법을 의미한다. 종속변수가 두 개 이상이라고 하는 말이 이상하게 들릴 수 있겠지만 어떤 경우에는 큰 의미로 하나의 변수이지만, 그 세부 구성요소가 두 개 이상인 경우도 이에 해당이 된다.

예를 들면, 세계대학평가의 사례에서 대학의 수준을 평가하기 위해서는 그 대학졸업생들의 취업률, 장학금 수혜율, 그리고 교수진의 연구역량을 세부 구성요소로 볼 수 있다. 이 경우 대학의 수준을 큰 평가지표로 보면 이 세 가지의 구성요소는 하나의 상위 평가지표를 구성하는 세부평가지표(구성요소)인 것이다.

이제 우리는 이러한 "대학의 수준"이 국가마다 차이가 있는지를 알아보고 싶다. 국가라는 변수("Country")는 독립변수로서 질적변수이며 종속변수인 양적변수를 설명하는 모델을 설정할 수 있다. 그렇기 때문에 여전히 분산분석(ANOVA)의 범주 내에 존재하는 것이다.

MANOVA 분석을 R에서 수행하기 위해서는 새로운 패키지인 "MASS"를 다운받아 설치하여야 하고 library에 저장한다.

```
install.packages("MASS")
library(MASS)
```

그리고 종속변수(세 가지 구성요소로 구성된)를 정리해 주기 위해 데이터에서 세 개의 변수인 취업률, 장학금 수혜율, 교수진 연구역량 점수를 하나로 묶어주는 작업이 필요하게 된다. 이른바 "cbind" 명령어를 써야 하는데, 이는 "횡(column)을 기준으로 세 개의 변수들을 묶어라"라는 의미이다. 그리고 이 데이터를 "y"라는 방을 만들고 여기에 저장한다.

다음 단계는 "manova"라는 명령어를 사용하여 새롭게 만들어진 종속변수(y)와 독립변수(Country)를 설정하고, 이 변수들이 "df"라는 방에서 온 것임을 밝힌다. 그리고 난 후 "summary" 명령어를 사용하여 분석결과를 출력한다.

```
> y <- cbind (df$Employment, df$Scholarship, df$Faculty)
> output <- manova(y~Country, data=df)
> summary (output)
          Df  Pillai approx F num Df den Df  Pr(>F)
Country    3 0.39018   2.3921      9    144 0.01484 *
Residuals 48
---
Signif. codes:  0 '***' 0.001 '**' 0.01 '*' 0.05 '.' 0.1 ' ' 1
```

[그림 4-5] MANOVA 명령어와 출력화면

[그림 4-5]에서 보듯이 "Country" 변수는 종속변수(y)에 통계적으로 유의미한 영향을 미치는 것으로 나타났다(관찰된 p-value 0.015). 이는 대학이 소속된 국가가 대학의 수준에 영향을 미친다는 것을 의미한다. 그러나 이 단계에서는 ANOVA의 경우에서와 마찬가지로 어느 국가가 가장 대학의 수준이 높고 그 세부기준에 있어서 더 높은지 알 수 있는 방법이 없다.

따라서 다음 [그림 4-6]과 같이 "summary.aov" 명령어를 사용하여 "Country" 변수가 각각의 세부 구성요소, 즉 취업률과 장학금 수혜율, 교수진 연구역량 점수에 어떻게 영향을 각각 미쳤는지를 살펴 볼 필요가 있는 것이다. 다시 말해, 개별 일원분산분석을 통해 각 종속변수에 대한 독립변수의 영향력을 테스트해 볼 수 있다. 또한 TukeyHSD 테스트도 개별 ANOVA 분석모델을 사용해서 확인해 볼 수 있다.

분석결과 "Country" 변수는 "response 2"인 장학금 수혜율 변수에 통계적으로 유의미한 영향을 미쳤고(유의수준 0.001), "response 1"인 취업률 변수에는 한계적으로 유의미한 영향을(유의수준 0.1), "response 3"인 교수진 연구역량 점수에는 통계적으로 유의미한 영향을 미치지 않은 것으로 나타났다.

```
> summary.aov(output)
 Response 1 :
            Df  Sum Sq Mean Sq F value  Pr(>F)
Country      3  2929.9  976.64   2.224 0.09742 .
Residuals   48 21078.7  439.14
---
Signif. codes:  0 ‘***’ 0.001 ‘**’ 0.01 ‘*’ 0.05 ‘.’ 0.1 ‘ ’ 1

 Response 2 :
            Df Sum Sq Mean Sq F value   Pr(>F)
Country      3 210.96  70.319  4.9665 0.004411 **
Residuals   48 679.62  14.159
---
Signif. codes:  0 ‘***’ 0.001 ‘**’ 0.01 ‘*’ 0.05 ‘.’ 0.1 ‘ ’ 1

 Response 3 :
            Df  Sum Sq Mean Sq F value Pr(>F)
Country      3  547643  182548  1.5242 0.2202
Residuals   48 5748611  119763
```

[그림 4-6] MANOVA 개별 일원분산분석결과

한편 MANOVA 분석을 수행하기 전에 국가별 세 가지의 세부 구성요소(취업률, 장학금 수혜율, 교수진 연구역량)의 평균을 파악해 볼 수도 있다. 다음 [그림 4-7]과 같이 "aggregate"라는 명령어를 사용하여 종속변수(y)를 국가별(Country)로 리스트를 만들어 평균(mean)을 나열하라는 명령을 내릴 수 있다. 여기서 "FUN"은 function의 약자이다. 일단 미국이 다른 나라에 비해 세 가지 세부지표의 평균이 높게 나타나고 있음을 알 수 있다.

```
> aggregate(y, by= list (df$Country), FUN=mean, data=df)
         Group.1       V1        V2       V3
1          Japan 57.70333  6.276667 356.5267
2          Korea 75.99706  9.308235 502.1588
3 United Kingdom 63.60368  6.767895 374.3421
4  United States 76.69714 12.305714 661.8486
```

[그림 4-7] 국가별 종속변수들의 평균값 도출

Winning Statistics

05 CHAPTER 빈도분석 게임

제4장과 제5장을 연결하는 스토리

이제 사람들은 집단 간 비교방식에 익숙해지게 되었다. 그런데 사람들은 집단을 비교하는 방식이 반드시 평균값만을 가지고 할 수 있는 것인가에 대한 의문을 갖기 시작했다. 어떤 면에서는 집단 간 비교하는 게임의 방식에 흥미를 잃기 시작했다. 아니 흥미를 잃었다기보다는 좀 더 색다른 게임을 원했을지도 모른다. 어떻게든 세상을 바꿀 수 있는 영역이 많다고 생각했고, 그 영역들이 어디인지를 찾아 나서는 과정에서 새로운 게임을 찾아 나서기 시작했다. 이제 평균이 아닌 단순한 집단 간 "빈도 수"를 가지고도 게임을 만들어 낼 수 있다고 생각했다. 즉, 집단에 따라 평균의 차이를 찾아내는 게임을 할 수도 있지만, 그 집단이 평균값이 아니어도 단순한 빈도수를 두 집단 간에 연결시킬 수만 있다면 무언가 그 집단 간에 관계를 규명해 낼 수 있다고 생각했다. 이것이 바로 〈빈도분석 게임〉이 나타나게 된 배경이라고 이해하면 된다.

1. 게임에 대한 소개와 게임의 룰: 빈도분석표 찌그러뜨리기

우리는 일상에서 많은 도표를 접하면서 살아간다. 그런데 특히 가로 열(row)과 세로 행(column)을 만나는 도표를 작성함에 있어서 가로측 정보와 세로측 정보가 무엇인가 연관이 있다면, 그 표 안에 채워지는 숫자(빈도)들은 무엇인가 균형이 잡히거나 일정한 숫자가 표기되기 어려울 것이다.

이번 게임은 열과 행이 만나는 표를 작성함에 있어 이 빈도분석표가 잘 균형 잡히지 않고 얼마나 찌그러지게 구성하였는가가 게임의 승리의 조건이 된다. 즉, 다음 [표 5-1]의 예시와 같이 각각의 셀 안에 동일한 숫자가 들어가 있게 된다면 이는 가로축에 있는 변수와 세로축에 있는 변수가 서로 아무런 관계가 없다는 뜻이 된다.

[표 5-1] 빈도분석표(예시)

변수 \ 변수	A	B	C
D	20	20	20
E	20	20	20
F	20	20	20

따라서 빈도분석표를 만들면서 챔피언은 [표 5-1]의 예시와 같이 모든 셀이 일정한 숫자가 들어가 있기를 원할 것이고, 도전자인 연구자는 셀 안의 숫자들이 일정한 방향을 가지고 뒤틀려져 있는 모습을 만들기를 원해야 하는 것이다. 한마디로 표가 많이 찌그러질수록 도전자가 이길 확률이 높은 게임이다.

2. 심판원의 이름: 카이제곱 검정(Chi-square test)

〈빈도분석 게임〉에서 검증 후 손을 들어줄 심판원의 이름은 〈카이제곱 검정(chi-square test)〉으로 불리는 사람이다. 이 심판원이 경기를 지켜보고 도전자가 이겼는지 졌는지를 명확하게 알려줄 것이다.

카이제곱 독립성 검정 또는 카이제곱 검정은 집단 간에 명목 또는 서열척도로 측정된 특정의 변수들 간에 관계를 분석하는 데 사용되는 통계기법이다. 다시 말해, 카이제곱 분석은 명목 또는 서열척도 변수와 변수 간의 인과관계를 규명해 내기 위해 사용된다.

3. 게임의 실제상황(사례) 소개

사례 CASE

기본적으로 세계대학평가의 최종평가결과는 국립대학보다는 사립대학들이 더 우수해서 상대적으로 더 좋은 평가를 받을 것이라는 관측이 있다. 여기서 매우 우수, 우수, 보통으로 구성된 세계대학최종평가결과는 범주형 데이터(서열변수라 할 수 있지만 명목변수에 더 가깝다)이고, 대학의 유형은 사립대학과 국립대학으로 구분되므로 완벽한 명목변수이다. 이 경우 이 두 변수 간 인과관계를 알아보는 것은 매우 흥미로운 일이 된다.

해설

이 경우 가설검정 과정을 살펴보면 다음과 같이 설정된다.

귀무가설(Ho): 대학의 유형(사립/국립)과 평가등급(3등급)에는 관계가 없다.
연구가설(Ha): 대학의 유형(사립/국립)과 평가등급(3등급)에는 관계가 있다.

그리고 나머지 절차에 따라 X^2 값과 P-value를 비교하여 결론을 내리면 된다.

4. R을 활용한 분석: Chi-square test

이제 위의 데이터를 이용해 R에서 카이제곱 검정을 수행해 본다. 우선, 카이제곱 검정을 위해 별도의 패키지인 "gmodels"를 다운받아 설치하고 library에 저장한다.

```
install.packages("gmodels")
library(gmodels)
```

그리고 이제 분석을 위한 명령어를 사용하여야 하는데, 그 명령어는 우선 "CrossTable(df$Category, df$Evaluation)"을 만들어 빈도분석표를 만들라고 R에게 명령을 내려야 한다.

그 다음에는 "table<−xtabs(~df$Category+df$Evaluation)" 명령어를 만

들어 두 변수를 사용하여 크로스 테이블을 만들고 그 결과를 "table"이라는 방에 집어 넣는다. 마지막으로, "chisq.test(table)" 명령어를 사용하여 카이제곱 검정을 수행하라는 명령을 내리면 된다.

다음 [그림 5-1]을 보면 두 변수를 중심으로 빈도분석표가 생성되었고, 각각의 셀은 빈도수치와 함께 각종 행과 열의 비율을 보여주는 정보들이 제공된다. 분석표를 얼핏 보아도 사립대학들 중 10개 대학이 매우 우수 등급을 받은 반면, 국립대학은 1개 밖에 없고 12개 대학이 보통 등급을 받은 것으로 나타나고 있다. 이를 통하여 아마도 사립대학들이 전반적으로 국립대학들보다 평가를 더 잘받았다고 예측해 볼 수 있는 것이다.

이어서 이러한 예측을 확인하기 위해 카이제곱 검정결과를 보면 관찰된 p-value가 0.021로 나타나 유의수준 0.05에서 귀무가설을 기각할 수 있는 결론을 내릴 수 있다. 따라서 대학 간 유형과 대학평가등급 간에는 관계가 존재한다고 주장할 수 있는 것이다. 즉, 연구자가 이 게임에서 승리한 것이다.

```
> CrossTable (df$Category, df$Evaluation)

   Cell Contents
|-------------------------|
|                       N |
| Chi-square contribution |
|           N / Row Total |
|           N / Col Total |
|         N / Table Total |
|-------------------------|


Total Observations in Table:  52


             | df$Evaluation
 df$Category |  매우우수 |      보통 |      우수 | Row Total |
-------------|-----------|-----------|-----------|-----------|
    Priviate |        10 |        10 |         8 |        28 |
             |     2.806 |     0.288 |     0.486 |           |
             |     0.357 |     0.357 |     0.286 |     0.538 |
             |     0.909 |     0.455 |     0.421 |           |
             |     0.192 |     0.192 |     0.154 |           |
-------------|-----------|-----------|-----------|-----------|
      Public |         1 |        12 |        11 |        24 |
             |     3.274 |     0.336 |     0.567 |           |
             |     0.042 |     0.500 |     0.458 |     0.462 |
             |     0.091 |     0.545 |     0.579 |           |
             |     0.019 |     0.231 |     0.212 |           |
-------------|-----------|-----------|-----------|-----------|
Column Total |        11 |        22 |        19 |        52 |
             |     0.212 |     0.423 |     0.365 |           |
-------------|-----------|-----------|-----------|-----------|
```

[그림 5-1] 빈도분석표 출력화면

```
> table<-xtabs(~df$Category+df$Evaluation)
> chisq.test(table)

        Pearson's Chi-squared test

data:  table
X-squared = 7.7573, df = 2, p-value = 0.02068
```

[그림 5-2] 카이제곱 검정결과 출력화면

Winning Statistics

06 CHAPTER 상관관계 찾아내기 게임

제5장과 제6장을 연결하는 스토리

이제 집단 간 비교 게임에 평균과 빈도를 사용할 수 있다는 것을 알게 된 사람들은 다시 새로운 게임의 방식을 찾아 나서게 되었다. 사람들은 연구를 통하여 평균과 빈도수 외에 집단 간 개별 관찰치가 서로 매칭되는 쌍이 존재한다면, 한 집단의 개별 관찰치의 반응에 따라 다른 집단의 개별 관찰치들이 서로 먼저라고 할 것도 없이 동시에 비례하여 반응한다면, 이들 간의 증감에 따른 서로의 반응에 따라 무엇인가 관계를 추적해 볼 수 있다고 생각했다. 이것이 바로 〈상관관계 찾아내기 게임〉이 탄생하게 된 배경이고 이를 판정해 주기 위한 심판원을 만들어 내기 시작했던 것이다.

1. 게임에 대한 소개와 게임의 룰: 세상에서 가장 조화로운 사건, 가장 충돌하는 사건 찾아내기

이 게임은 기본적으로 인과관계가 아닌 상관관계를 형성하는 두 변수를 잘 찾아내는 게임이다. 여기서 상관관계와 인과관계가 차이를 보이는 점은 상관관계는 시차가 없다는 것이며, 인과관계에는 시차가 존재한다는 것이다. 이것은 결국 “세상에서 가장 조화로운 사건, 가장 충돌하는 사건 찾아내기” 게임이라 할 수 있다.

챔피언의 입장에서는 두 변수 간에 아무런 상관관계가 없다고 가정하는 것이고, 도전자인 연구자의 입장에서는 그것이 양(+)의 상관관계이든 부(−)의 상관관계이든 관계를 규명해 내야 게임에서 승리하는 것이다.

2. 심판원의 이름: 상관계수(Correlation Coefficient)

두 변수 간 〈상관관계 찾아내기 게임〉에서 검증 후 손을 들어줄 심판원의 이름은 〈상관계수(Correlation Coefficient)〉로 불리는 사람이다. 이 심판원이 경기를 지켜보고 도전자가 이겼는지 졌는지를 명확하게 알려줄 것이다. 그런데 상관계수라는 심판원도 추가조건에 따라 복수의 전문 심판원들을 별도로 두고 있다. 즉, 상관계수 분석이라는 연합회사 내지는 연합체 아래 분야별 전문 심판원들을 두고 있는데, 이들 개별 심판원의 이름을 기억해 놓아야 한다. 피어슨(pearson) 상관계수와 스피어만(spearman) 상관계수가 그것이다.

상관관계는 상관계수의 값으로 표현되는데 계수값은 −1에서 +1 사이의 값을 갖게 된다. 상관계수값이 '0'일 때 상관관계는 전혀 없는 것이 되고, 일반적으로 계수값이 0.6~0.7을 넘으면 상당히 높은 것으로 판명한다. 그러나 그 어떤 경우에도 관찰된 p-value 확인을 통해 통계적으로 유의미한지를 결론지어야 한다.

이제 R을 통하여 사례를 경험하여 보자.

3. 게임의 실제상황(사례) 소개

1) R을 활용한 분석: 심판원 1-피어슨(pearson) 상관계수

사례 CASE

세계대학평가자료 파일(university evaluation.csv)에서 상관관계를 가정하고 분석을 할 수 있는 변수가 있다. 그것은 대학졸업생들의 취업률과 평판도에 관한 것이다. 사실 이 둘 간의 변수들은 어떤 변수가 먼저 선행해서 나타나고 어떤 변수가 그 결과로 나타나는지를 판단해 내기 어렵다. 취업률이 올라가서 평판도가 좋아진 것인지, 아니면 평판도가 올라가서 취업률이 올라간 것인지를 판단하기가 어렵다는 것이다. 즉, 취업률과 평판도 간에는 시차를 고려해서 나타나는 관계라기보다는 기업의 인사담당자의 머릿속에서 동시에 떠오르는 변수일 수도 있다는 것이다. 이러한 관점에서 두 변수를 상관관계에 있다고 보고, 피어슨 상관계수라는 심판원을 게임에 초대하여 검정해 보기로 한다.

해설

이 경우 가설검정 과정을 살펴보면 다음과 같이 설정된다.

귀무가설(Ho): 취업률과 평판도 간에는 상관관계가 없다.
연구가설(Ha): 취업률과 평판도 간에는 상관관계가 존재한다.

그리고 나머지 절차에 따라 가설검정을 진행하고 상관계수값과 P-value를 비교하여 결론을 내리면 된다.

상관관계를 분석하기 위한 명령어는 "cor.test"이며, 괄호 안에 다음 [그림 6-1]과 같은 변수들을 삽입해 주면 된다. 그 결과 상관계수값은 0.424로 나타나고 있고 관찰된 p-value, 즉 유의확률은 0.0018로 유의수준 0.05에서 귀무가설을 기각할 수 있게 된다. 여기서 귀무가설은 두 변수 간에 상관관계가 없다는 것이다.

```
> cor.test(df$Reputation, df$Employment, use="complete.obs", method="pearson")

        Pearson's product-moment correlation

data:  df$Reputation and df$Employment
t = 3.3072, df = 50, p-value = 0.001751
alternative hypothesis: true correlation is not equal to 0
95 percent confidence interval:
 0.1704634 0.6243690
sample estimates:
      cor
0.4236555
```

[그림 6-1] 피어슨 상관계수 분석

2) R을 활용한 분석: 심판원 2-스피어만(spearman) 상관계수

사례CASE

한편 스피어만 상관계수라는 심판원은 〈상관관계 찾아내기 게임〉이 순위(등위)변수들 간의 관계로 이루어져 있을 때 초대해야 하는 심판원이다. 하나의 사례를 들어본다. 주르키에비치, 매시와 브라운(Jurkiewicz, Massey, & Brown, 1998)은 그들의 논문에서 공공조직과 민간조직에 있어서 구성원들의 동기부여 요소들을 15가지로 분류하고, 이들이 각 요소들에 대하여 조직에게 원하는 것(wants)과 받고 있다고 느끼는 것(gets) 간에 격차가 크면 클수록 구성원의 사기가 떨어지고 생산성이 떨어지는 것이라고 주장하였다. 이를 증명하기 위해 15개의 동기부여 요소들을 나열하고, 'wants'와 'gets' 간 순위에 있어 얼마나 일치하는가를 보기 위해 스피어만 상관관계를 그들의 연구게임에 심판원으로 초대하였다. 본 교재에서는 이들의 연구를 바탕으로 저자가 국내 기업 및 공공기관 등을 대상으로 컨설팅을 하는 과정에서 만들어 낸 11가지의 동기부여 요소를 정리하고 이들에게 설문조사를 통하여 'wants'와 'gets' 간 각 요소들에 대한 평균값을 얻었고, 이들 간의 〈상관관계 찾아내기 게임〉을 수행하기 위하여 스피어만 상관계수를 심판원으로 초대하여 판정받은 결과를 공개한다(본 교재에 첨부된 "motivation.csv" 파일 참조).

우선, R에서의 명령어는 피어슨 상관관계 분석모델과 포맷은 동일하며, "method"에서 "pearson" 대신 "spearman"이라고 입력해 주기만 하면 된다. 그 결과 스피어만 상관계수값은 0.396이 나왔고, P-value를 보면 "Wants"와 "Gets" 변수 간 순위에 있어서 상관관계가 없다는 것을 판정해 준다.

그러나 이 분석을 통하여 이 조직은 구성원들의 동기부여상태가 좋지 않다는 정보를 얻게 되고, 향후 성과향상을 위하여 관리자들이 신경써야 할 부분이 어디인지를 알려주는 값진 정보를 얻게 되는 것이다. 예를 들어, 다음의 [표 6-1]에서 보는 바와 같이 구성원들은 개인에 대한 회사의 관심을 가장 받고 싶어하는데 (평균 5.56으로 1위) 실제 받고 있다고 느끼는 것은 평균 2.35로 7위에 위치하고 있다. 만일 개인의 회사에 대한 관심이 원하는 것 1순위이면 받는 것도 1순위에 위치해야 완벽한 상관관계가 된다. 이러한 방식으로 스피어만 상관계수가 심판원으로 초대되어 판정을 해 줄 수 있다는 점을 꼭 알아두도록 하자.

```
> df <- read.csv("C://Users//user//Desktop//R-교재집필//motivation.csv")
> View(df)
> cor.test(df$Wants, df$Gets, use="complete.obs", method="spearman")

        Spearman's rank correlation rho

data:  df$Wants and df$Gets
S = 132.91, p-value = 0.2281
alternative hypothesis: true rho is not equal to 0
sample estimates:
     rho
0.395882

경고메시지(들):
In cor.test.default(df$Wants, df$Gets, use = "complete.obs", method = "spearman") :
  tie때문에 정확한 p값을 계산할 수 없습니다
>
```

[그림 6-2] 스피어만 상관계수 분석

[표 6-1] Wants & Gets List와 차이(gap) 분석

(Spearman 상관계수: 0.396, 유의확률: 0.228)

항 목		Wants		Gets		차이 정도	
		평균	순위	평균	순위	평균	순위
A	높은 연봉	3.950	7	3.100	9	0.850	−2
B	직업안정성	4.100	4	3.750	1	0.350	3
C	승진의 기회	3.700	10	3.700	2	0.000	8
D	흥미있는 일	4.050	6	3.250	7	0.800	−1
E	개인구성원에 대한 회사의 관심	5.550	1	3.200	8	2.350	−7
F	완수된 일에 대한 칭찬과 인정	4.100	4	3.300	5	0.800	−1
G	개인적 문제에 대한 회사의 적극적인 해결 노력	3.250	11	2.850	11	0.400	0
H	의사결정에의 참여	3.800	9	3.000	10	0.800	−1
I	회사의 주인으로서의 느낌	3.900	8	3.300	5	0.600	3
J	친절하고 따뜻한 동료와 상사, 부하직원	4.200	3	3.450	4	0.750	−1
K	다양한 경험을 통한 성장의 기회	4.350	2	3.700	2	0.650	0

Winning Statistics

07 CHAPTER 인과관계 찾아내기 게임 I

제6장과 제7장을 연결하는 스토리

〈상관관계 찾아내기 게임〉을 즐기던 사람들은 한 가지 의문을 갖기 시작했다. 사실 상관관계는 두 집단의 관찰치가 쌍을 이루어 서로 누가 먼저랄 것도 없이 동시에 함께 변화한다는 가정이 들어가 있었던 것이다. 사실 어떤 경우에는 한쪽의 변화가 있은 후에 나머지 다른 한쪽에 변화가 일어나는 것을 보는 경우가 있다는 것을 알게 되었던 것이다. 다시 말해, 한 집단의 관찰치의 변화가 상대집단의 관찰치의 변화에 영향을 주는 데 있어 이른바 시차(time lag)가 존재할 수 있고 또 그래야 이치에 맞는다는 생각을 하게 되었던 것이다. 이러한 관계를 상관관계와 대비하여 인과관계라고 부르기 시작했고, 두 집단 간 나타나는 관찰치의 변화뿐 아니라 (여기서는 y라는 집단과 x1이라는 집단 내에서의 관찰치) 하나의 상대집단을 놓고 여러 개의 집단들이 서로 자신들의 관찰치의 변화가 그 상대집단의 관찰치의 변화에 영향을 줄 수 있다는 주장들이 나타나게 되었던 것이다. 사람들은 이것이야말로 정말 매력적인 게임이라고 생각했으며, 이를 〈인과관계 찾아내기 게임 I〉로 규정함과 동시에 이를 판정해 줄 새로운 심판원을 찾아 나서게 된 것이다.

1. 게임에 대한 소개와 게임의 룰: 결과(y)에 영향을 주는 선행요인(x) 찾아내기(간격 · 비율 · 서열 데이터)

이 게임은 사실상 통계학에서 가장 많이 선택되는 게임이기도 하다. 우선, 종속변수(설명되어지는 변수)를 설정한 후 이에 영향을 미칠 수 있는 독립변수(설명하는 변수)들을 나열하고, 이들 독립변수들이 통계적으로 유의미한 영향을 미쳤는지를 발견하는 게임이다. 챔피언의 입장에서는 도전자가 설정한 그 어떤 독립변수도 영향이 없다고 주장하고 있고, 도전자인 연구자의 입장에서는 어떻게 해서든지 해당 독립변수가 유의미한 선행요인으로서 작용하고 있다는 것을 밝혀내야 게임에서 이기게 된다. 즉, 챔피언의 입장에서는 각각의 독립변수의 계수값이 '0'이 되어 종속변수에 영향을 전혀 못 미치고 있다고 주장하여야 하고, 도전자인 연구자의 입장에서는 독립변수의 계수값이 '0'이 아니라는 사실을 증명해서 게임에서 이기게 된다.

2. 심판원의 이름: 회귀분석(Regression Analysis)

종속변수에 영향을 줄 수 있는 선행요인(독립변수)들을 찾아내는 이 게임에서 검증 후 손을 들어줄 심판원의 이름은 〈회귀분석(Regression Analysis)〉으로 불리는 사람이다. 이 심판원이 경기를 지켜보고 도전자가 이겼는지 졌는지를 명확하게 알려줄 것이다.

회귀분석이라는 심판원은 등간척도 이상으로 측정된 독립변수와 종속변수간의 관계를 파악하는 데 등장하는 심판원이며, 독립변수가 하나이고 종속변수가 하나일 때 등장하는 심판원을 단순회귀분석(Simple Regression Analysis)이라고 부르며, 독립변수가 두 개 이상일 때 등장하는 심판원을 다중회귀분석(Multiple Regression Analysis)이라고 부른다.

기본적으로 다중회귀모형은 다음과 같은 모습을 갖는다.

$$Y=\beta_0+\beta_1 x_1+\beta_2 x_2 \cdots +\varepsilon_i$$

* 여기서 β_0는 상수항을 의미하고 β_1은 첫 번째 독립변수 x_1의 기울기가 되며, ε는 오차항(error term)이 된다.

여기서 중요한 것은 회귀식이 갖는 오차항(ε) 때문에 늘 종속변수인 Y를 설명하는 데 있어서 독립변수들이 설명할 수 있는 설명력이 이론상 100%가 될 수 없다는 점을 알아야 하며, 이러한 모델의 설명력을 R-square라고 부르는데, 이는 사회과학에서 통상 30%를 넘기 어렵다. 즉, 나머지 70%는 현재 설정된 독립변수로는 설명이 안 된다는 것을 의미하는 것이다.

회귀분석에서는 위의 오차항이 갖는 의미가 대단히 중요하다. 왜냐하면, 이 오차항의 크기의 정도가 결국 회귀모형의 적합도와 직결되어 있기 때문이다. ε는 평균이 0인 정규분포의 모습을 갖는다.

한편 회귀계수(β)를 추정하는 방법은 크게 최소제곱법(최소자승법)과 최대우도추정법 두 가지가 있는데, 이는 R에서 계산해 주기 때문에 개념 정도만 여기서 소개하고 넘어가기로 한다. 회귀분석은 전체 모형의 적합성과 함께 각각의 독립변수의 회귀계수값이 통계적으로 유의미한지를 보는 것이 핵심이다. 이를 위해 각 계수마다 귀무가설을 세우게 되는데, 이때 귀무가설(Ho)은 $\beta_1=0$이며 연구가설(Ha)은 $\beta_1\neq0$이다.

이러한 모형의 적합도를 판단하기 위해서는 잔차분석(residual analysis)이 핵심인데, 이는 다시 해당 분야에서 자세히 설명하기로 한다.

어쨌거나 회귀분석은 앞에서 설명한 분산분석(ANOVA)과 논리를 같이한다. 즉, R에서도 함수식을 표현하는 방법이 같다. 이것이 바로 회귀분석을 하게 되면 자동적으로 분산분석결과가 생성되는 이유이다.

3. 게임의 실제상황(사례) 소개

1) R을 활용한 분석의 준비: 심판원 1-다중회귀분석

(1) 사례의 배경과 설문문항의 준비

조직행태 분야에서 조직몰입도를 연구하는 연구자들은 조직구성원들이 조직에 대해 얼마나 몰입하고 있는가의 정도에 따라 조직을 위해 남보다 더 열심히 일할 수 있고 혁신적인 행태를 보일 수 있다고 주장한다. 조직몰입도(organizational commitment)란 구성원들이 "직장에 대해 느끼는 심리적 귀착감(psychological attachment to the workplace)"으로 정의된다. 그러나 한편 최근의 연구는 구성원들이 조직 그 자체에게만 몰입되는 것이 아니라 직속상관과 동료그룹에게도 몰입된다는 사실을 강조하면서 조직몰입도를 포함하여 세 개의 몰입도가 구성원들의 가외적 노력과 혁신적 행태를 설명할 수 있다고 주장한다. 더 나아가 혁신적 행태는 사실상 조직에 대한 신뢰가 있을 때 더 강화된다는 가설을 주장하기도 한다. 이러한 가설들을 입증하기 위하여 공공조직과 민간조직을 대상으로 설문지를 만들고 조사를 완료 후 엑셀에 데이터를 코딩하였다. 우선, 조직에 대한 몰입도(commitment to organization), 상관에 대한 몰입도(commitment to immediate supervisor), 동료에 대한 몰입도(commitment to work group), 가외적 노력(extra-role behavior), 혁신적 행태(innovative behavior), 조직에 대한 신뢰(trust in organization)를 측정하기 위해 각각 세 개의 문항씩 총 18문항을 구성하였고, 공공조직과 민간조직을 나누어 측정하고자 하였다.

다음의 설문문항을 실제 저자가 조사연구 시 사용했던 설문지의 일부이다. 여기서 조직에 대한 몰입도는 설문문항 1, 2, 3이고, 상관에 대한 몰입도는 설문문항 4, 5, 6, 그리고 동료에 대한 몰입도는 설문문항 7, 8, 9이다. 또한 조직신뢰도는 설문문항 10, 11, 12로 구성되었다. 가외적 노력(설문문항 13, 14, 15)과 혁신적 행태(설문문항 16, 17, 18) 변수도 같은 방식으로 측정되었다. 여기서 사용된 척도는 5점 리커트 척도를 사용하였다. 이렇게 하나의 변수에 대해 복수의 설문문항을 작성하는 것은 측정의 타당성 문제를 해결하기 위함이다.

본 설문은 **조직의 생산성과 관련된 변수**들에 대하여 귀하께서 얼마나 동의하시는지를 알아보기 위한 것입니다. **귀하께서 느끼시는 정도를 표시해 주시기 바랍니다.**

⊃ 조직, 상관, 동료에 대한 몰입도

설문문항	전혀 그렇지 않다	그렇지 않다	그저 그렇다	그렇다	매우 그렇다
Q1) 나의 직속상관이 내게 차지하는 비중은 크다.	(1)	(2)	(3)	(4)	(5)
Q2) 다른 사람들이 나의 직속상관에 대해 어떻게 생각하는지에 대해 상당한 관심이 있다.	(1)	(2)	(3)	(4)	(5)
Q3) 다른 사람들이 나의 직속상관에 대해 이야기할 때 그와 내가 좋은 관계에 있다는 이미지를 보여주려고 애쓰는 편이다.	(1)	(2)	(3)	(4)	(5)
Q4) 내가 속한 동료그룹(팀)은 나 자신에게 상당한 개인적 의미를 가져다 준다.	(1)	(2)	(3)	(4)	(5)
Q5) 다른 사람들이 내가 속한 동료그룹(팀)에 관하여 어떻게 생각하는지에 대해 상당한 관심이 있다.	(1)	(2)	(3)	(4)	(5)
Q6) 다른 사람들에게 내가 속한 동료그룹(팀)에 대해 이야기할 때 보통 그들이라는 말보다는 우리라는 말을 더 많이 쓴다.	(1)	(2)	(3)	(4)	(5)
Q7) 내가 속한 조직은 나 자신에게 상당한 개인적 의미를 가져다 준다.	(1)	(2)	(3)	(4)	(5)
Q8) 외부기관이나 다른 사람들이 내가 속한 조직에 관하여 어떻게 생각하는지에 대해 상당한 관심이 있다.	(1)	(2)	(3)	(4)	(5)
Q9) 외부기관이나 다른 사람들이 내가 속한 조직에 대해 이야기할 때 보통 그들이라는 말보다 우리라는 말을 쓴다.	(1)	(2)	(3)	(4)	(5)

➲ 조직에 대한 신뢰

설문문항	전혀 그렇지 않다	그렇지 않다	그저 그렇다	그렇다	매우 그렇다
Q10) 내가 조직을 위해 일하다가 어려운 상황에 처했을 때 조직은 나를 지지해줄 것이다.	(1)	(2)	(3)	(4)	(5)
Q11) 위험하고 불확실한 상황 하에서도 나는 조직을 의지할 수 있다.	(1)	(2)	(3)	(4)	(5)
Q12) 필요한 경우 조직은 나와 관련된 일에 선의를 가지고 도울 것이다.	(1)	(2)	(3)	(4)	(5)

➲ 가외적 노력행태

설문문항	전혀 그렇지 않다	그렇지 않다	그저 그렇다	그렇다	매우 그렇다
Q13) 조직의 발전을 위해서라면 내 담당이 아닌 영역에서도 자발적으로 일한다.	(1)	(2)	(3)	(4)	(5)
Q14) 조직의 발전을 위해서는 조직에서 기대하는 것 이상으로 일할 용의가 있다.	(1)	(2)	(3)	(4)	(5)
Q15) 조직이 원하면 내 업무시간을 넘어서라도 일한 용의가 있다.	(1)	(2)	(3)	(4)	(5)

➲ 혁신적 행태

설문문항	전혀 그렇지 않다	그렇지 않다	그저 그렇다	그렇다	매우 그렇다
Q16) 조직발전을 위한 새로운 제안들을 자주 낸다.	(1)	(2)	(3)	(4)	(5)
Q17) 조직발전을 위한 새로운 제안들에 대한 고민을 하는 것이 즐겁다.	(1)	(2)	(3)	(4)	(5)
Q18) 주어진 일을 할 때 새롭고 다른 방식으로 해보려고 하는 편이다.	(1)	(2)	(3)	(4)	(5)

(2) 설문문항 코딩과 자료의 정리

위의 설문지 데이터를 가지고 회귀분석에 본격적으로 들어가기 전에 R에서 데이터 셋을 편집하고 정리하는 방법에 대해 이야기하고자 한다. 이러한 코딩 데이터 편집과 자료정리방법을 앞에서 언급하지 않고 회귀분석 파트에서 언급하는 이유는 회귀분석이 추론통계학의 꽃이라 불리우며 사회과학연구에서 설문을 통한 경험적 연구가 가장 많이 수행되고, 이러한 설문조사결과를 바탕으로 연구자는 회귀분석을 활용하여 가설검정을 하는 경우가 상당히 많기 때문이다. 본 교재에서는 조직행태론의 입장에서 구성원들의 동기부여와 성과향상에 대한 사례를 언급하였다.

먼저, R에서 다음의 명령어를 사용하여 해당 엑셀파일을 불러들이면 다음 [그림 7-1]과 같은 화면이 나타난다.

```
df<-read.csv
("C://Users//user//Desktop//R-교재집필//commitment-productivity.csv")
View(df)
```

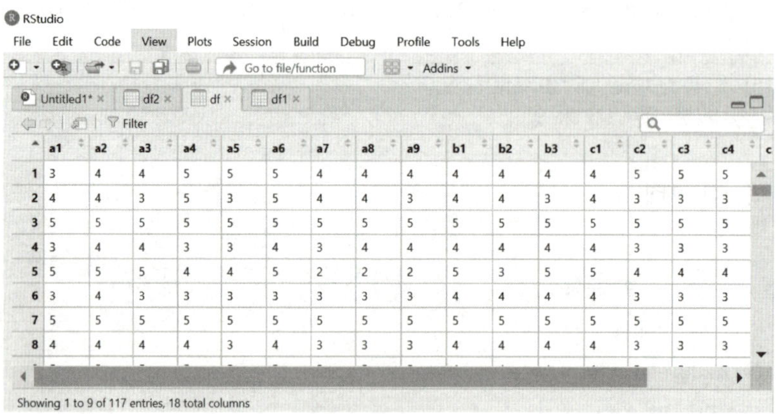

[그림 7-1] 엑셀파일을 R에서 읽어 들인 모습

이제 불러들인 "commitment-productivity.csv" 파일을 토대로 새로운 변수를 만들어 내는 단계이다. 우선, "df"방에 있는 이 파일에 새로운 변수를 추가하기 위해 "attach" 명령어를 사용한다. 그리고 각각의 변수는 세 개의 설문문항으로 이루어져 있으므로, 세 개의 항목을 더하고 3으로 나누어 평균값을 구한후 이를 각각의 새롭게 창출된 변수(방)으로 집어 넣는다. 이렇게 해서 새로운 변수들인 cs, cg, co, trust, extra, inno가 만들어졌다.

```
attach(df)
cs<-(a1+a2+a3)/3
cg<-(a4+a5+a6)/3
co<-(a7+a8+a9)/3
trust<-(b1+b2+b3)/3
extra<-(c1+c2+c3)/3
inno<-(c4+c5+c6)/3
```

이제 이렇게 새롭게 만들어진 변수들을 중심으로 데이터 프레임을 만들고 확인해 보는 단계이다. 새롭게 "df1"이라는 방을 만들고, 여기에 새로운 변수 여섯 개를 저장시켰다.

```
df1<-data.frame(cs, cg, co, trust, extra, inno)
View(df1)
```

그러면 다음 [그림 7-2]와 같은 화면을 볼 수 있게 된다.

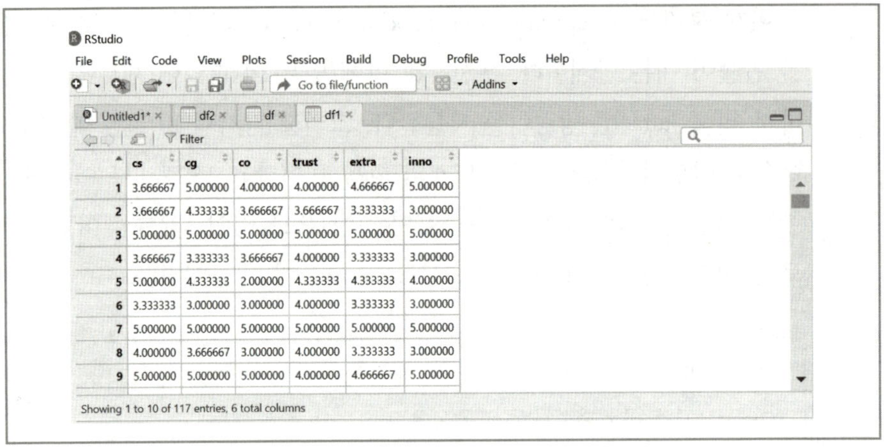

RStudio
File Edit Code View Plots Session Build Debug Profile Tools Help
Go to file/function | Addins
Untitled1* | df2 | df | df1
Filter

	cs	cg	co	trust	extra	inno
1	3.666667	5.000000	4.000000	4.000000	4.666667	5.000000
2	3.666667	4.333333	3.666667	3.666667	3.333333	3.000000
3	5.000000	5.000000	5.000000	5.000000	5.000000	5.000000
4	3.666667	3.333333	3.666667	4.000000	3.333333	3.000000
5	5.000000	4.333333	2.000000	4.333333	4.333333	4.000000
6	3.333333	3.000000	3.000000	4.000000	3.333333	3.000000
7	5.000000	5.000000	5.000000	5.000000	5.000000	5.000000
8	4.000000	3.666667	3.000000	4.000000	3.333333	3.000000
9	5.000000	5.000000	5.000000	4.000000	4.666667	5.000000

Showing 1 to 10 of 117 entries, 6 total columns

[그림 7-2] 새 변수 여섯 개로 이루어진 데이터 셋

이제 이렇게 생성된 데이터 셋을 기존의 원본 데이터 셋에 결합시키는 단계이다. 이때 사용하는 명령어가 "cbind"이고, 기존 데이터 셋인 "df"와 "df1"을 결합시켜 새롭게 "df2"를 만든다.

```
df2<-cbind(df1, df)
View(df2)
```

그러면 다음 [그림 7-3]과 같은 화면을 볼 수 있게 된다.

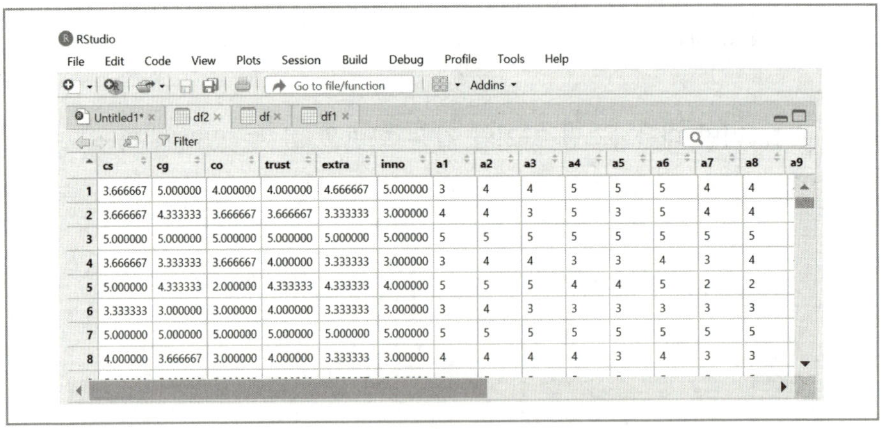

RStudio
File Edit Code View Plots Session Build Debug Profile Tools Help
Go to file/function | Addins
Untitled1* | df2 | df | df1
Filter

	cs	cg	co	trust	extra	inno	a1	a2	a3	a4	a5	a6	a7	a8	a9
1	3.666667	5.000000	4.000000	4.000000	4.666667	5.000000	3	4	4	5	5	5	4	4	
2	3.666667	4.333333	3.666667	3.666667	3.333333	3.000000	4	4	3	5	3	5	4	4	
3	5.000000	5.000000	5.000000	5.000000	5.000000	5.000000	5	5	5	5	5	5	5	5	
4	3.666667	3.333333	3.666667	4.000000	3.333333	3.000000	3	4	4	3	3	4	3	4	
5	5.000000	4.333333	2.000000	4.333333	4.333333	4.000000	5	5	5	4	4	5	2	2	
6	3.333333	3.000000	3.000000	4.000000	3.333333	3.000000	3	4	3	3	3	3	3	3	
7	5.000000	5.000000	5.000000	5.000000	5.000000	5.000000	5	5	5	5	5	5	5	5	
8	4.000000	3.666667	3.000000	4.000000	3.333333	3.000000	4	4	4	4	3	4	3	3	

[그림 7-3] 결합된 새 데이터 셋

이제 새로운 데이터 셋인 "df2"를 이용하여 R을 활용한 본격적 분석이 가능하게 된 것이다.

4. 회귀분석의 기본모형 및 가정들에 대한 분석

본 교재에서 사용하게 될 사례와 데이터 셋에 대한 이야기를 마쳤으니, 이제 본격적으로 회귀분석 모형의 가정과 조건들에 대해 이론적으로 더 알아보고, 실제 사례 데이터를 활용하여 그 가정과 조건들을 검증해 보기로 한다.

1) 모형 및 함수

(1) 기본모형

일반적으로 회귀분석은 독립변수와 종속변수 간 인과관계를 분석하는 기본모형을 취하며 독립변수의 수가 한 개이면 단순회귀분석, 두 개 이상이면 다중회귀분석으로 불리운다. R에서 회귀분석 수행을 위한 명령어는 "lm"이며, 기본모형과 세부함수의 모습은 다음과 같다.

```
reg<-lm(df$extra~df$cs+df$cg+df$co)
summary(reg)
```

즉, 독립변수를 상관에 대한 몰입도(cs), 동료그룹에 대한 몰입도(cg), 조직에 대한 몰입도(co)로 설정하고, 종속변수를 가외적 노력(extra)으로 설정하여 다중회귀분석을 돌리라는 의미이다.

(2) 2차함수 모형

때로는 비선형 모형(2차함수 모형)이 더 설명력을 올리기도 하는데, 이러한 의미에서 회귀분석에서 2차함수 모형을 설정할 수도 있다. 그 명령어는 다음과 같으며, 여기서 I 명령어는 ( )의 함수를 정의하며 제곱을 의미한다.

```
reg<-lm(df$extra~df$cs+I(cs^2))
summary(reg)
```

(3) 상호작용모형

한편 다중회귀모형에서 두 개 이상의 독립변수를 사용할 때 서로가 상호작용을 주고받는지를 확인할 필요가 있는데, 이 경우 명령어에서 다음과 같이 표현된다. 즉, 두 독립변수 간 상호작용을 알아볼 때 "( )^2" 명령어를 사용한다.

```
reg<-lm(df$extra~(df$cg+df$co)^2)
summary(reg)
```

상호작용의 세부모형은 다음과 같이 기술할 수도 있다. 즉, 세 독립변수 간 상호작용을 알아볼 때 "(a+b+c)^2−c:a"라고 하면 "c:a" 상호작용을 제외한 나머지가 분석된다.

```
reg<-lm(df$extra~(df$cs+df$cg+df$co)^2-df$co:df$cs)
summary(reg)
```

2) 회귀모형의 세 가지의 기본가정 테스트를 위한 보조 심판원들에 대한 소개: 잔차분석(Residual Analysis)

앞에서도 언급되었듯이 잔차분석이란 $Y=aX+b$에서 실제 Y와 X 간에 선형관계인 것을 가정했었는데, 적합값($\hat{Y}$)을 확인해 보니 사실상 선형관계가 맞는지를 확인하는 과정이다. 기본모형이었던 $Y=\beta_0+\beta_1X_1+\beta_2X_2 \cdots +\varepsilon_i$에서 $\hat{Y}$는 $\beta_0+\beta_1X_1+\beta_2X_2$를 의미한다. 다시 말해, 잔차 $\varepsilon=Y-\hat{Y}$로 표현된다.

이러한 잔차분석은 세 개의 조건(기본가정)에 대한 테스트를 거친다. 첫 번째가 독립성 검토이고, 두 번째가 정규성 검토, 세 번째가 등분산성 검토이다.

각각의 테스트를 위한 보조 심판원들을 소개하기로 한다.

(1) 독립성 검토: 더빈-왓슨 테스트(Durbin-Watson test)

회귀분석 하에서 보조 심판원으로서의 더빈-왓슨 테스트는 오차항의 독립성을 검정하는 테스트로서, 회귀분석 후 잔차끼리 자기상관(auto-correlation)이 있는지를 확인하는 테스트이다. R에서 이를 수행하기 위해서는 우선 "car"라는 패키지를 설치하고 library에 저장한다. 그리고 "durbinWatsonTest"라는 명령어를 사용한다.

```
install.packages("car")
library(car)
durbinWatsonTest(reg)
```

여기서는 우선 위에서 설명한 기본모형(다중회귀분석)을 중심으로 회귀분석을 하고, 이를 기초로 한 테스트를 수행하도록 한다.

```
> reg <- lm(df2$extra ~df2$cs+df2$cg+df2$co)
> summary(reg)

Call:
lm(formula = df2$extra ~ df2$cs + df2$cg + df2$co)

Residuals:
     Min       1Q   Median       3Q      Max 
-1.31891 -0.07658  0.05030  0.14687  1.06876 

Coefficients:
            Estimate Std. Error t value Pr(>|t|)    
(Intercept)  0.20609    0.23078   0.893   0.3738    
df2$cs       0.10293    0.05730   1.796   0.0752 .  
df2$cg       0.86233    0.04955  17.403   <2e-16 ***
df2$co      -0.01907    0.04702  -0.406   0.6857    
---
Signif. codes:  0 '***' 0.001 '**' 0.01 '*' 0.05 '.' 0.1 ' ' 1

Residual standard error: 0.3523 on 111 degrees of freedom
  (2 observations deleted due to missingness)
Multiple R-squared:  0.8041,	Adjusted R-squared:  0.7988 
F-statistic: 151.8 on 3 and 111 DF,  p-value: < 2.2e-16
```

[그림 7-4] 다중회귀분석 명령어와 출력결과

[그림 7-4]의 회귀분석결과를 보면 가외적 노력에 영향을 미치는 변수는 동료그룹에 대한 몰입도, 직속상관에 대한 몰입도인 것으로 나타났다. 관찰된 p-value를 보면 동료그룹에 대한 몰입도는 매우 적은 확률을 보이고 있고, 직속상관 몰입도는 유의수준 0.1에서 한계적으로 유의미한 결과를 보이고 있다. 한편 조직에 대한 몰입도는 통계적으로 유의미한 영향을 미치는 요인이 아니었다. 한편 모형의 설명력을 보여주는 Adjusted R-square를 보면 0.799로 나타나 약 80% 정도의 설명력을 보여준다. 전체 모형의 유의성을 보여주는 F값은 151.8이고 이에 상응하는 관찰된 p-value는 매우 낮게 나타나 이 회귀모형이 적합하지 않다는 귀무가설을 기각시켜 모형이 적합하다는 결론을 내린다.

```
> durbinWatsonTest(reg)
 lag Autocorrelation D-W Statistic p-value
   1        0.293012      1.411477       0
 Alternative hypothesis: rho != 0
```

[그림 7-5] 더빈-왓슨 테스트 결과

[그림 7-5]에서 연구가설인 "rho !=0"의 의미를 알아보자. 이를 이해하기 위해서는 자바스크립트 내에서 연산자의 의미를 알아야 한다. 즉, "!=" 이것은 부등호(≠)와 같은 의미이다. 따라서 rho !=0이라는 것은 모집단의 상관계수 로우(rho, 그리스 문자의 17번째 글자)가 0이 아니라는 의미이며, 표본의 상관계수는 r로 표시된다. 여기서는 상관계수가 0이라는 귀무가설을 유의수준 0.05에서 기각하므로 (관찰된 p-value가 0임) 자기상관이 있다고 결론을 내릴 수 있다. 즉, 독립성의 가정에 위배된다는 결론을 얻게 된다.

(2) 정규성(Normality) 검토

한편 오차항은 또한 정규성을 따라야 한다. 이를 확인하는 방법에는 다양한 방법이 있겠으나 R에서 종합 plotting test를 통하여 그래프로 확인해 볼 수 있다. "par"라는 명령어를 사용하여 "mfrow=c(2,2)"는 칸(column)이 아닌 줄(row)을 중심으로 한 줄에 두 개씩 순서대로 네 개의 그래프를 그려나가란

의미이다. 칸 중심으로 그래프를 그리려면 mfcol로 명령어를 바꾸어주면 된다. 마지막으로, "plot" 명령어를 통하여 잔차의 정규성을 그래프로 확인해 볼 수 있게 된다.

```
par(mfrow=c(2,2))
plot(reg)
```

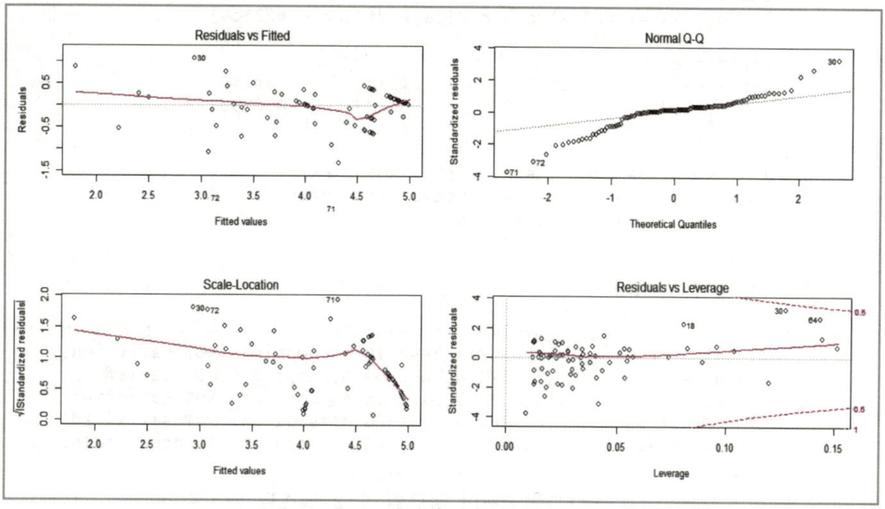

[그림 7-6] 종합적 Plotting 화면

[그림 7-6]의 네 가지 그림을 참고해서 정규성, 등분산성을 확인해 볼 수 있고, 정규성의 경우 45도 일직선이어야 하고(오른쪽 상단 그래프), 등분산성의 경우 수평선을 중심으로 골고루 퍼져 있어야 한다(왼쪽 상단 그래프). 종합적으로 판단할 때 정규성을 따른다고 하기에는 무리가 있다고 판단된다.

(3) 등분산성(Homoscedasticity) 검토

오차항의 등분산성 여부를 [그림 7-6]의 plotting 화면에서도 확인할 수 있었지만 R에서 "gvlma" 패키지를 설치하고 저장한 후 회귀식(reg)을 중심으로 실행시키면 글로벌 모델 테스트를 할 수 있다. 각종 정규성을 검증하는 보조 심판원들인 왜도(skewness)와 첨도(kurtosis), 이분산성(heteroscedasticity) 등에 대해 확인할 수 있다. 다음 [그림 7-7]에서 보듯이 기본가정들이 충족되지 않고 있으며 이분산성 관련하여서는 가정이 충족되었는데, 이는 "분산이 동일하다는"는 귀무가설(Ho)이 기각되면서 결국 잔차의 등분산성(homoscedasticity)이 존재하지 않는 것으로 나타나고 있다.

```
> library(gvlma)
> gvlma(reg)

Call:
lm(formula = df2$extra ~ df2$cs + df2$cg + df2$co)

Coefficients:
(Intercept)      df2$cs      df2$cg      df2$co
    0.20609     0.10293     0.86233    -0.01907


ASSESSMENT OF THE LINEAR MODEL ASSUMPTIONS
USING THE GLOBAL TEST ON 4 DEGREES-OF-FREEDOM:
Level of Significance =  0.05

Call:
 gvlma(x = reg)

                     Value  p-value                    Decision
Global Stat        51.6362 1.644e-10 Assumptions NOT satisfied!
Skewness           11.7674 6.028e-04 Assumptions NOT satisfied!
Kurtosis           31.2124 2.313e-08 Assumptions NOT satisfied!
Link Function       7.9160 4.900e-03 Assumptions NOT satisfied!
Heteroscedasticity  0.7404 3.895e-01    Assumptions acceptable.
```

[그림 7-7] 글로벌 모델 테스트 분석결과

등분산성을 구체적으로 확인하는 또 하나의 방법은 "ncvTest" 명령어를 사용하는 방법이다. "car" 패키지를 설치 후 사용할 수 있으며 다음 [그림 7-8]의 분석결과에서 "분산이 동일하다"는 귀무가설(Ho)을 기각시킴으로써 등분산성이 존재지 않는다는 결론을 얻게 된다.

```
> library(car)
> ncvTest(reg)
Non-constant Variance Score Test
Variance formula: ~ fitted.values
Chisquare = 34.82729, Df = 1, p = 3.6029e-09
> spreadLevelPlot(reg)

Suggested power transformation:  3.035837
```

[그림 7-8] ncvTest 분석결과

또한 "spreadLevelPlot" 명령어를 사용하여 등분산성 그래프를 그려볼 수 있는데, [그림 7-9]에서 보는 바와 같이 관찰치가 증가하든 증가하지 않든 분산이 일정해야 하는데 관찰치가 증가하면서 분산이 커지는 경향이 있으므로 등분산 가정에 위배된다고 할 수 있다.

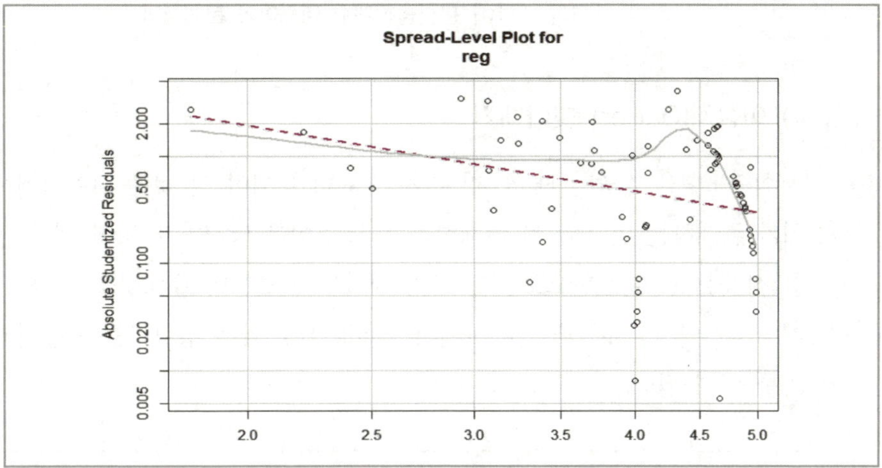

[그림 7-9] 잔차의 등분산성에 대한 검토 그래프

3) 다중공선성(Multicollinearity)

한편 다중공선성은 회귀모형에서 독립변수와 독립변수 간 상관관계가 강해져서 전체 회귀계수의 분산에 영향을 미쳐 전체 분석에 부정적 영향을 미치는 경우를 의미한다. 다중공선성을 테스트하기 위해서는 분산팽창계수(Variance Inflation Factor: VIF)라는 보조 심판원을 초대해야 한다. R에서 "car" 패키지를 설치하면 "vif" 명령어를 사용할 수 있게 되고, 일반적으로 $\sqrt{vif}$ 가 2가 넘으면 개별 독립변수별 값이 False가 아닌 True로 나오고 다중공선성이 있는 것으로 판단된다. 다음 [그림 7-10]의 분석결과에서는 각각의 독립변수들이 모두 "False"로 나와 다중공선성이 없는 것으로 판단되었다.

```
> library (car)
> vif(reg)
  df2$cs   df2$cg   df2$co
1.476252 1.372511 1.331459
> sqrt(vif(reg))>2 # problem?
df2$cs df2$cg df2$co
 FALSE  FALSE  FALSE
```

[그림 7-10] 분산팽창계수 명령어와 분석결과

4) 이상치(Outlier) 찾아내기

회귀모형을 검증할 때 또 한 가지 중요하게 봐야 할 것은 데이터에서 이상치가 존재하는 열(row)이 존재하는가이고, 이를 발견하게 되면 해당 열(row)를 삭제한 뒤 분석함으로써 분석의 정확도와 모형의 유의성을 강화할 수 있게 된다. 역시 “car” 패키지 하에서 “outlierTest”라는 명령어를 작동시키면 결과를 얻게 된다.

```
install.packages("car")
library(car)
outlierTest(reg)
```

다음 [그림 7-11]에서 보듯이 데이터의 71번째 열(row)에서 outlier 문제가 발생하였음을 알 수 있다. 여기서 보조 심판원인 Bonferroni test를 게임에 초대하여 p-value가 유의미하게 나오면 이상치가 있다는 것이다. 이렇게 될 경우 71번째 관찰치를 제거한 후 분석을 다시 하게 된다.

```
> outlierTest(reg)
    rstudent unadjusted p-value Bonferroni p
71 -4.008147          0.0001117     0.012845
```

[그림 7-11] 이상치를 발견하는 outlierTest 분석결과

5. 더 정확한 회귀분석을 위한 탐색적 요인분석(Exploratory Factor Analysis)

1) 탐색적 요인분석의 개념

나중에 구조방정식 모형에서도 언급하겠지만 회귀분석을 수행하면서 더 엄격하게 모형을 만들어 보려면 변수별로 평균값을 사용하기보다는 요인분석이 수행되어지고 요인값들을 도출하여 회귀분석을 돌려야 한다. 요인분석에는 탐색적 요인분석과 확인적 요인분석이 있다. 구조방정식 모형에서는 확인적 요인분석이 사용되며, 이는 이미 변수명을 설정하고 설문문항들이 얼마나 측정이 타당한 것인가를 확인하는 기법이라 할 수 있다. 반면 탐색적 요인분석은 변수명이 알려지지 않은 상태에서 말 그대로 탐색적으로 묶어 보는 것이다. 확인적 요인분석은 구조방정식 모형에서 언급하고 이하에서는 먼저 탐색적 요인분석에 대해 먼저 알아보기로 한다.

2) R을 활용한 분석: 탐색적 요인분석

탐색적 요인분석도 주성분 분석에서와 마찬가지로 "psych"라는 동일한 패키지 하에서 탐색적 요인분석을 수행할 수 있다. 우선, 데이터 프레임을 설정하고 여기에 여섯 개의 설문문항을 포함시켰다. 그리고 "fa"라는 명령어를 사용해서 요인분석을 수행하되 "varimax" 회전방식에 의해 요인분석을 수행하도록 하고, 요인적재 방법(factoring method: fm)은 "pa", 즉 principal factor solution을 사용하도록 하였다.

```
install.packages("psych")
libraryl(psych)
ss<-data.frame(a1, a2, a3, a4, a5, a6)
fa<-fa(ss, nfactors=2, rotate="varimax", score=TRUE, fm="pa")
fa
```

```
> ss<-data.frame(a1, a2, a3, a4, a5, a6)
> fa <- fa(ss, nfactors=2, rotate="varimax", score=TRUE, fm="pa")
> fa
Factor Analysis using method =  pa
Call: fa(r = ss, nfactors = 2, rotate = "varimax", scores = TRUE,
    fm = "pa")
Standardized loadings (pattern matrix) based upon correlation matrix
    PA1  PA2   h2   u2 com
a1 0.20 0.92 0.90 0.10 1.1
a2 0.20 0.77 0.63 0.37 1.1
a3 0.27 0.68 0.53 0.47 1.3
a4 0.91 0.26 0.90 0.10 1.2
a5 0.74 0.36 0.67 0.33 1.4
a6 0.88 0.18 0.81 0.19 1.1

                       PA1  PA2
SS loadings           2.31 2.13
Proportion Var        0.39 0.36
Cumulative Var        0.39 0.74
Proportion Explained  0.52 0.48
Cumulative Proportion 0.52 1.00

Mean item complexity =  1.2
Test of the hypothesis that 2 factors are sufficient.
```

[그림 7-12] 탐색적 요인분석결과

[그림 7-12]의 결과를 보면 요인적재치가 첫 번째 성분(PA1)에는 a4, a5, a6이 높게 적재되어 있고, 두 번째 성분(PA2)에는 a1, a2, a3이 높게 적재되어 두 개의 요인으로 묶이는 것이 적절함을 보여주고 있다. 원 데이터 셋에 있는 데이터를 볼 때 여기서 PA1은 동료그룹에 대한 몰입도(cg)였고, PA2는 상사에 대한 몰입도(cs)가 될 것이다.

한편 요인분석결과를 도식화할 수 있는데, 그 명령어와 출력결과는 다음 [그림 7-13]과 같다.

fa.diagram(fa)

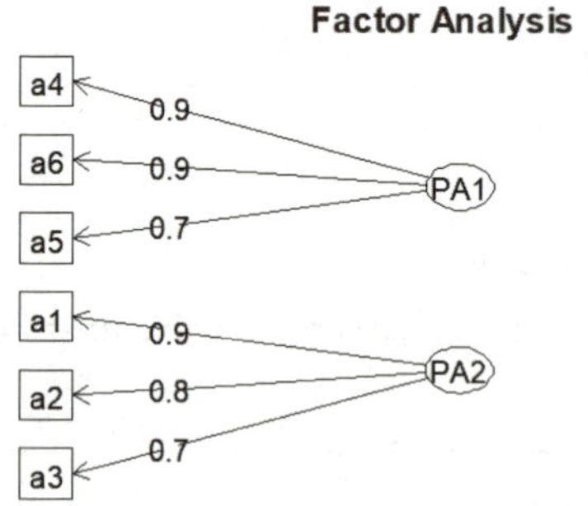

[그림 7-13] 요인분석 도식화

3) R을 활용한 분석: 요인점수(factor score)를 활용하여 회귀분석하기

원래 회귀분석을 수행하기 위해서 변수를 설정하고 설문문항을 구성하게 되면 세 개의 설문문항의 평균을 구하여 변숫값으로 대체하고 이를 이용해 다중회귀분석을 할 수 있다. 그러나 이제 요인분석까지 배워 보았으니 분석의 정확성을 위해 이제 요인점수(factor score)를 이용하여 회귀분석을 하는 방법을 배워 보도록 하자. 분석결과는 거의 동일하지만 요인점수로 회귀분석을 하는 것이 더 정확한 방법이라 할 수 있는 것이다.

이제 R에서 다음과 같은 명령어를 주게 되면 요인점수(factor score)를 산출하게 된다. 이는 데이터의 관찰치 만큼 나오게 되므로, 본 교재의 데이터셋("commitment-productivity.csv")으로부터 두 개의 요인이 각각 117개가 나오게 된다.

```
fa<-fa(ss, nfactors=2, rotate="varimax", score=TRUE, method="regression")
fa$scores
```

```
> fa <- fa(ss, nfactors=2, rotate="varimax", score=TRUE, method="regression")
> fa$scores
               MR1          MR2
  [1,]  1.03964404 -1.198859352
  [2,]  0.50045751 -0.584429272
  [3,]  0.53165541  0.908914465
  [4,] -1.12117968 -0.811705325
  [5,] -0.33990053  1.049161888
  [6,] -1.53718289 -0.844736240
  [7,]  0.53165541  0.908914465
  [8,] -0.64318015 -0.139553142
  [9,]  0.53165541  0.908914465
 [10,] -0.03339517  0.957294216
 [11,]  0.09547282 -2.751590249
 [12,]  0.53165541  0.908914465
 [13,] -0.75761236  1.155821069
```

[그림 7-14] 요인점수 출력화면

[그림 7-14]에서 보듯이 MR1(cg)과 MR2(cs)의 두 요인이 관찰치 숫자만큼 도출되어 나온다. 이제 이 점수를 가지고 회귀분석을 하기 위하여 R에서 다음과 같이 명령어를 줄 필요가 있다. 즉, 표준화된 요인점수가 포함된 서브데

이터 셋을 만들고, 새로운 방(result.1)에 저장한 후 "cbind" 명령어를 통해 두 개의 데이터 방(df와 result.1)을 열(column)로 합쳐서 새로운 방(total)을 만들어야 한다. 그리고 이 방에서 회귀분석을 해볼 수 있게 된다.

```
result.1<-subset(fa$scores)
total<-cbind(df,result.1)
lm_a<-lm(extra~MR1+MR2, data=total)
summary(lm_a)
```

```
> result.1<-subset(fa$scores)
> total<-cbind(df,result.1)
> lm_a<-lm(extra~MR1+MR2, data=total)
> summary(lm_a)

Call:
lm(formula = extra ~ MR1 + MR2, data = total)

Residuals:
     Min       1Q   Median       3Q      Max
-1.59048 -0.11721  0.06661  0.23002  1.07752

Coefficients:
            Estimate Std. Error t value Pr(>|t|)
(Intercept)  4.35992    0.03968 109.875  < 2e-16 ***
MR1          0.62628    0.04134  15.151  < 2e-16 ***
MR2          0.26462    0.04163   6.357  4.5e-09 ***
---
Signif. codes:  0 '***' 0.001 '**' 0.01 '*' 0.05 '.' 0.1 ' ' 1

Residual standard error: 0.4274 on 113 degrees of freedom
  (1 observation deleted due to missingness)
Multiple R-squared:  0.7108,    Adjusted R-squared:  0.7057
F-statistic: 138.9 on 2 and 113 DF,  p-value: < 2.2e-16
```

[그림 7-15] 요인점수를 사용한 다중회귀분석결과

[그림 7-15]의 결과에서 보듯이 MR1(cg)와 MR2(cs) 모두 종속변수인 가외적 노력(extra)에 통계적으로 유의미한 영향을 미치고 있음을 알 수 있다(각각의 파라메터 추정치는 0.63, 0.26이고, 각각에 해당되는 관찰된 p-value는 매우 낮음을 알 수 있다).

6. 주성분 분석(Principle Component Analysis)

1) 개념

탐색적 요인분석과 관련하여 언급하고 넘어갈 부분이 바로 주성분 분석이다. 주성분 분석은 많은 개별 변수들이 상관관계로 얽혀 있는 상태를 최대한 범주화하여 서로 상관이 없는 범주로 최소화하는 데 목적이 있다. 즉, 10개의 변수들이 서로 상관관계를 이루며 얽혀 있을 때 이들의 주성분을 잘 분석하여 소수의 변수로 압축시키는 것이다. 이러한 측면에서 요인분석도 그 의미는 같다. 다만, 주성분 분석은 측정오차[1]를 고려하지는 않으며 요인분석은 측정오차를 고려하는 기법이다. 사실상 둘 간의 엄격한 차이는 존재하지 않으며 주성분 분석 또한 탐색적 분석 방식을 따른다.

2) R을 활용한 분석

R에서 주성분 분석와 탐색적 요인분석을 수행하기 위해서는 "psych"라는 패키지를 다운받아 설치하여야 한다. 본 교재에서는 "commitment-productivity.csv" 파일을 계속 사용한다. 여기서 설문문항 a1, a2, a3는 상관에 대한 몰입도(commitment to supervisor: cs)를 측정하는 설문문항들이다. 우선, 이 문항들을 중심으로 별도의 데이터 프레임을 설정하고 ss라는 방에 저장한다. 주성분분석의 명령어는 "principal"이다. 이 경우 요인의 수를 1개로 설정하고 묶이는지를 알아본다.

---

1) 측정오차에 대한 개념은 제11장 〈매개효과 찾아내기 게임 Ⅱ〉에서 구조방정식 모형 심판원을 다루면서 자세히 이야기하기로 한다.

```
install.packages("psych")
libraryl(psych)
ss< -data.frame(a1, a2, a3)
pc< -principal(ss, nfactor=1)
pc
```

```
> ss<-data.frame(a1, a2, a3)
> pc <- principal(ss, nfactor=1)
> pc
Principal Components Analysis
Call: principal(r = ss, nfactors = 1)
Standardized loadings (pattern matrix) based upon correlation matrix
    PC1   h2   u2 com
a1 0.93 0.86 0.14   1
a2 0.88 0.77 0.23   1
a3 0.85 0.72 0.28   1

                PC1
SS loadings    2.34
Proportion Var 0.78

Mean item complexity =  1
Test of the hypothesis that 1 component is sufficient.

The root mean square of the residuals (RMSR) is  0.12
 with the empirical chi square  9.97  with prob <  NA

Fit based upon off diagonal values = 0.97
```

[그림 7-16] 주성분 분석결과

[그림 7-16]의 결과에서 주성분(PC1)이 한 개의 요인으로 묶여 있음을 알 수 있다. 요인적재치(factor loading)가 0.93, 0.88, 0.85로 높게 나타나고 있음을 알 수 있다. 보통 이 적재치가 0.6~0.7 이상이면 높게 나타난 것으로 본다.

한편 SS loadings 2.34는 PC1의 고윳값(eigenvalues)을 나타낸다. 고윳값은 특정 성분에 결합된 표준화한 분산으로서 해당 성분이 각 변수의 정보들을 어느 정도 설명하는지를 보여주는 지표라고 보면 된다.

한편 Proportion Var 0.78의 의미는 첫 번째 성분(PC1)이 세 개의 설문문항(변수)의 변량의 72%를 설명하고 있다는 것을 의미한다.

h2는 공유치(communalities)를 의미하며 이는 성분으로 설명되는 각 변수의 분산량이다. u2는 비공유치(uniqueness)인데 이는 공유치가 설명하지 못

하는 부분이라고 보면 된다. 예를 들어, 두 번째 설문문항 a2의 순위분산은 PC1에 의해 77%가 설명되고 23%는 설명되지 않는다는 것을 의미한다.[2)]

2) 주성분 분석결과에서 나타나는 지표들에 대한 해석과 관련하여서는 신종화 · 김선업 · 정희태 역 (2017: 369) 참조.

Winning Statistics

08 CHAPTER 인과관계 찾아내기 게임 Ⅱ

제7장과 제8장을 연결하는 스토리

앞에서 〈상관관계 찾아내기 게임〉과 〈인과관계 찾아내기 게임 Ⅰ〉은 각 집단의 개별 관찰치들이 한 쌍으로 움직이며 그 변화량의 범위에 사실상 양 집단에 있어서 한도가 있지 않았었다. 즉, 관찰치가 등간척도 내지는 비율척도로 이루어져 있어서 얼마든지 변화값에 제한이 없었다는 것이다. 그런데 이렇게 집단 간에 나타나는 변화량을 마음껏 풀어 놓다 보니 상대방으로 낙점한 집단(즉, 상대집단)이 어느 날 한 집단의 관찰치가 변화하는 만큼 마음대로 디테일하게 변화할 수 없는 집단이 있다는 것을 깨닫게 되었다. 즉, 어떤 상대집단은 관찰치의 변화의 폭이 1에서 2까지의 범위 내에서만 변화할 수 있고(그 이상을 넘어서서는 변화가 불가능하다는 것을 확인하게 되었던 것이다), 어떤 상대집단은 숫자가 2를 넘어서서도 증가하지만 기본적으로 0, 1, 2, 3의 숫자들을 놓고 각각의 숫자 사이에 그 어떤 숫자를 가정할 수 없는 (다시 말해, 1과 2 사이에 1.5나 1.7을 상상할 수 없는) 이른바 단속변수(discrete variable)로 구성되어 있다는 점을 알게 된 것이다. 이것은 지금까지 〈인과관계 찾아내기 게임 Ⅰ〉에서 당연시했던 집단 간 관찰치들의 쌍이 모두 연속변수(continuous variable), 즉 등간척도와 비율척도였다는 점에서 사뭇 다른 상대집단이 등장하게 된 것을 의미하는 것이다.

이 집단을 상대로 게임을 하고 싶었던 사람들은 이제 고민에 빠졌다. 더 이상 〈인과관계 찾아내기 게임 Ⅰ〉로는 게임을 하는 것이 무의미하고 형평성에도 맞지 않으며 초대되었던 (다중)회귀분석이라는 심판원도 더 이상 내용을 몰라 못하겠다고 손을 들었던 것이다. 이렇게 해서 탄생한 게임이 〈인과관계 찾아내기 게임 Ⅱ〉이다. 이제 새로운 GLM이라는 대표 심판원이 초대되고 전문 분야별로 두 명의 심판원(로지스틱 회귀분석과 포아송 회귀분석)이 더 등장하게 된다. 이 새로운 게임에 대해 알아보기로 한다.

1. 게임에 대한 소개와 게임의 룰: 결과(y)에 영향을 주는 선행요인(x) 찾아내기(범주화 · 이산화 · 빈도 데이터)

지금까지 다루었던 회귀분석이라는 심판원은 종속변수가 간격 또는 비율 데이터이고 독립변수 또한 간격, 비율 데이터를 가정했었다. 물론 설문조사 결과가 서열척도이긴 하지만 기존 회귀분석에서 큰 무리 없이 수용되어져 오고 있다.

그러나 〈인과관계 찾아내기 게임〉에서 결과(종속)변수가 범주화되거나 이산화된 경우에는 분명 정규분포를 따르지 않는다. 또한 결과(종속)변수가 빈도(개수)변수인 경우 변숫값에 제한이 있으며 음수가 없으므로 평균과 분산이 관련이 있고 정규성을 따른다고 보기 어렵다. 이 경우 역시 〈인과관계 찾아내기 게임〉이지만 앞 장의 게임과는 성격이 다른 게임이다. 즉, 독립변수의 계수값이 '0'이 아니라는 사실을 입증해야 하는 책임은 도전자인 연구자에게 있지만 그 대상인 종속변수의 유형이 다른 것이다. 따라서 초대되어야 하는 심판도 더 이상 (다중)회귀분석이 아니다. 새로운 심판원의 이름은 바로 GLM (Generalized Linear Model)이라고 불리우는 사람이다. GLM은 또한 두 전문 분야에서 세부 심판원을 두고 있다. 하나는 종속변수가 범주형 변수인 경우에 판정기능을 수행하는 "로지스틱 회귀분석"이라고 불리는 심판원이고, 다른 하나는 종속변수가 빈도변수인 경우에 수행하는 "포아송 회귀분석"이라고 불리는 심판원이다. 이들 심판원에 대하여 차례로 알아본다.

2. 심판원의 이름: 일반화된 선형모형(Generalized Linear Model: GLM)

〈인과관계 찾아내기 게임 Ⅱ〉에서 검증 후 손을 들어줄 심판원의 이름은 〈일반화된 선형모형(Generalized Linear Model: GLM)〉으로 불리는 사람이다. GLM은 다시 "로지스틱 회귀분석"과 "포아송 회귀분석"이라는 세부 심판원으로 구성된다. 이들 심판원들이 각각의 해당되는 경기를 지켜보고 도전자가 이겼는지 졌는지를 명확하게 알려줄 것이다.

3. 게임의 실제상황(사례) 소개

1) R을 활용한 분석의 준비: 심판원 1-로지스틱 회귀분석

음주운전은 본인뿐 아니라 다른 운전자 또는 보행자에게 치명적인 피해를 줄 수 있어서 더 위험한 것이고, 음주운전을 해서는 안 된다는 사회적 계몽과 경찰의 강력한 단속들이 지속되고 있지만 늘 발생해 오고 있고 슬픈 소식들을 뉴스를 통해 접하곤 한다. 만일 여러분이 이러한 사건에 관심을 가지고 경찰의 집중단속이 음주운전의 재발을 막을 수 있는지가 궁금하다면 데이터를 모을 수 있다. 본 교재에서 제공되는 데이터 셋은 운전자들을 대상으로 최근 3개월 간 음주운전을 한 사례가 있는지를 묻는 조사와 함께 운전자의 나이, 성별, 교육수준, 그리고 과거 경찰의 음주단속 적발에 걸린 경험을 조사하고자 하였다. 여기서 음주운전 사례는 종속변수이고, 나이, 성별, 교육수준, 음주단속에 걸린 사례는 독립변수가 된다. 이 경우 종속변수를 이분법적 결과로 나눌 수 있고(음주운전을 한적이 있는 경우와 없는 경우), 나머지 독립변수들은 일련의 연속적 혹은 범주화된 데이터를 종합적으로 포함하고 있음을 알 수 있다. 이제 로지스틱 회귀분석으로서의 GLM을 게임에 초대할 수 있는 조건이 만들어진 것이다. 사례를 위해서 본 교재에서 제공되는 파일의 이름은 "drunkdriving.csv"이다. 이제 이 파일을 R에서 읽어 들여서 분석에 활용하기로 한다.

R에서 GLM 분석을 수행하기 위해서는 "AER"이라는 패키지를 설치하고 시작하면 된다. 명령어는 "glm"이고 함수구성 방식은 회귀분석과 동일하다. 다만, 로지스틱 분석이므로 "binominal"이라는 명령어를 별도로 주고 시작한다.

```
install.packages("AER")
library(AER)
```

일단 AER 패키지를 설치하고 "drunkdringking.csv" 파일을 R에서 불러들이고 View 명령어를 실행하면 다음 [그림 8-1]과 같은 화면이 나타난다.

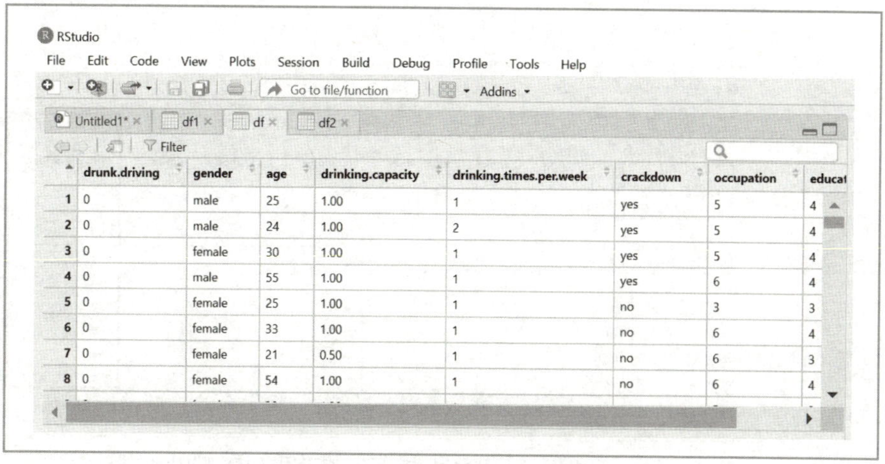

[그림 8-1] 음주운전 데이터 셋

그리고 이제 종속변수를 이분법적 결과로 변형시켜야 할 단계이다. 이를 위해 다음과 같은 명령어를 주면 된다. 즉, df방에 새로운 변수 "yndrunk.driving" 변수를 만들고 기존의 변수인 "drunk.driving"이 0보다 크면 1로 코딩하고, 0과 동일하면 0으로 코딩하라는 명령어를 주는 것이다. 그리고 이를 테이블로 표현해서 1은 Yes로 0은 No로 표시될 수 있도록 해 주면 음주운전을 한 사례가 있다고 말한 사람이 20명, 그렇지 않다고 대답한 사람이 38명임을 알 수 있다.

```
> df <- read.csv("C://Users//user//Desktop//R-교재집필//drunkdriving.csv")
> View(df)
> df$yndrunk.driving[df$drunk.driving>0] <- 1
> df$yndrunk.driving[df$drunk.driving==0] <- 0
> df$yndrunk.driving <- factor(df$yndrunk.driving, levels=c(0,1), labels=c("No", "Yes"))
> table(df$yndrunk.driving)

No Yes
38  20
```

이제 이렇게 변화된 데이터의 내용과 추가된 새로운 변수인 "yndrunk.driving"이 실제 데이터 셋에 들어가 있는지를 확인하기 위해 View 명령어를 사용하면 다음 [그림 8-2]와 같이 새로운 변수가 추가되어 있음을 알 수 있다.

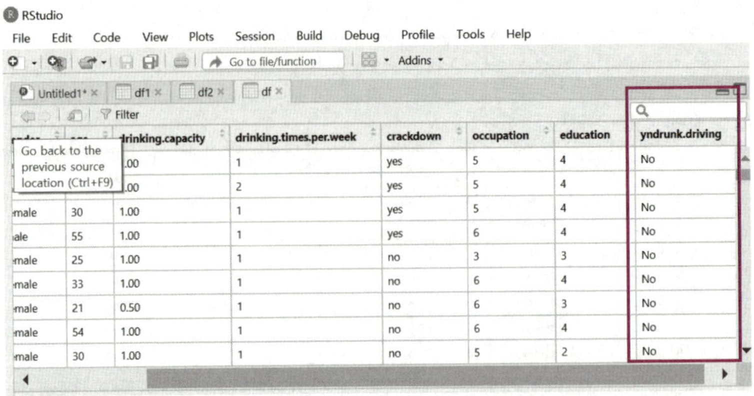

[그림 8-2] 새로운 변수가 추가된 이후 데이터 셋

이제 모든 준비가 다 끝났으므로 다음의 명령어를 사용하여 로지스틱 회귀분석인 GLM 분석을 수행해 본다.

```
> reg<-glm(yndrunk.driving~gender+age+drinking.capacity+drinking.times.per.week+crackdown+o
ccupation+education, family=binomial(link="logit"),data=df)
> summary(reg)
```

```
Call:
glm(formula = yndrunk.driving ~ gender + age + drinking.capacity +
    drinking.times.per.week + crackdown + occupation + education,
    family = binomial(link = "logit"), data = df)

Deviance Residuals:
    Min       1Q   Median       3Q      Max
-2.2580  -0.7044  -0.3114   0.3716   2.3611

Coefficients:
                         Estimate Std. Error z value Pr(>|z|)
(Intercept)             -5.910707   3.014073  -1.961  0.04987 *
gendermale              -1.128041   0.820734  -1.374  0.16931
age                     -0.001733   0.041257  -0.042  0.96649
drinking.capacity        2.034747   0.884506   2.300  0.02142 *
drinking.times.per.week  1.625777   0.603185   2.695  0.00703 **
crackdownyes            -1.087062   0.904468  -1.202  0.22941
occupation              -0.303800   0.235436  -1.290  0.19692
education                0.669383   0.603539   1.109  0.26739
---
Signif. codes:  0 '***' 0.001 '**' 0.01 '*' 0.05 '.' 0.1 ' ' 1

(Dispersion parameter for binomial family taken to be 1)

    Null deviance: 74.726  on 57  degrees of freedom
Residual deviance: 47.431  on 50  degrees of freedom
  (167 observations deleted due to missingness)
AIC: 63.431

Number of Fisher Scoring iterations: 5
```

[그림 8-3] GLM 로지스틱 회귀분석결과

[그림 8-3]의 분석결과에서 보는 바와 같이 최근 3개월 간 실제 음주운전 사례 존재 여부는 주량(drinking capacity)과 일주일에 술 마시는 횟수(drinking times per week)가 통계적으로 유의미한 영향을 미치고 있는 것으로 나타났으며, 그 중 술 마시는 횟수가 가장 강한 영향을 미치는 것으로 나타났다(관찰된 p-value: 0.007). 우리가 기대했던 음주운전단속 경험이 있는 경우는 음주운전 재발 여부에 영향을 미치지 못하는 것으로 나타났고, 그 밖에 성별, 연령, 학력은 통계적으로 유의미한 영향을 미치지 못했다.

2) R을 활용한 분석의 준비: 심판원 2-포아송 회귀분석

심판원으로서의 포아송 회귀분석이 로지스틱 회귀분석과 다른 점은 종속변수가 이분법적 변수가 아니라 빈도변수일 경우 초대되는 심판원이라는 점이다. 한편 독립변수들이 연속형에서 범주형에 이르기까지 종합적으로 포함되는 것을 허용한다는 점에서 로지스틱 회귀분석과 동일한 속성을 갖는다.

앞의 음주운전 데이터에서 우리는 최근 3개월 간의 음주운전 사례를 0과 1로 처리해서 두 집단으로 나눈 후 로지스틱 회귀분석을 초대하여 검증을 수행하였다. 하지만 원 데이터 그대로 사용하게 되면 이 변수 또한 발생한 빈도이고 빈도변수로 처리될 수 있다. 데이터 셋을 들여다보면 사람들에 따라 최근 걸리지는 않았지만 자신들이 판단한 음주운전 횟수가 0번, 1번, 2번, 3번, 4번 등 다양하게 횟수가 나타나고 있다. 이러한 빈도로 나타나는 숫자를 통계학에서는 단속적 변수(discrete variable)라고 부른다. 가족의 숫자, 아이들의 숫자 등도 단속변수에 속한다. 즉, 5인 가족이라면 1명에서 5명까지 셀 수 있는 것이지 중간에 4.4인이나 5.5인 같은 숫자는 존재할 수 없다는 것이다. 따라서 이번에는 같은 데이터를 쓰면서 종속변수를 "yndrunk.driving"으로 쓰지 않고, 원래 변수인 "drunk.driving"을 사용하여 종속변수가 단속변수인 경우에 해당하여 포아송 회귀분석이라는 심판원을 초대하여 검증을 수행하는 것이 가능해진다.

다음의 명령어를 사용하여 포아송 회귀분석을 초대하였다. 다른 점은 family 명령어에서 "possion(link="log")"이 들어왔다는 점이다.

```
> reg<-glm(drunk.driving~gender+age+drinking.capacity+drinking.times.per.week+crackdown+occ
upation+education, family=poisson(link="log"),data=df)
> summary(reg)
```

이제 분석결과를 보면 로지스틱 회귀분석 심판원의 경우와 마찬가지로 최근 3개월 간 실제 음주운전 사례 존재 여부는 주량(drinking capacity)과 일주일에 술 마시는 횟수(drinking times per week)가 통계적으로 유의미한 영향을 미치고 있는 것으로 나타났으며, 그 중 술 마시는 횟수가 가장 강한 영향을 미치는 것으로 나타났다. 로지스틱 회귀분석을 심판원으로 초대했을 때와 비교하여 포아송 회귀분석을 심판원으로 초대하였더니 이 변수가 매우 더 강한 영향을 미치고 있음을 알 수 있다(관찰된 p-value: 1.01e-05).

```
Call:
glm(formula = drunk.driving ~ gender + age + drinking.capacity +
    drinking.times.per.week + crackdown + occupation + education,
    family = poisson(link = "log"), data = df)

Deviance Residuals:
     Min        1Q    Median        3Q       Max
-1.83828  -0.63239  -0.45397   0.02547   1.78163

Coefficients:
                         Estimate Std. Error z value Pr(>|z|)
(Intercept)             -4.155220   1.411863  -2.943  0.00325 **
gendermale              -0.369765   0.450641  -0.821  0.41191
age                     -0.005676   0.020435  -0.278  0.78120
drinking.capacity        1.015235   0.317180   3.201  0.00137 **
drinking.times.per.week  0.917164   0.207715   4.415 1.01e-05 ***
crackdownyes            -0.830838   0.788643  -1.054  0.29211
occupation              -0.140872   0.146747  -0.960  0.33707
education                0.413431   0.237668   1.740  0.08194 .
---
Signif. codes:  0 '***' 0.001 '**' 0.01 '*' 0.05 '.' 0.1 ' ' 1

(Dispersion parameter for poisson family taken to be 1)

    Null deviance: 74.204  on 57  degrees of freedom
Residual deviance: 32.791  on 50  degrees of freedom
  (167 observations deleted due to missingness)
AIC: 94.495

Number of Fisher Scoring iterations: 6
```

[그림 8-4] GLM 포아송 회귀분석결과

Winning Statistics

09 CHAPTER 기울기 영향 미치기 게임

제8장과 제9장을 연결하는 스토리

사람들은 〈인과관계 찾아내기 게임 Ⅰ, Ⅱ〉를 통하여 더 다양한 게임을 즐기거나 관람할 수 있게 되었는데 또 한 가지 궁금한 사항이 생겼다. 즉, 하나의 상대집단을 정해 놓고 나머지 복수의 다른 집단들이 서로 각자의 입장에서 영향력 주기 게임을 하고 있었는데, 이들 집단 중 한 집단에서 욕심이 발생한 것이다. 영향력 주기 게임을 하다 보니 본인들이 상대집단에도 영향을 주지만 경쟁하는 다른 집단들 중 어느 한 집단에게도 특정한 영향을 주어, 그 집단이 상대집단에 영향을 미치는 정도가 자신들의 집단의 존재 여부나 정도 여부에 따라 달라진다는 것을 주장하기 시작한 것이다. 즉, 게임에서 더 큰 공로를 인정받고 싶어하는 집단이 나타나게 된 것이었다. 다시 말해, y라는 상대집단을 놓고 x1, x2, x3라는 집단이 서로 영향력 주기 게임(인과관계 찾아내기 게임)을 하고 있는데, x3의 집단 입장에서 보니 x1이 y에 미치는 영향의 정도(기울기)를 x3집단이 또한 영향을 미칠 수 있다는 점을 주장하게 된 것이다. 따라서 전체 차원에서 〈인과관계 찾아내기 게임〉도 중요하지만 부분적으로 이러한 타 집단에 대한 〈기울기 영향 미치기 게임〉이 별도로 이루어질 만한 가치가 있다는 점을 발견하게 되었다. 이를 위해 새로운 게임의 심판원이 등장하게 되었던 것이다. 이제 새로운 게임인 〈기울기 영향 미치기 게임〉에 대해 알아 볼 필요가 생기게 되었다.

1. 게임에 대한 소개와 게임의 룰: 집단 간 비교를 통해 독립변수의 기울기에 영향주기

이 게임은 앞 장들에서 언급된 〈인과관계 찾아내기 게임〉들의 연장선상이라고 볼 수 있는데, 더 구체적으로 들어가 독립변수 중에 조절변수(moderating variable)를 발견하여 이 조절변수가 기존 특정 독립변수에 미치는 영향을 검증하려고 하는 게임이다. 따라서 이것은 특정 독립변수의 기울기에 (즉, 종속변수에 대한 영향력) 조절변수가 얼마나 영향을 미치는가를 두고 영향을 미치게 되면 승리하는 게임이다. 당연히 챔피언의 입장에서는 조절변수가 독립변수의 기울기에 영향력을 미치니 않는다고 보아야 하고 연구자(도전자)의 입장에서는 기울기에 영향력을 미치고 있다고 주장하여야 한다.

2. 심판원의 이름: 조절회귀분석

〈기울기 영향 미치기 게임〉에서 검증 후 손을 들어줄 심판원의 이름은 〈조절회귀분석(Moderated Multiple Regression Analyses: MMR)〉으로 불리는 사람이다. 이 심판원이 경기를 지켜보고 도전자가 이겼는지 졌는지를 명확하게 알려줄 것이다.

3. 게임의 실제상황(사례) 소개

1) R을 활용한 분석의 준비: 심판원-조절회귀분석

앞서 언급하였듯이 조절회귀분석이란 심판원은 다중회귀분석에서 독립변수와 종속변수 사이를 중재하거나 조절(moderating)해 주는 변수가 있다는 것을 밝혀내는 데 역할을 하는 심판원이다. 사실상 논리는 앞서 언급했던 이원분산분석(Two-way ANOVA)의 교호작용효과(interaction effect) 분석과 비슷한데, 차이점은 범주형 독립변수에 한정되지 않고 서열변수나 연속변수에서도 상호작용이 분석될 수 있다는 것이다. 회귀분석에서는 이를 조절작용(moderating effect)이라 부른다.

R에서 조절회귀분석이라는 심판원을 초대하기 위해서는 다음 [그림 9-1]에서 보는 바와 같이 회귀모형을 설정하고 분석결과를 보는 것이다. 조절작용 또는 상호작용을 표기하는 방식은 "변수이름 : 변수이름"으로 표기되기도

하고, "변수이름*변수이름"으로 표기되기도 한다.

```
> reg <- lm(extra~cs+cg+co+trust+cs:trust+cg:trust+co:trust, data=df2)
> summary(reg)

Call:
lm(formula = extra ~ cs + cg + co + trust + cs:trust + cg:trust +
    co:trust, data = df2)

Residuals:
     Min       1Q   Median       3Q      Max
-1.32115 -0.10883  0.05183  0.17497  0.82066

Coefficients:
            Estimate Std. Error t value Pr(>|t|)
(Intercept)  0.07317    3.58524   0.020   0.9838
cs           1.53760    0.71817   2.141   0.0346 *
cg          -0.70558    0.78108  -0.903   0.3684
co           0.19279    0.50997   0.378   0.7062
trust        0.03007    0.89951   0.033   0.9734
cs:trust    -0.33168    0.16949  -1.957   0.0530 .
cg:trust     0.34497    0.19289   1.788   0.0766 .
co:trust    -0.02870    0.11616  -0.247   0.8054
---
Signif. codes:  0 '***' 0.001 '**' 0.01 '*' 0.05 '.' 0.1 ' ' 1

Residual standard error: 0.3619 on 105 degrees of freedom
  (4 observations deleted due to missingness)
Multiple R-squared:  0.7661,    Adjusted R-squared:  0.7506
F-statistic: 49.14 on 7 and 105 DF,  p-value: < 2.2e-16
```

[그림 9-1] trust 변수를 조절변수로 한 조절회귀분석결과

[그림 9-1]에서 가외적 노력(extra)에 통계적으로 유의미한 영향을 미치는 요인은 상관에 대한 몰입도(cs)인 것으로 나타났다(관찰된 p-value 0.035). 동시에 신뢰(trust)변수는 상관에 대한 몰입도와는 (−) 관계의 조절효과를 보이고, 동료그룹에 대한 몰입도(cg)와는 (+) 관계의 조절효과를 보이고 있음을 알 수 있다. 물론 유의수준 0.1에서 한계적으로 유의미하게 나타나지만 말이다.

2) 조절회귀분석에서 나타나는 다중공선성의 문제와 해결책

조절된 다중회귀분석(MMR)을 하다 보면 독립변수의 숫자가 늘어나게 되므로 변수 간 상관관계의 문제를 다루는 다중공선성의 이슈가 늘 발생할 수

밖에 없다. 이에 분산팽창요인(VIF) 테스트를 통해 다중공선성이 있는지를 살펴볼 필요가 있는데, 이때 기준은 통상적으로 VIF 값이 10을 넘으면 다중공선성이 있다고 보는데(앞에서 살펴본 바와 같이 일반적으로 $\sqrt{vif}$ 가 2가 넘으면 개별 독립변수별 값이 False가 아닌 True로 나오고 이 방식을 사용해서 다중공선성이 있는 것으로 판단해도 된다), 실제로 VIF 값을 본 결과 모든 변수들이 10을 훨씬 넘어서고 있음을 알 수 있다. 다중공선성의 문제가 발생한 것이다.

```
> vif(reg)
      cs       cg       co    trust cs:trust cg:trust co:trust
179.3536 300.2764 140.9517 143.9143 325.7745 591.3863 179.8866
```

[그림 9-2] VIF 분석결과

이 문제를 해결하기 위해 평균중심화(mean-centering) 기법을 사용해야 한다. 평균중심화란 각 표본의 독립변수와 조절변수 값을 각각의 평균으로 차감하는 것을 의미하며, 이를 통해 다중공선성 문제를 제어할 수 있다. 그 외에도 변수표준화 기법이 있으나 결과는 거의 동일하므로 평균중심화 기법을 사용하기로 한다. 이를 위해서는 먼저 R에서 "jtools"라는 패키지를 설치하고 저장한 후 "summ(reg, center=TRUE, vifs=TRUE, digits=3)"이라는 명령문을 통해 평균중심화 기법을 적용하여 조절회귀분석을 실시하게 된다. 그 결과 VIF 값들이 모두 10 안쪽으로 들어와 있어서 다중공선성의 문제가 깔끔하게 해결되었음을 알 수 있다. 궁극적으로 이 분석결과를 사용하면 된다.

```
> library(jtools)
> summ(reg, center=TRUE, vifs=TRUE, digits=3)
MODEL INFO:
Observations: 113 (4 missing obs. deleted)
Dependent Variable: extra
Type: OLS linear regression

MODEL FIT:
F(7,105) = 49.142, p = 0.000
R² = 0.766
Adj. R² = 0.751
```

```
Standard errors: OLS
---------------------------------------------------------------
                      Est.    S.E.    t val.       p      VIF
----------------- ------- ------- --------- ------- -------
(Intercept)          4.367   0.041   106.092   0.000
cs                   0.147   0.066     2.244   0.027   1.498
cg                   0.740   0.063    11.706   0.000   1.969
co                   0.073   0.054     1.354   0.179   1.555
trust                0.033   0.098     0.334   0.739   1.697
cs:trust            -0.332   0.169    -1.957   0.053   1.584
cg:trust             0.345   0.193     1.788   0.077   2.072
co:trust            -0.029   0.116    -0.247   0.805   1.747
---------------------------------------------------------------

Continuous predictors are mean-centered.
```

[그림 9-3] 평균중심화 기법을 사용한 MMR 분석결과

3) 조절변수의 조절작용에 대한 시각화

이제 이러한 조절효과를 해석하는 것이 중요한데, 이를 위해서는 그래프를 그려보고 시각적으로 관찰하는 것이 중요하다.

이를 위해 R에서 “interaction” 패키지를 설치한 후 조절변수가 들어간 회귀모형을 설정한다. 그리고 각각의 독립변수와 종속변수를 중심으로 조절변수가 어떠한 역할을 하는지를 보기 위해 그래프를 그려 시각적으로 확인하는 명령어인 “interact_plot”을 사용해 그래프에 표시해 보는 것이 중요하다. 구체적인 명령어의 순서는 다음과 같다.

```
install.packages("interacttions")
library(interactions)
reg<-lm(extra~cs+cg+co+cs:trust+cg:trust+co:trust, data=df2)
interact_plot(model=reg, pred=cs, modx=trust)
```

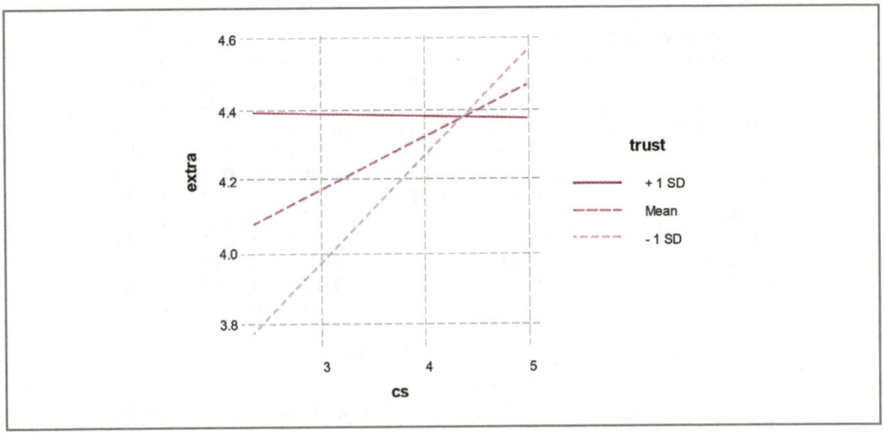

[그림 9-4] trust 변수의 조절효과 1

[그림 9-4]를 보면 상사에 대한 몰입도(cs)와 가외적 노력(extra) 간 관계에 있어서 신뢰(trust)가 조절작용하는 모습을 보여주는데, R에서는 서열이나 연속변수를 조절변수로 사용할 경우 평균을 중심으로 1표준편차 이내에서 집단을 구분하여 친절하게 조절효과를 보여준다. 앞의 분석에서 trust 변수와 cs 변수 간 상호작용은 (−)의 조절작용을 갖는 것으로 나타났기 때문에, 신뢰(trust)가 높은 집단에서는 오히려 cs가 extra에 미치는 영향을 감소시키고, 신뢰(trust)가 낮은 집단에서는 반대로 cs가 extra에 미치는 영향을 강화시키고 있음을 알 수 있다.

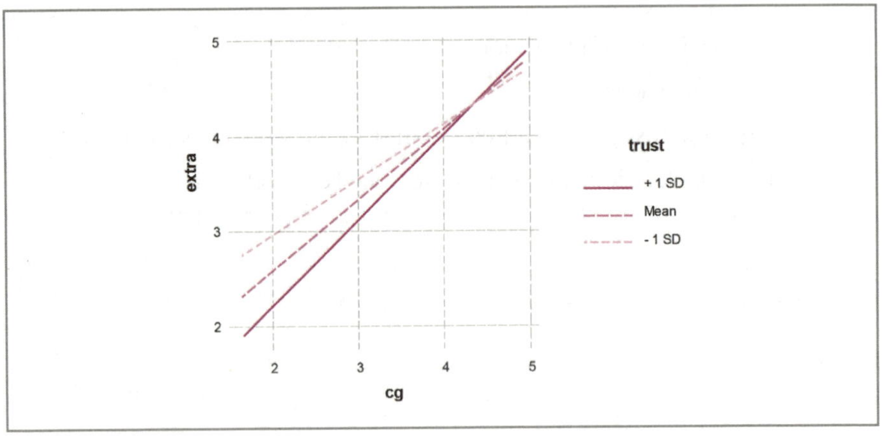

[그림 9-5] trust 변수의 조절효과 2

[그림 9-5]를 보면 동료그룹에 대한 몰입도(cg)와 가외적 노력(extra) 간 관계에 있어서 신뢰(trust)가 조절작용하는 모습을 보여준다. 역시 앞의 분석에서 trust 변수와 cg 변수 간 상호작용은 (+)의 조절작용을 갖는 것으로 나타났기 때문에, 신뢰(trust)가 높은 집단에서는 오히려 cg가 extra에 미치는 영향을 강화시키는 반면(특히, cg가 증가할수록), 신뢰(trust)가 낮은 집단에서는 반대로 cs가 extra에 미치는 영향을 cg가 증가할수록 약화시키고 있음을 알 수 있다.

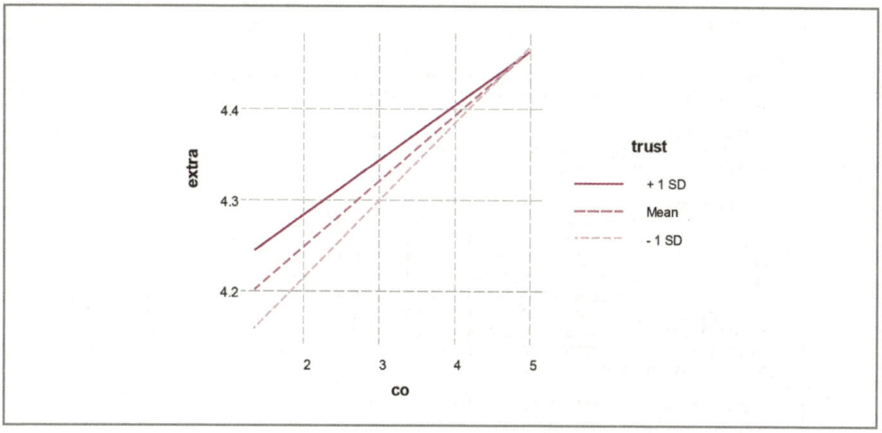

[그림 9-6] trust 변수의 조절효과 3

[그림 9-6]을 보면 앞선 분석에서 비록 조직에 대한 몰입도(co)와 신뢰(trust)는 통계적으로 유의미한 조절효과가 없는 것으로 나타났지만, (−)의 부호를 갖는다는 차원에서 살펴보면 신뢰(trust)가 높은 집단에서는 오히려 co가 증가할수록 extra에 미치는 영향을 약화시키는 반면, 신뢰(trust)가 낮은 집단에서는 반대로 cs가 증가할수록 extra에 미치는 영향을 강화시키고 있음을 알 수 있다.

4) 조절변수가 범주형 변수인 경우의 조절회귀분석

위의 사례에서는 서열변수로서의 신뢰(trust)변수의 조절효과를 살펴보았다. 그런데 서열이나 연속변수 외에 범주형 변수가 직접 조절변수로 작용하는 경우도 있다. 본 사례의 데이터 셋에서 affiliation이라는 변수는 공공조직과 민간조직을 구분하는 변수이다. 공공조직은 1로 코딩되었으며 민간조직은 2로 코딩되었다. 이제 affiliation 변수를 조절변수로 사용하여 조절회귀분석을 실시해 보고 이를 시각화해 보기로 한다. 이 경우는 범주형 변수이기 때문에 서열변수인 trust 변수와는 달리 평균값과 표준편차를 사용하지 않고, 바로 두 집단으로 구분하여 조절효과를 보여주게 된다.

```
> reg <- glm(extra~cs+cg+co+affiliation+cs:affiliation+cg:affiliation+co:affiliation, data=
df2)
> summary(reg)

Call:
glm(formula = extra ~ cs + cg + co + affiliation + cs:affiliation +
    cg:affiliation + co:affiliation, data = df2)

Deviance Residuals:
     Min        1Q    Median        3Q       Max
-1.31229  -0.10571   0.06313   0.19484   0.81617

Coefficients:
               Estimate Std. Error t value Pr(>|t|)
(Intercept)    -0.12549    1.31003  -0.096    0.924
cs             -0.18888    0.28430  -0.664    0.508
cg              1.09273    0.23846   4.582 1.25e-05 ***
co              0.14267    0.19879   0.718    0.475
affiliation     0.23247    0.70138   0.331    0.741
cs:affiliation  0.19456    0.15624   1.245    0.216
cg:affiliation -0.20353    0.12992  -1.567    0.120
co:affiliation -0.05335    0.11175  -0.477    0.634
---
Signif. codes:  0 '***' 0.001 '**' 0.01 '*' 0.05 '.' 0.1 ' ' 1

(Dispersion parameter for gaussian family taken to be 0.1353753)
```

[그림 9-7] affiliation 변수를 조절변수로 한 조절회귀분석결과

[그림 9-7]에서 보는 바와 같이 affiliation이 포함된 조절회귀분석에서는 동료에 대한 몰입도(cg)가 가외적 노력(extra)에 대하여 가장 강력하고도 유일하게 통계적으로 유의미한 영향을 미친 변수였다. 아쉽게도 조절효과는 모두에게서 의미가 없는 것으로 나타났지만 계수값의 부호에 착안하여 그래프를 그려보고 시각화해보기로 한다. 그래프를 그리는 방법은 동일하다.

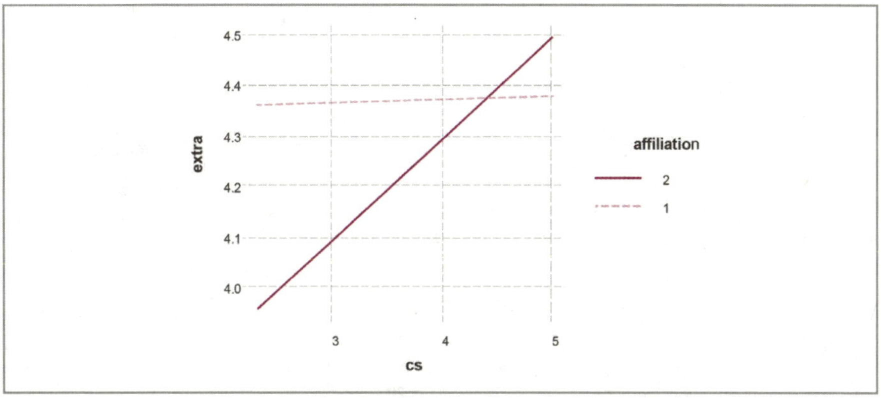

[그림 9-8] affiliation 변수의 조절효과 1

[그림 9-8]에서 보듯이 상사에 대한 몰입도(cs)와 신뢰(trust) 간 상호작용은 (+)로 나타나 있는데, 민간조직의 경우 cs가 증가할수록 extra에 주는 영향이 강화된다고 볼 수 있고, 반대로 공공조직은 cs와 extra 간의 관계에 거의 영향을 주지 않고 있음을 알 수 있다.

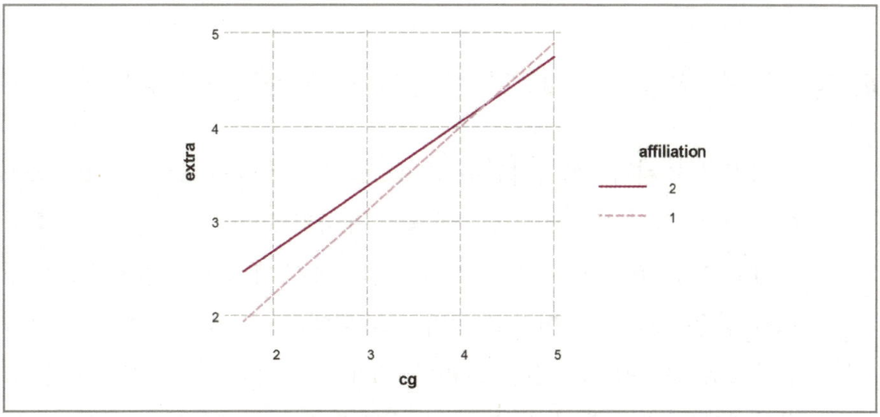

[그림 9-9] affiliation 변수의 조절효과 2

[그림 9-9]에서 동료그룹에 대한 몰입도(cg)와 신뢰(trust) 간 상호작용은 (−)로 나타나 있는데, 공공조직의 경우 cg가 증가할수록 extra에 주는 영향이 강화된다고 볼 수 있고, 반대로 민간조직은 cg와 증가할수록 extra에 미치는 영향을 약화시킨다고 할 수 있다.

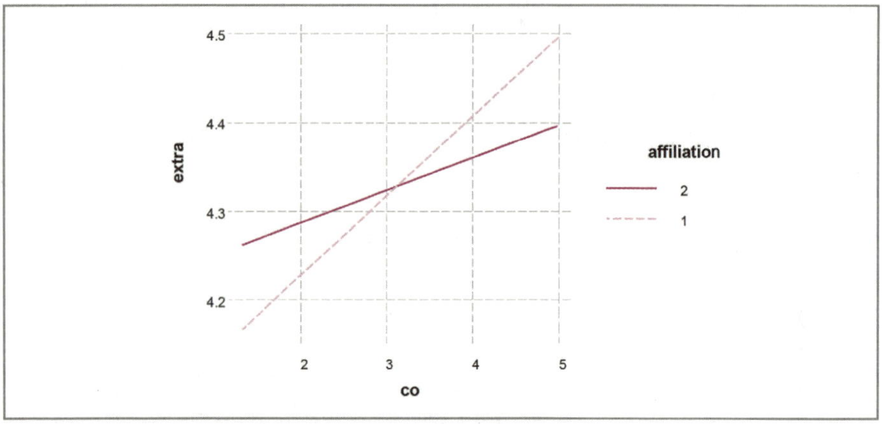

[그림 9-10] affiliation 변수의 조절효과 3

마찬가지로 [그림 9-10]에서 조직에 대한 몰입도(co)와 신뢰(trust) 간 상호작용은 (−)로 나타나 있는데, 공공조직의 경우 co가 증가할수록 extra에 주는 영향이 강화된다고 볼 수 있고, 상대적으로 민간조직은 co가 증가할수록 extra에 미치는 영향이 약화된다고 할 수 있다.

4. 유사한 심판원: 조절회귀분석(MMR)과 위계적 조절회귀분석(HMMR)

여기서 위계적 〈조절회귀분석(Hierarchical Moderated Multiple Regression Analyses: HMMR)〉이라는 심판원을 소개하기로 한다. 위계적 조절회귀분석은 앞에서 다룬 조절회귀분석과 결과적 관점에서 내용이 동일하다. 즉, 심판원으로서 같은 게임에 관여하고 누가 초대되어도 〈기울기 영향 미치기 게임〉의 심판으로 초대될 수 있다. 그러나 위계적 조절회귀분석이 논리를 전개하는 과정에서 디테일이 더해지고 그만큼 조절변수가 포함된 모형의 적합성을 정확하게 판단할 수 있는 장점이 있기 때문에, 연구자들이 본인들의 주장을 보다 체계적이고 논리적으로 펼치기 위해서는 위계적 조절회귀분석을 심판원으로 초대하고 이에 따른 절차를 따르려고 하는 경향이 있다.

위계적 조절회귀분석이라는 심판원은 게임하고자 하는 모델을 크게 세 가지로 나누어 설명하고, 각 단계에서 다음 단계로 진행해 나가는 과정에서 나타나는 모형의 적합성(F 값의 변화량)을 확인해 나가게 된다. 이를 위해서 다음과 같이 세 가지의 모형을 설정한다.

다만, 맨 앞의 명령어에 “dfna<–na.omit(df2)”라는 명령어를 첨부한 이유가 중요한데, 이는 데이터 셋에 결측치(missing values)가 있어 나중에 세 개의 ANOVA 모델을 비교하는데, 각각의 모델이 데이터 셋의 사이즈가 다르기 때문에 R 프로그램은 모델간 비교를 하지 못하고 다음과 같은 오류 메세지를 보내게 된다.

```
> lm.1 = lm(extra~cs+cg+co, data=df2)
> lm.2 = lm(extra~cs+cg+co+trust, data=df2)
> lm.3 = lm(extra~cs+cg+co+trust+cs*trust+cg*trust+co*trust, data=df2)
> anova(lm.1, lm.2, lm.3)
Error in anova.lmlist(object, ...) :
  models were not all fitted to the same size of dataset
>
```

이를 해결하기 위해 결측치로 처리된 “na”를 생략하게 하고 이를 제거한 후 새로운 데이터 셋을 만들어 “dfna” 방에 저장한 후 이 데이터를 가지고 모델을 비교하라는 것이다.

마지막으로, “anova(lm.1, lm.2, lm.3)” 명령어는 괄호 안에 있는 세 개의 ANOVA 모델을 비교하라는 명령어이다.

```
> dfna<-na.omit(df2)
> lm.1 = lm(extra~cs+cg+co, data=dfna)
> lm.2 = lm(extra~cs+cg+co+trust, data=dfna)
> lm.3 = lm(extra~cs+cg+co+trust+cs*trust+cg*trust+co*trust, data=dfna)
> anova(lm.1, lm.2, lm.3)
Analysis of Variance Table

Model 1: extra ~ cs + cg + co
Model 2: extra ~ cs + cg + co + trust
Model 3: extra ~ cs + cg + co + trust + cs * trust + cg * trust + co *
    trust
  Res.Df    RSS Df Sum of Sq      F  Pr(>F)
1    109 14.923
2    108 14.627  1   0.29597 2.2603 0.13573
3    105 13.749  3   0.87767 2.2342 0.08856 .
---
Signif. codes:  0 ‘***’ 0.001 ‘**’ 0.01 ‘*’ 0.05 ‘.’ 0.1 ‘ ’ 1
```

[그림 9-11] ANOVA 모델 간 비교분석결과

[그림 9-11]에서 보듯이 두 번째 모델부터 나와 있는 F 값을 보면 조절변수가 추가된 이후 F 값의 변화량이 2.2603인데 통계적으로 유의하지 않다. 그러나 세 번째 모델에서 F 값의 변화량이 2.2342이고, 이는 한계적으로 나마 유의수준 0.1에서 유의미한 것으로 분석이 되고 있다. 사실상 이 데이터 셋으로는 연습용이기 때문에 완벽하지 않지만 실제 연구에서는 세 단계에 걸쳐서 F 값의 변화량이 모두 통계적으로 유의미하게 나타나야 하는 것이 이상적이다.

다음의 [그림 9-12], [그림 9-13], [그림 9-14]는 각각의 모델을 개별적으로 분석한 결과이다.

```
> summary(lm.1)

Call:
lm(formula = extra ~ cs + cg + co, data = dfna)

Residuals:
     Min       1Q   Median       3Q      Max
-1.33256 -0.13184  0.06094  0.18934  0.80952

Coefficients:
            Estimate Std. Error t value Pr(>|t|)
(Intercept)  0.29550    0.26276   1.125   0.2632
cs           0.14948    0.06587   2.269   0.0252 *
cg           0.72865    0.05333  13.663   <2e-16 ***
co           0.06323    0.05034   1.256   0.2118
---
Signif. codes:  0 ‘***’ 0.001 ‘**’ 0.01 ‘*’ 0.05 ‘.’ 0.1 ‘ ’ 1

Residual standard error: 0.37 on 109 degrees of freedom
Multiple R-squared:  0.7462,    Adjusted R-squared:  0.7392
F-statistic: 106.8 on 3 and 109 DF,  p-value: < 2.2e-16
```

[그림 9-12] 첫 번째 모델

```
> summary(lm.2)

Call:
lm(formula = extra ~ cs + cg + co + trust, data = dfna)

Residuals:
     Min       1Q   Median       3Q      Max 
-1.27049 -0.12224  0.08493  0.19043  0.78973 

Coefficients:
            Estimate Std. Error t value Pr(>|t|)    
(Intercept) -0.08243    0.36560  -0.225   0.8220    
cs           0.14007    0.06583   2.128   0.0356 *  
cg           0.70346    0.05571  12.627   <2e-16 ***
co           0.06845    0.05019   1.364   0.1755    
trust        0.12182    0.08241   1.478   0.1422    
---
Signif. codes:  0 '***' 0.001 '**' 0.01 '*' 0.05 '.' 0.1 ' ' 1

Residual standard error: 0.368 on 108 degrees of freedom
Multiple R-squared:  0.7512,	Adjusted R-squared:  0.742 
F-statistic: 81.53 on 4 and 108 DF,  p-value: < 2.2e-16
```

[그림 9-13] 두 번째 모델

```
> summary(lm.3)

Call:
lm(formula = extra ~ cs + cg + co + trust + cs * trust + cg * 
    trust + co * trust, data = dfna)

Residuals:
     Min       1Q   Median       3Q      Max 
-1.32115 -0.10883  0.05183  0.17497  0.82066 

Coefficients:
            Estimate Std. Error t value Pr(>|t|)  
(Intercept)  0.07317    3.58524   0.020   0.9838  
cs           1.53760    0.71817   2.141   0.0346 *
cg          -0.70558    0.78108  -0.903   0.3684  
co           0.19279    0.50997   0.378   0.7062  
trust        0.03007    0.89951   0.033   0.9734  
cs:trust    -0.33168    0.16949  -1.957   0.0530 .
cg:trust     0.34497    0.19289   1.788   0.0766 .
co:trust    -0.02870    0.11616  -0.247   0.8054  
---
Signif. codes:  0 '***' 0.001 '**' 0.01 '*' 0.05 '.' 0.1 ' ' 1

Residual standard error: 0.3619 on 105 degrees of freedom
Multiple R-squared:  0.7661,	Adjusted R-squared:  0.7506 
F-statistic: 49.14 on 7 and 105 DF,  p-value: < 2.2e-16
```

[그림 9-14] 세 번째 모델

5. 위계적 조절회귀분석(HMMR) 심판원이 제시하는 분석표의 기본구성(예시)

위에서 분석된 자료들을 바탕으로 실제 연구논문에서는 다음 [표 9-1]과 같은 형식으로 분석결과를 정리하게 되니 참고하기 바란다.

[표 9-1] 위계적 조절회귀분석을 위한 표의 예시

	model 1		model 2		model 3	
	회귀계수 (비표준화)	p 값	회귀계수 (비표준화)	p 값	회귀계수 (비표준화)	p 값
상수	1.616	0.000***	1.500	0.000***	0.102	0.000***
독립변수	0.371	0.000***	0.374	0.000***	0.234	0.000***
조절변수			0.456	0.000***	0.764	0.000***
상호작용 (독립*조절)					0.253	0.000***
R^2	0.121		0.124		0.126	
ΔR^2	0.121		0.003		0.002	
F	37.17		35.84		20.52	
ΔF			2.26*		2.23**	

*** <.0001, **<.001, *<.01.

Winning Statistics

10 CHAPTER 매개효과 찾아내기 게임 Ⅰ

제9장과 제10장을 연결하는 스토리

제9장의 〈기울기 영향 미치기 게임〉에서 짜릿한 승부욕을 맛보았던 관중들은 사실상 '조절변수'로 불리는 특정 집단의 역할에 열광했었다. 이때 조절변수로 불렸던 집단은 다른 집단과의 관계에 있어서 완전히 독립적인 것이었다. 그러다가 사람들은 우연한 기회에 조절변수 또는 조절집단이 나머지 특정 집단들과 전혀 관계가 없는 것이 아니라(즉, 독립적인 것이 아니라) 무언가 인과관계를 맺는 집단으로 존재할 수 있다는 사실을 발견하게 되었다. 이렇게 되면 조절집단이 다른 특정 집단의 기울기에 영향을 주었다는 주장이 설득력을 잃게 되는 것이다. 왜냐하면, 상대집단(y)이 아닌 특정 집단들(x_n)끼리 인과관계가 존재한다면, 이것은 〈인과관계 찾아내기 게임 Ⅰ, Ⅱ〉뿐만 아니라 〈기울기 영향 미치기 게임〉의 전제조건에 위배되는 것이기 때문이다.

이 사실은 안 이상 더 이상 〈기울기 영향 미치기 게임〉은 성사될 수 없었다. 그래서 사람들은 이 문제의 집단(즉, 다른 특정 집단들과 인과관계가 존재하는)을 대열에서 빼 내어 새로운 위치에 갖다 놓는 방법을 강구하기 시작했다. 즉, 조절효과에 대비하여 매개효과를 갖는 집단으로 규명하고 이를 상대변수(y)와 나머지 특정 집단들(x_n) 사이에 위치시켜 놓고 새로운 게임을 시작하게 되었던 것이다. 이에 따라 "경로분석"이라고 하는 새로운 심판이 등장했음은 당연하다.

1. 게임에 대한 소개와 게임의 룰: 간접효과 찾아내기

이 게임은 독립변수가 종속변수에 영향을 미치는 직접효과를 밝혀냄과 동시에 독립변수와 종속변수를 연결하는 매개효과를 찾아내는 쪽이 승리하는 게임이다. 특히 매개효과를 찾아내는 것이 승패의 관건이 되는데, 당연히 챔피언의 입장에서는 매개효과가 없다고 주장하고 있고 도전자인 연구자의 입장에서는 매개변수로 선정한 변수가 매개효과가 있다고 주장해야 승리하는 게임이다.

2. 심판원의 이름: 경로분석(Path Analysis)

이러한 매개효과를 포함한 총효과를 찾아내는 게임에서 검증 후 손을 들어줄 심판원의 이름은 〈경로분석(Path Analysis)〉으로 불리는 사람이다. 이 심판원이 경기를 지켜보고 도전자가 이겼는지 졌는지를 명확하게 알려줄 것이다.

경로분석이라는 심판원을 좀 더 자세하게 이해하기 위해서 다음과 같이 몇 가지 중요한 개념을 이해할 필요가 있다.

1) 조절변수와 매개변수 간의 구분

이제 앞 장에서 다룬 조절회귀분석에서 나온 조절변수와 구분하여 매개변수라는 단어에 대해 공부를 할 필요가 있다. 한마디로 얘기하면, 조절변수(moderating variable)는 독립변수와 의미상으로 관련이 없는 것이어야 하며, 매개변수(mediating variable)는 독립변수가 원인이 되어 나타나는 이른바 인과관계(causal relationship)를 맺고 있는 것으로 추정되는 변수여야 한다.

예를 들어, 식욕과 비만 간의 관계에서 야식섭취는 매개변수이며 신진 대사량은 조절변수라 할 수 있다.

2) 경로분석의 충족조건과 총효과의 계산

매개효과의 검정은 경로분석(Path Analysis)이라는 기법을 통해 이루어지게 되며, 이를 수행하기 위해서는 다음 [그림 10-1]의 네 가지 조건이 충족되어져야 한다.

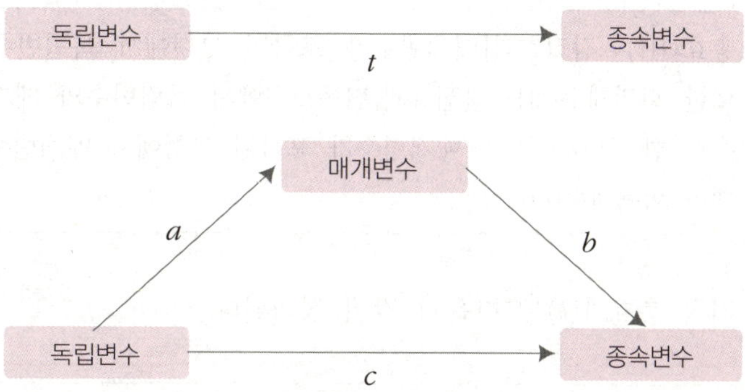

[그림 10-1] 경로분석의 구조와 충족조건

경로분석의 네 가지 충족조건은 다음과 같다.

1. 단독모형에서 독립변인과 종속변인의 관계(t)가 유의해야 한다.
2. 단독모형에서 독립변인과 매개변인의 관계(a)가 유의해야 한다.
3. 매개변인 포함된 통합모형에서 매개변인과 종속변인의 관계(b)가 유의해야 한다.
4. 매개변인이 포함된 통합모형에서 독립변인이 주는 직접효과(c)가 매개변인이 없는 모형에서의 독립변인 효과(t)보다 작아야 한다. 즉, $c<t$이어야 한다.

위에서 네 번째 충족조건이 특히 강조되어져야 하는 이유는 독립변인이 매개변인을 통해 종속변인으로 가는 효과가 종속변인으로 직접 가는 효과보다는 커야 매개효과를 인정할 수 있기 때문이다.

이때 총효과의 계산이 중요한데 총효과(t)는 단독모형에서 독립변수의 종속변수에 대한 회귀계수값을 의미한다. 총효과를 계산하는 식은 다음과 같다.

총효과(t) = 직접효과[매개변수가 포함된 모형에서 독립변수의 종속변수에 대한 회귀계수(c)] + 간접효과[단독모형에서 독립변수의 매개변수를 종속변수로 한 회귀계수(a) * 매개변수가 포함된 모형에서 매개변수의 종속변수에 대한 회귀계수(b)]

결국 총효과(t)는 다음과 같이 정의된다.

$$t = c + (a * b)$$

3. 게임의 실제상황(사례) 소개

1) R을 활용한 분석: 심판원-경로분석(Path Analysis)

매개효과분석을 논의하기 위해서 사례를 하나 추가한다. 앞 장들에서 언급된 조직몰입도 사례에 덧붙여서 직무만족이라는 변수를 고려해 볼 수 있다. 선행연구들에 의하면 직무만족이 구성원들의 가외적 노력(extra-role behavior: 변수명 extra)을 향상시킨다고 하고, 직무만족(job satisfaction: 변수명-job.satisfaction)이 조직몰입도(commitment to organization: 변수명-co)의 선행변수로 작동한다고 한다. 그렇다면 직무만족이 가외적 노력에 영향을 미치는 직접효과를 갖는 반면, 직무만족은 또한 조직몰입도의 상승을 통하여 가외적 노력에도 영향을 미친다는 간접효과를 가정해 볼 수 있다. 본 교재에 포함된 데이터 셋인 "jobsatisfaction.csv"를 사용하여 각각의 관계를 회귀분석을 해보고 계수값을 통해 총효과를 계산해 볼 수 있는 것이다.

```
Call:
lm(formula = extra ~ job.satisfaction, data = df)

Residuals:
     Min       1Q   Median       3Q      Max
-1.17613 -0.34450 -0.09365  0.40465  1.90977

Coefficients:
                 Estimate Std. Error t value Pr(>|t|)
(Intercept)       1.33426    0.35811   3.726 0.000356 ***
job.satisfaction  0.75256    0.09018   8.345 1.45e-12 ***
---
Signif. codes:  0 '***' 0.001 '**' 0.01 '*' 0.05 '.' 0.1 ' ' 1

Residual standard error: 0.6143 on 82 degrees of freedom
  (32 observations deleted due to missingness)
Multiple R-squared:  0.4592,    Adjusted R-squared:  0.4526
F-statistic: 69.64 on 1 and 82 DF,  p-value: 1.446e-12
```

[그림 10-2] 직무만족과 가외적 노력 간 회귀분석결과(총효과 *t*)

```
Call:
lm(formula = extra ~ job.satisfaction + co, data = df)

Residuals:
     Min       1Q   Median       3Q      Max
-1.16729 -0.37900  0.02979  0.37066  1.91261

Coefficients:
                 Estimate Std. Error t value Pr(>|t|)
(Intercept)       1.15530    0.38563   2.996  0.00364 **
job.satisfaction  0.69108    0.09820   7.037 6.02e-10 ***
co                0.11984    0.07986   1.501  0.13737
---
Signif. codes:  0 '***' 0.001 '**' 0.01 '*' 0.05 '.' 0.1 ' ' 1

Residual standard error: 0.6126 on 80 degrees of freedom
  (33 observations deleted due to missingness)
Multiple R-squared:  0.4669,    Adjusted R-squared:  0.4536
F-statistic: 35.04 on 2 and 80 DF,  p-value: 1.178e-11
```

[그림 10-3] 매개변수를 포함한 모형에서 가외적 노력 간 회귀분석결과
(직접효과 *c*와 간접효과 *b*)

```
Call:
lm(formula = co ~ job.satisfaction, data = df)

Residuals:
    Min      1Q  Median      3Q     Max 
-2.2544 -0.4994  0.2557  0.5890  1.5890 

Coefficients:
                 Estimate Std. Error t value Pr(>|t|)    
(Intercept)        1.6882     0.5027   3.358 0.001197 ** 
job.satisfaction   0.4699     0.1263   3.721 0.000365 ***
---
Signif. codes:  0 '***' 0.001 '**' 0.01 '*' 0.05 '.' 0.1 ' ' 1

Residual standard error: 0.8524 on 81 degrees of freedom
  (33 observations deleted due to missingness)
Multiple R-squared:  0.146,	Adjusted R-squared:  0.1355 
F-statistic: 13.85 on 1 and 81 DF,  p-value: 0.0003645
```

[그림 10-4] 단독모형에서 직무만족과 조직몰입도 간 회귀분석결과(간접효과 *a*)

[그림 10-2], [그림 10-3], [그림 10-4]의 세 개의 회귀분석결과를 보면 우선 첫 번째 회귀분석에서 독립변수와 종속변수 간 직접효과를 보는 총효과(t)의 계수값(추정된 파라메터 값)은 0.75가 됨을 알 수 있다. 두 번째 회귀분석에서는 매개변수를 포함한 모형에서 가외적 노력 간 회귀분석결과인데, 이를 통해 직접효과 c와 간접효과 b를 도출해 낼 수 있다(각각 0.69, 0.12). 그런데 여기서 문제가 발생하였다. 통합모형에서 매개변수인 'co'가 통계적으로 유의미한 영향을 미치지 못하고 있는 것이다. 위에서 언급한 매개효과를 보기 위한 전제조건에 위반된다 할 수 있다. 마지막 회귀분석에서는 단독모형에서 직무만족과 조직몰입도 간 회귀분석결과 여기서 간접효과 a를 도출해 낼 수 있었다(0.47).

이제 위의 총효과를 내는 공식을 따라 계산을 해 보면 값이 대략 일치함을 알 수 있다. 비록 매개변수의 종속변수에 대한 영향력(0.12)이 유의미하지 못했지만 개략적으로 총효과의 산식에 넣었을 때 일치하고 있음을 알 수 있다.

$$총효과(0.75) = 직접효과(0.69) + [간접효과(0.47 * 0.12)]$$

여기서 직접효과(c)가 유의미하면 부분매개(partial mediation)라 부르며, 직접효과(c)가 0에 가까우면(유의미하지 않으면) 이를 완전매개(complete mediation)라 부른다.

여기서는 직접효과(c)가 통계적으로 유의미하므로 부분매개가 일어나고 있다고 할 수 있지만, 근본적인 문제인 매개변수 'co'의 종속변수에 대한 영향력이 통계적으로 유의미하지 않으므로 간접효과가 있었다고 주장하기 힘들다. 그렇다면 이러한 경로분석에서 간접효과의 통계적 유의성을 한번에 검증할 수 있는 방법이 있을까? 이른바 'Soble test'를 통해 그 유의성을 다음과 같이 검정해 볼 수 있다.

2) 간접효과의 통계적 유의성 검정

R에서 간접효과를 검정하기 위해서는 우선 "bda"라는 패키지를 설치해야 한다. 그리고 이를 저장한 후 "mediation.test(mv, iv, dv)" 명령어를 사용해서 Sobel test를 하게 된다. 여기서 괄호 안의 mv는 매개변수를, iv는 독립변수를, dv는 종속변수를 의미한다.

Sobel test는 독립변수가 매개변수를 거쳐 종속변수를 설명하는 효과가 얼마나 통계적으로 유의미한가를 검정하는 방법으로 매개효과를 보는 당위성을 제공해 준다.

[그림 10-5]의 분석결과에 나타난 바와 같이 Sobel 외에 Aroian, Goodman test들이 함께 나타나지만 모두 Sobel test의 세 가지 버전으로 생각하면 된다. 여기서 귀무가설(Ho)은 "매개변수가 독립변수와 종속변수와의 사이에서 중요한 영향력을 발휘하지 못한다"이다.

복잡한 구조방정식 모형이나 경로모형에서도 Sobel test를 사용할 수 있는데, 이 경우 개별변수 사이에서의 관계를 개별적으로 분석하여야 한다.

```
> dfna<-na.omit(df)
> mv=dfna$co
> iv=dfna$job.satisfaction
> dv=dfna$extra
> mediation.test(mv,iv,dv)
            Sobel    Aroian   Goodman
z.value 1.4967623 1.4515252 1.5465108
p.value 0.1344551 0.1466337 0.1219812
```

[그림 10-5] 간접효과의 통계적 유의성 검정

[그림 10-5]의 검정결과 유의수준 0.05에서 "매개변수가 독립변수와 종속변수와의 사이에서 중요한 영향력을 발휘하지 못한다"는 귀무가설(Ho)은 기각할 수 없었다(p-value 0.13). 따라서 이 경우 간접효과는 존재하지 않는다고 결론을 내릴 수 있다.

다만, [그림 10-5]의 명령어에서 "dfna<−na.omit(df)" 명령어를 사용한 것은 매개변수인 'co'에 결측치(missing value)가 있어 분석결과가 나오지 않기 때문에 해당 결측치를 제외하고 분석을 하라는 명령이 필요한 것이다. 만일 이러한 결측치 생략 명령어를 사용하지 않고 분석을 시행하면 다음과 같은 메시지가 뜬다.

```
Error in mediation.test(mv, iv, dv) : Mediator contains missing value(s)
```

Winning Statistics

11 CHAPTER 매개효과 찾아내기 게임 Ⅱ

제10장과 제11장을 연결하는 스토리

한동안 사람들은 〈매개효과 찾아내기 게임 Ⅰ〉에 심취해 있었다. 그런데 이 게임에서 진 챔피언과 챔피언을 지지했던 사람들이 문제를 제기하기 시작했다. 매개효과를 갖는 집단을 고민하는 것은 좋은데, 그 매개효과를 측정함에 있어서 발생할 수 있는 오차를 고려하지 못한다면 진정한 매개효과를 찾아낼 수 없을 것이라는 얘기였다. 즉, 제10장에서 다루었던 〈매개효과 찾아내기 게임 Ⅰ〉은 적어도 가정이 잘못되기 때문에 적절하지 않은 심판원인 경로분석을 초대한 것이고, 따라서 이 심판원이 내린 결정은 "무효"라고 주장하기 시작했던 것이다. 제10장에서 다루었던 데이터는 설문지 데이터였던 것이다. 즉, 변수를 임의로 만들고 이를 측정하기 위해 복수의 설문문항을 사용한 것이다.

예를 들어, 하루세끼 탄수화물 섭취량과 비만 간의 관계에서 식욕은 특정 집단(x_n)의 이름이 되고 비만은 상대집단(y)의 이름이 된다. 이 경우 야식섭취량이 매개집단(mediating variable)이 된다. "하루 세 끼 탄수화물 섭취량"은 측정의 오차가 없이 가능하고, "비만" 역시 객관화된 척도에 따라 측정이 가능하다. "야식섭취량"도 말 그대로 측정하는 데 있어서 오차가 있을 수 없다. 챔피언을 지지하는 사람들은 이런 경우에만 "경로분석"이라는 심판원을 초대할 수 있다고 주장한다. 사실상 많은 경우 설문지를 활용하여 변수를 측정하는 경우에 오차가 발생할 수밖에 없다. 왜냐하면, 연구자가 임의로 설정한 변수의 이름에 이를 측정하기 위해 복수의 설문문항을 개발했을 때 당연히 측정의 오차가 발생할 수밖에 없기 때문이다.

이에 측정의 표준오차 문제를 해결할 수 있는 새로운 게임과 룰이 필요하게 되었고 새로운 심판원이 필요하게 되었던 것이다. 사람들은 이제 새로운 심판원을 찾아 나서기 시작했고 제기되었던 문제를 해결해 줄 수 있는 새로운 게임인 〈매개효과 찾아내기 게임 Ⅱ〉가 개발되었던 것이다.

1. 게임에 대한 소개와 게임의 룰: 간접효과 찾아내기(잠재변수 측정의 경우)

앞 장에서 경로분석이라는 심판원을 초대하여 〈매개효과 찾아내기 게임〉을 치루었지만 경로분석은 회귀분석방법을 이용하는 방법이었다. 그러나 회귀분석은 매개변인이 측정오차를 가지고 있을 경우, 매개효과를 검정하지 못할 수 있다. 따라서 매개변인이 측정오차를 포함하고 있을 가능성이 높으면 구조방정식 모형이라는 심판원을 게임에 초대할 것을 권장하고 있다. 이 경우 챔피언 역시 매개효과가 없다는 것이 기본입장이며, 연구자는 매개효과를 주장할 수 있어야 승리하는 게임이 된다. 게임의 룰은 동일한데 조건이 달라져서 초대하는 심판원이 달라져야 하는 상황이다.

2. 심판원의 이름: 구조방정식 모형(Structural Equational Modeling: SEM)

측정오차를 갖는 매개변인이 있는 〈매개효과 찾아내기 게임〉에서 검증 후 손을 들어줄 심판원의 이름은 〈구조방정식 모형(Structural Equational Modeling: SEM)〉으로 불리는 사람이다. 이 심판원이 경기를 지켜보고 도전자가 이겼는지 졌는지를 명확하게 알려줄 것이다.

다만, 구조방정식이라는 심판원을 이해하기 위해서는 몇 가지의 개념들을 알고 있어야 하는데, 그것이 바로 잠재변수와 측정오차의 개념, 그리고 확인적 요인분석이다.

1) 잠재변수(latent variable)와 측정변수(measured variable), 그리고 측정오차(measured error)

구조방정식은 잠재변수를 상정하는데, 이는 직접적으로 관찰되거나 측정되지 않고 간접적으로 조작적 정의를 통해 정의한 후 측정될 수 있는 변수들이다. 예를 들면, 한 사람의 영어구사능력은 TOEFL 성적으로 측정할 수도 있고 TOEIC 성적으로 측정할 수도 있으며, 다른 시험도구를 개발하여 측정할 수도 있다. 이렇게 영어구사능력은 직접측정이 불가하고 간접적인 측정도구를 개발하여 측정하게 되는 변수를 잠재변수라고 부른다.

또한 많은 경우 설문조사를 통한 연구에서도 하나의 변수를 측정하기 위하여 복수의 설문문항을 구성하여 측정하게 되는데, 이 경우도 본 교재의 데이터 셋에서 다루는 가외적 노력(extra-role behavior) 역시 잠재변수이다. 왜냐하면, 이 개념을 직접 측정하지 못하고 복수의 설문문항을 통하여 간접적으로 측정할 수밖에 없기 때문이다.

따라서 잠재변수를 사용할 때에는 늘 측정오차가 존재하게 마련이다. 이러한 이유로 잠재변수를 사용해서 매개효과를 분석하기 위해서는 측정오차를 포함하여 분석에 고려하는 구조방정식 모형을 사용해야 한다.

따라서 잠재변수는 다음과 같이 정의될 수 있다.

잠재변수(latent variable) = 측정변수(measured variable) + 측정오차(measured error)

2) 확인적 요인분석

구조방정식은 기본적으로 확인적 요인분석(confirmatory factor analysis)을 기초로 이루어지며, 이를 토대로 구조방정식 모형을 설계하고 분석하게 된다. 확인적 요인분석은 뒤에서 언급할 탐색적 요인분석(exploratory factor analysis)과는 대별되는 것으로서, 이는 이미 알려져 있는 요인들이 하나의 변수하에서 서로 상관관계로 잘 묶이는지를 확인하는 것이다. 즉, 여기서 얘기하는 잠재변수의 측정변수들이 얼마나 서로 상관관계가 있고 타당한가를 보는 것이다. 따라서 구조방정식 모형을 논의하기 전에 확인적 요인분석을 먼저 언급하고 넘어가기로 한다.

R에서 확인적 요인분석 및 구조방정식 모형을 분석하기 위해서는 먼저 "lavaan"이라는 패키지를 다운받아야 한다. "lavaan"은 "latent variable analysis"의 약자이다. 여기서는 "commitment-productivity.csv" 파일을 사용하여 분석에 활용하기로 한다. 이 파일에서 볼 수 있듯이 우리는 각각의 설문문항

을 토대로 하여 상사에 대한 몰입도, 동료그룹에 대한 몰입도, 조직에 대한 몰입도, 조직에 대한 신뢰, 가외적 노력, 혁신적 행태를 잠재변수로 하여 측정하고자 하였다. 각각의 잠재변수를 측정하기 위해 변수당 세 개의 설문문항을 만들었으며, 이러한 설문문항이 서로 상관관계를 잘 이루면서 묶이고 있는지를 검정하고자 하는 것이다. 이를 위한 R 명령어들은 다음과 같다. 여기서 각각의 변수들이 특정 설문문항들로 구성됨을 알 수 있고, 연구자가 이미 의도를 가지고 설문문항을 작성하여 검정해 보려는 것이기 때문에 이를 확인적 요인분석이라고 부르는 것이다. 반대로 뒤에서 설명하겠지만 연구자가 어떤 설문문항(요인)들이 서로 묶일지를 사전에 가정하지 않고 탐색적으로 (결과적으로) 묶이는 결과를 보고 해석하게 되는 경우를 탐색적 요인분석이라 부른다. 다음에서 확인적 요인분석의 명령어는 “cfa”이다. 그러면 이제 이러한 요인들이 잘 묶여 있는지를 확인하는 작업이 필요한데, 이를 측정의 타당성 검정이라 부른다. 이러한 타당성을 보여주는 지표가 크게 두 개가 있는데 하나는 cronbach’s alpha 계수이고, 또 다른 하나는 평균분산추출지수(Average Variance Extracted: AVE)이다. cutoff value와 관련하여서 이 값들이 얼마나 되어야 적절한지에 대한 통일된 기준은 없다. 하지만 통상적으로 cronbach’s alpha 계수는 0.6 이상, AVE는 0.5 이상이 되면 변수측정의 타당성이 높다고 할 수 있다.

R에서는 이 두 개의 값을 구하기 위하여 “reliability()” 명령어를 사용하게 되는데, 이를 위해서는 또다른 패키지인 “semTools”를 다운받아 설치한 후 사용할 수 있다. “reliability(y, what=c("alpha", "ave"))”라는 명령어를 주면 두 개의 값을 얻게 된다.

```
install.packages("lavaan")
library(lavaan)
compro<-'cs=~a1+a2+a3
cg=~a4+a5+a6
co=~a7+a8+a9
trust=~b1+b2+b3
extra=~c1+c2+c3'
y<-cfa(compro, data=df)

install.packages("semTools")
library(semTools)
reliability(y, what=c("alpha", "ave"))
```

```
> reliability(y, what=c("alpha", "ave"))
              cs        cg        co      trust     extra
alpha  0.8552734 0.9061241 0.7830858 0.50130879 0.9169789
avevar 0.6997191 0.6986536 0.5683492 0.07473975 0.8196354
```

[그림 11-1] 타당성 검정결과

[그림 11-1]의 결과에서 보듯이 trust를 제외한 모든 변수들은 alpha 값이 0.6 이상이 되고 있고, AVE 값도 0.5를 상회하고 있어서 측정의 타당성이 확보된 것으로 판단된다. 그러나 trust 변수는 alpha 계수가 0.50, AVE 값이 0.07로 나타나 cutoff 기준에 못 미치는 것으로 나타난다. 따라서 잠재변수인 trust 변수의 경우는 측정의 타당성이 있다고 하기 어렵다.

3. 게임의 실제상황(사례) 소개

1) R을 활용한 분석 I: 심판원-구조방정식 모형 (Structural Equational Modeling: SEM)

이제 연구논문에서 많이 등장하는 구조방정식 모형이라는 심판원을 본격적으로 초대하여 역할을 살펴보기로 한다. 여기서는 모형의 적합성 평가와 경로의 유의성을 중심으로 살펴보기로 하고, 본 교재에서 제공하는 동일한 데이터인 "commitment-productivity.csv"를 사용하기로 한다. R에서는 확인적 요인분석에서의 절차가 거의 동일하고, 다만 모형이 들어가야 하기 때문에 구체적인 회귀식이 추가되는 점이 다르다. 즉, "trust~cs+cg+co"와 "extra~trust" 식들이 추가된다. 왜냐하면, trust를 여기서는 매개변수로 보고 있기 때문이고 궁극적 종속변수는 extra이기 때문이다. 비록 trust 변수가 측정의 타당성은 없는 것으로 나타났지만 여기서는 설명을 위한 목적이니 해당 변수가 의미 있다고 가정하고 포함하여 구조방정식 모형을 도출해 보기로 한다.

또한 확인적 요인분석에서는 "cfa" 명령어를 사용했지만 여기서는 "sem"을 명령어로 사용한다.

```
install.packages("lavaan")
library(lavaan)

compro<-'cs=~a1+a2+a3
cg=~a4+a5+a6
co=~a7+a8+a9
trust=~b1+b2+b3
extra=~c1+c2+c3
trust~cs+cg+co
extra~trust'

y<-sem(compro, data=df)
summary(y, fit.measures=TRUE, standardized=TRUE)
fitmeasures(y)
```

위의 명령어들을 사용하여 분석한 결과는 다음 [그림 11-2]와 같다.

```
lavaan 0.6-9 ended normally after 94 iterations

  Estimator                                         ML
  Optimization method                           NLMINB
  Number of model parameters                        37

                                                  Used       Total
  Number of observations                           113         117

Model Test User Model:
  Test statistic                               256.982
  Degrees of freedom                                83
  P-value (Chi-square)                           0.000

Model Test Baseline Model:
  Test statistic                              1428.024
  Degrees of freedom                               105
  P-value                                        0.000

User Model versus Baseline Model:
  Comparative Fit Index (CFI)                    0.868
  Tucker-Lewis Index (TLI)                       0.834

Loglikelihood and Information Criteria:
  Loglikelihood user model (H0)              -1373.911
  Loglikelihood unrestricted model (H1)      -1245.420

  Akaike (AIC)                                2821.822
  Bayesian (BIC)                              2922.736
  Sample-size adjusted Bayesian (BIC)         2805.797

Root Mean Square Error of Approximation:
  RMSEA                                          0.136
  90 Percent confidence interval - lower         0.117
  90 Percent confidence interval - uppe          0.155
  P-value RMSEA <= 0.05                          0.000

Standardized Root Mean Square Residual:
  SRMR                                           0.083

Parameter Estimates:
  Standard errors                             Standard
  Information                                 Expected
  Information saturated (h1) model          Structured
```

Latent Variables:

	Estimate	Std.Err	z-value	P(>|z|)	Std.lv	Std.all
cs =~						
a1	1.000				0.746	0.902
a2	0.721	0.067	10.788	0.000	0.537	0.846
a3	0.665	0.076	8.762	0.000	0.496	0.721
cg =~						
a4	1.000				0.681	0.784
a5	1.155	0.093	12.477	0.000	0.787	0.972
a6	0.850	0.099	8.603	0.000	0.580	0.735
co =~						
a7	1.000				0.803	0.890
a8	1.023	0.113	9.058	0.000	0.821	0.834
a9	0.581	0.113	5.124	0.000	0.466	0.486
trust =~						
b1	1.000				0.190	0.328
b2	0.758	0.326	2.330	0.020	0.144	0.272
b3	0.986	0.461	2.138	0.033	0.188	0.239
extra =~						
c1	1.000				0.505	0.693
c2	1.524	0.155	9.838	0.000	0.769	0.965
c3	1.590	0.158	10.080	0.000	0.803	0.993

Regressions:

	Estimate	Std.Err	z-value	P(>|z|)	Std.lv	Std.all
trust ~						
cs	0.008	0.013	0.632	0.528	0.031	0.031
cg	0.257	0.075	3.422	0.001	0.920	0.920
co	0.011	0.012	0.893	0.372	0.046	0.046
extra ~						
trust	2.671	0.790	3.382	0.001	1.007	1.007

Covariances:

	Estimate	Std.Err	z-value	P(>|z|)	Std.lv	Std.all
cs ~~						
cg	0.264	0.062	4.285	0.000	0.519	0.519
co	0.365	0.076	4.823	0.000	0.611	0.611
cg ~~						
co	0.283	0.067	4.219	0.000	0.518	0.518

Variances:

	Estimate	Std.Err	z-value	P(>|z|)	Std.lv	Std.all
.a1	0.127	0.038	3.337	0.001	0.127	0.186
.a2	0.114	0.024	4.839	0.000	0.114	0.284
.a3	0.227	0.035	6.509	0.000	0.227	0.480
.a4	0.290	0.041	7.127	0.000	0.290	0.385
.a5	0.036	0.015	2.492	0.013	0.036	0.055
.a6	0.286	0.040	7.233	0.000	0.286	0.460
.a7	0.169	0.058	2.902	0.004	0.169	0.208
.a8	0.294	0.069	4.271	0.000	0.294	0.304
.a9	0.703	0.098	7.181	0.000	0.703	0.764
.b1	0.301	0.040	7.504	0.000	0.301	0.893
.b2	0.262	0.035	7.512	0.000	0.262	0.926
.b3	0.580	0.077	7.514	0.000	0.580	0.943
.c1	0.276	0.037	7.440	0.000	0.276	0.520
.c2	0.044	0.008	5.472	0.000	0.044	0.069
.c3	0.009	0.006	1.469	0.142	0.009	0.014
cs	0.556	0.095	5.821	0.000	1.000	1.000
cg	0.464	0.094	4.962	0.000	1.000	1.000
co	0.644	0.119	5.431	0.000	1.000	1.000
.trust	0.003	0.003	1.039	0.299	0.075	0.075
.extra	-0.003	0.017	-0.203	0.839	-0.014	-0.014

[그림 11-2] 구조방정식 모형 분석결과

[그림 11-2]의 결과들을 해석하기 위해서 우선 모형의 적합성을 측정하는 주요 지표들에 대한 이해가 필요하다([표 11-1] 참조). 해당되는 지표들 중 일부를 활용하여 모형의 적합성을 논하게 되는데, 특히 카이제곱 검정(chi-square test)을 주목할 필요가 있다. 여기서 귀무가설(Ho)은 "연구모형은 모집단 자료에 적합할 것이다"라는 것이다. 따라서 관찰된 p-value가 유의수준 0.05 이하로 낮게 나오게 되면 이는 귀무가설을 기각한 것이 되고, 연구가설(Ha)이 채택되어 "연구모형이 모집단의 자료에 적합하지 않다"라는 결론을 내리게 된다. 나머지 지표들은 각각의 cutoff value를 참조하여 판단하면 되는데, 어느 지표를 보나 비슷한 결론에 이르게 된다.

[표 11-1] 구조방정식 모형의 적합성 지표

구조방정식의 모형적합성 지표들			
모델의 적합성	절대적합지수	chisq, GFI(0.9 이상), AGFI(0.9 이상), RMR(0.05 이하) RMSEA(0.05 이하) SRMR(0.05 이하)	chisq 검정에서 Ho: 연구모형은 모집단 자료에 적합할 것이다. Ha: 연구모형은 모집단 자료에 적합하지 않을 것이다(model is not a good fit). GFI: Goodness of Fit Index AGFI: Adjusted Goodness of Fit Index RMR: Root Mean Square Residual
	충분적합지수	NFI(0.9 이상), NNFI(0.9 이상)	NFI: Normed Fit Index NNFI: Non-Normed Fit Model
	간명적합지수	AIC(낮을수록 모델의 설명력이 우수하여 간명성이 높음)	경쟁모델을 비교할 때 상대적 적합도를 판단할 때 사용된다.

출처: 김계수(2015: 129) 내용을 기초하여 재구성.

한편 [그림 11-2]의 긴 출력결과들을 복잡하게 보지 않고 모형의 적합도와 관련한 지표들만 따로 모아서 출력하는 명령어가 있는데, 이는 "fitmeasures( )" 명령어이다. 특별한 조건 없이 "fitmeasures(y)"를 사용하면 다음 [그림 11-3]과 같이 한눈에 파악할 수 있는 결과가 나온다.

```
> fitmeasures(y)
           npar                fmin               chisq                  df
         40.000               1.063             240.143              80.000
         pvalue      baseline.chisq         baseline.df   baseline.pvalue
          0.000            1428.024             105.000               0.000
            cfi                 tli                nnfi                 rfi
          0.879               0.841               0.841               0.779
            nfi                pnfi                 ifi                 rni
          0.832               0.634               0.881               0.879
           logl   unrestricted.logl                 aic                 bic
      -1365.492           -1245.420            2810.984            2920.079
         ntotal                bic2               rmsea      rmsea.ci.lower
        113.000            2793.659               0.133               0.114
 rmsea.ci.upper        rmsea.pvalue                 rmr          rmr_nomean
          0.153               0.000               0.051               0.051
           srmr        srmr_bentler srmr_bentler_nomean                crmr
          0.082               0.082               0.082               0.088
    crmr_nomean          srmr_mplus   srmr_mplus_nomean               cn_05
          0.088               0.082               0.082              48.940
          cn_01                 gfi                agfi                pgfi
         53.857               0.803               0.705               0.535
            mfi                ecvi
          0.492               2.833
```

[그림 11-3] 모형적합지수 출력결과

2) R을 활용한 분석 Ⅱ: 구조방정식 모형 다이어그램 그리기

이제 [그림 11-3]의 분석결과를 가지고 구조방정식 모형을 다이어그램으로 표현해 보기로 한다. 이를 위해 먼저 "semPlot" 패키지를 다운받고 설치한 후 다음의 명령어들을 그대로 사용하여 표현해 보기로 한다. 단, 여기서 몇 가지 명령어에 대한 설명이 필요한데, 이 내용을 이해해야 자신이 원하는 다이어그램을 그려볼 수 있다. 이에 대한 설명을 덧붙인다.

```
install.packages("semPlot")
library(semPlot)

diagram<-semPlot::semPaths(y,
                    whatLabels="std", intercepts=FALSE, style="lisrel",
                    nCharNodes=0,
                    nCharEdges=0,
                    curveAdjacent=TRUE, title=TRUE, layout="tree2",
                    curvePivot=TRUE)
```

- whatLabels="std": 경로에 표준화된 계수를 넣어라. 만일 비표준화된 계수를 사용하고 싶으면 "est"를 넣어야 한다.
- intercepts=FALSE: 회귀식에서 상수항은 제거하라.
- style="lisrel": 구조방정식 모형 중 하나인 리스렐을 사용하라.
- nCharNodes=0: 변수들의 이름을 축약하지 말고 그대로 사용하라.
- nCharEdges=0: 변수와 변수를 연결하는 링크(선)에 나타나는 숫자를 축약하지 말고 그대로 사용하라.
- curveAdjacent=TRUE: 인접한 독립변수들 간의 관계선을 곡선으로 표시하라. 만일 FALSE를 입력하면 직선으로 표시된다.
- title=TRUE: 다이어그램에 제목을 달 수 있는 공간을 위아래로 마련하라. 만일 필요 없으면 FALSE로 입력하면 되고, 이렇게 되면 세로의 길이가 위아래로 더 늘어난 그림이 그려진다.
- layout="tree2": 모형에서 변수들 관계를 두 줄로 정리하라. "tree3"라고 하

면 변수 간 관계가 세 줄로 정렬된다. 여기서는 독립변수, 매개변수, 종속변수의 3단계가 필요하므로, tree3이 더 적합한 그림을 그려줄 것이다.

- curvePivot=TRUE: 독립변수에서 가장 거리가 먼 변수끼리(여기서 첫 번째와 세 번째 변수) 연결하는 선을 중심축을 잡고 곡선으로 처리하라. 만일 FALSE로 입력하면 완만한 곡선이 그려진다.

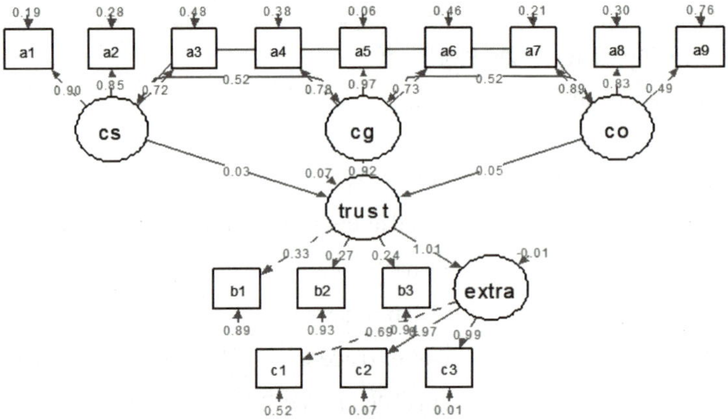

[그림 11-4] 구조방정식 모형 다이어그램 출력결과 1

다이어그램을 표현할 때 옵션을 바꾸어 그려보았다(다음 명령어 참조). 첫 번째 그림하고 비교해 보면 어느 부분이 다른지 알게 될 것이다.

```
diagram<-semPlot::semPaths(y,
                whatLabels="std", intercepts=FALSE, style="lisrel",
                nCharNodes=0,
                nCharEdges=0,
                curveAdjacent=FALSE, title=FALSE, layout="tree3",
                curvePivot=FALSE)
```

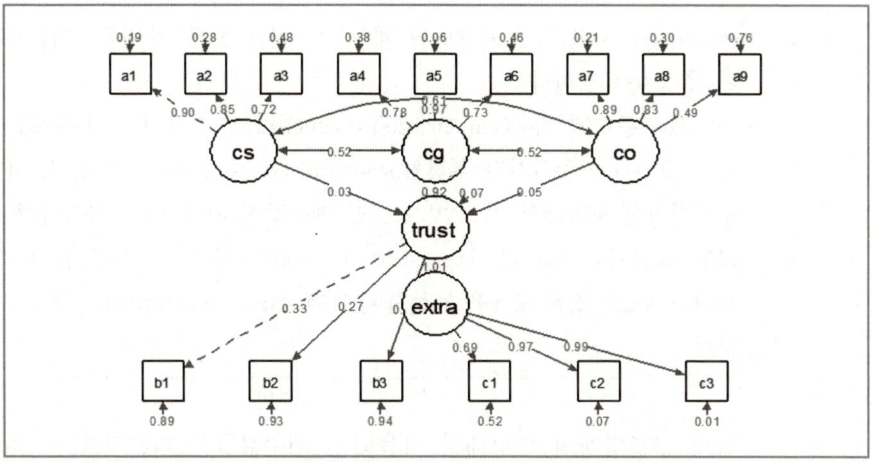

[그림 11-5] 구조방정식 모형 다이어그램 출력결과 2

이제 [그림 11-5]의 다이어그램을 해석할 차례이다. 우리는 이에 앞선 구조방정식 모형 분석결과가 나타난 [그림 11-5]에서 본 것과 같이 regression 결과를 보고 변수 간 영향력을 계수값으로 표현하면 된다. 편의를 위하여 회귀분석결과만 따로 떼어서 다시 여기에 재위치시켰다.

```
Regressions:
                   Estimate  Std.Err  z-value  P(>|z|)   Std.lv  Std.all
  trust ~
    cs                0.008    0.013    0.632    0.528    0.031    0.031
    cg                0.257    0.075    3.422    0.001    0.920    0.920
    co                0.011    0.012    0.893    0.372    0.046    0.046
  extra ~
    trust             2.671    0.790    3.382    0.001    1.007    1.007
```

[그림 11-6] 구조방정식 모형에서의 회귀분석결과

[그림 11-6]의 분석결과에서 Estimate은 비표준화된 계수이고, Std.lv와 Std.all은 모두 표준화된 계수이다. 이에 대한 구체적인 설명을 하면 다음과 같다.

- std.lv(latent variable): 표준화된 계수이며 이는 잠재변수만에 대한 표준화된 추정치를 말한다.
- std.all: 표준화된 계수(standardized coefficient)는 같은데 측정변수와 잠재변수 모두를 표준화시킨 추정치(standardized estimates)를 말한다. 따라서 구조방정식 모형에서 이 수치가 공식 계수값이 된다. 이를 완전하게 표준화된 해결책(completely standardized solution)이라고도 부른다. 이 값이 표현된 구조방정식 모델을 표준화된 모델(standardized model)이라고도 부른다.

따라서 구조방정식 모형에서 사용되는 계수값들은 기본적으로 "Std.all"에 해당하는 계수값을 사용하게 된다.

한편 다음 [그림 11-7]은 실제 연구논문에서 구조방정식 모형이 어떻게 표기되고 해석되는지를 보여주는 예시이다. [그림 11-7]에서 보는 바와 같이 다이어그램 밑에 카이제곱 검정의 값을 제시하고, 그에 해당하는 p-value를 제시하고 RMSEA 값을 배치시키고 있음을 알 수 있다. 그리고 아래쪽에 모델의 적합성 지표들 중 일부(GFI, AGFI, NFI) 값을 제시하고 있다. 이 모델에서 저자는 카이제곱 검정결과 모델이 적합하지 않다는 것을 보여주지만(model is not a good fit), 다른 적합성 지표들을 보면 cutoff value를 통과하여 일반적인 수준에서 수용가능하다고 주장하고 있다(other fit indices indicate that this model is acceptable on a general level).[1]

1) 더 자세한 내용은 Seok-Hwan Lee(2008). *International Review of Public Administration*, 13(1): 27-46 참조.

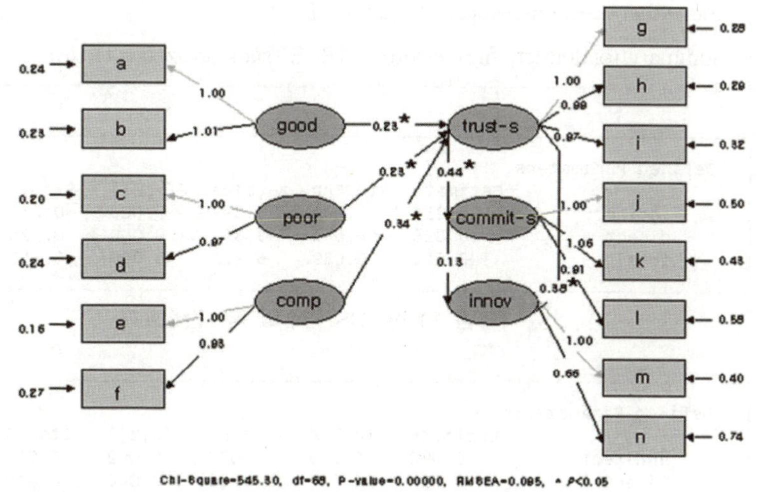

Notes:
good = Internal attribution of good performance; poor = External attribution of poor performance
comp = Competency; trust-s = Trust in supervisor; commit-s = Commitment to supervisor
innov = Innovative behavior
Fit: GFI = 0.91, AGFI=0.86, NFI = 0.95, N = 768

[그림 11-7] 구조방정식 모형 분석결과 대한 표기방식(예시)

3) R을 활용한 분석 Ⅲ: 구조방정식 모형에서의 직·간접효과 분석하기

구조방정식을 다이어그램으로 표현하고 나면 이제 경로분석에서 다루었던 매개효과분석을 해야 한다. 즉, 변수별로 직접효과와 간접효과를 분석하여 총효과를 도출해 내야 한다. R에서는 다음과 같은 명령어들을 사용하여 직접효과와 간접효과, 그리고 총효과를 계산해 내게 된다.

```
compro_1<-'trust~a*co
extra~d*trust+e*co

indirect:=a*d
direct:=e
total:=e+(a*d)'
```

```
totaleffect<-sem(compro_1, data=df2)
summary(totaleffect, fit.measures=TRUE, standardized=TRUE)
```

```
Defined Parameters:
                   Estimate  Std.Err  z-value  P(>|z|)   Std.lv  Std.all
    indirect          0.235    0.059    3.995    0.000    0.235    0.213
    direct            0.325    0.085    3.811    0.000    0.325    0.295
    total             0.559    0.089    6.279    0.000    0.559    0.509
```

[그림 11-8] CS 변수의 직 · 간접효과

```
Defined Parameters:
                   Estimate  Std.Err  z-value  P(>|z|)   Std.lv  Std.all
    indirect          0.090    0.029    3.078    0.002    0.090    0.090
    direct            0.810    0.047   17.290    0.000    0.810    0.811
    total             0.900    0.041   22.213    0.000    0.900    0.901
```

[그림 11-9] CG 변수의 직 · 간접효과

```
Defined Parameters:
                   Estimate  Std.Err  z-value  P(>|z|)   Std.lv  Std.all
    indirect          0.166    0.050    3.307    0.001    0.166    0.182
    direct            0.170    0.070    2.433    0.015    0.170    0.187
    total             0.336    0.080    4.221    0.000    0.336    0.369
```

[그림 11-10] CO 변수의 직 · 간접효과

아무리 복잡한 구조방정식 모형에서도 직 · 간접효과는 개별변수와의 관계 속에서 개별적으로 분석할 수밖에 없다.

이때 직 · 간접효과의 계산은 표준화 계수를 사용하기보다는 비표준화 계수를 사용한다. 개별적 인과모형에서는 독립변수에 대하여 표준화 계수를 사용할 때보다 비표준화 계수를 사용할 때 더 정확하게 종속변수에 대한 효과를 측정할 수 있기 때문이다. 표준화라는 말의 의미는 종속변수와 독립변수가 평균이 0이고, 표준편차가 1인 표준화된 정규분포를 따른다는 가정을 따르는 것이므로, 독립변수가 여러 개일 때 어떤 독립변수가 더 큰 영향력을 미치는지를 비교 판단할 때 표준화 계수를 사용하게 된다. 그러나 단순회귀분석 또는 단일 모형에서는 기울기를 의미하는 비표준화된 계수가 종속변수를 예측하는 데 있어서 더 정확한 것이다.

따라서 [그림 11-8], [그림 11-9], [그림 11-10]의 분석결과들에서 "Estimate"에 해당하는 비표준화 계수를 사용하여 직·간접효과를 표현하게 된다. 다음 [표 11-2]는 실제 연구논문에서 변수들의 직·간접효과를 표현하는 가장 일반적인 방식을 사용하여 표현한 것이다. 이때 'trust' 변수는 매개변수이기 때문에 간접효과는 존재하지 않고, 구조방정식 모형분석에서 나타난 비표준화 계수를 사용하면 된다.

[표 11-2] 가외적 노력에 대한 변수들의 직·간접효과

extra(extra-role behavior)	total effect	direct effect	indirect effect
cs(commitment to supervisor)	0.56*	0.33*	0.24*
cg(commitment to work group)	0.90*	0.81*	0.09*
co(commitment to organization)	0.34*	0.17*	0.17*
trust	2.67*	2.67*	

*P<.001.

4) 그 외 다양한 다이어그램 표현 방법들

분석을 하다 보면 종속변수가 두 개인 경우도 있고 매개변수가 두 개 이상인 경우도 있을 수 있다. 또한 두 개의 매개변수가 서로 연관이 있을 수도 있고 독립적인 경우를 가정해야 하는 경우도 있다. 그 어떤 경우든 구조방정식 모형에서는 하나의 다이어그램에 한번에 표현할 수 있고 그렇게 해야 한다. 그때그때 해당 함수식을 추가해 주면 된다. 다음은 각각의 경우에 대한 예시 다이어그램이다.

(1) 종속변수가 두 개인 경우 구조방정식 모형

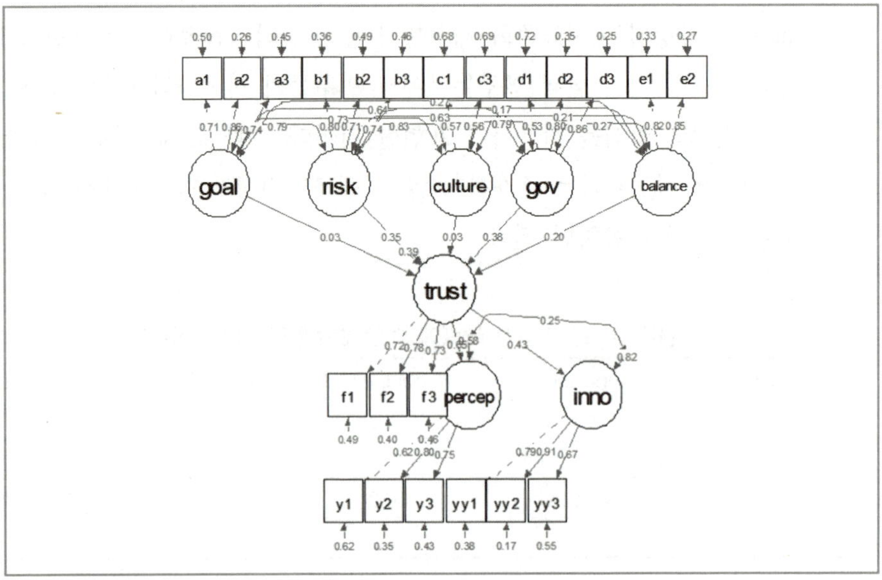

(2) 매개변수가 두 개 이상이면서 상호독립적인 경우

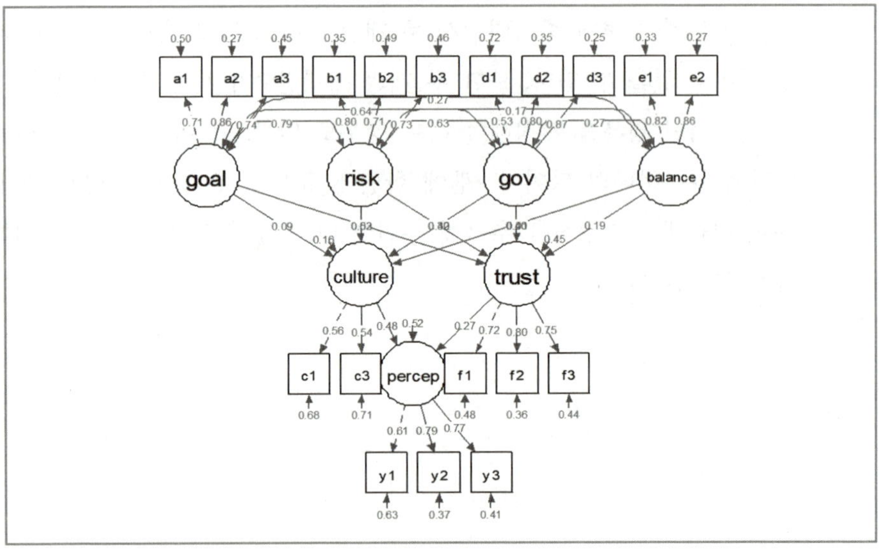

(3) 매개변수가 두 개 이상이면서 서로 연관관계를 형성하는 경우

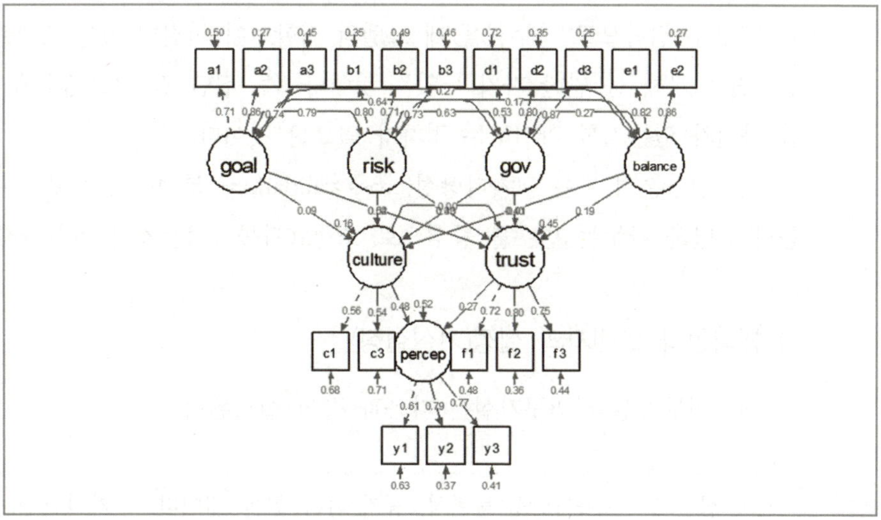

4. 추가 심판원-교차타당성 분석

1) 심판원 소개

구조방정식 모형이라는 심판원의 역할이 실로 대단함을 보았다. 이 심판원과 종종 함께 따라오는 심판원이 있는데, 그 이름이 교차타당성 분석이라는 심판원이다. 이 심판원의 역할은 제9장의 〈기울기 영향 미치기 게임〉에서 언급한 조절효과분석이라는 심판원의 역할과 비슷하다.

구조방정식 모형을 사용하여 분석을 하다 보면 이러한 분석을 특정한 집단별로 나누어 분석해야 할 필요가 생기게 된다. 예를 들어, 앞의 조직구성원의 몰입도(employee commitment) 사례에서 상사에 대한 몰입도, 동료그룹에 대한 몰입도, 조직에 대한 몰입도가 가외적 노력에 미치는 영향을 분석하는 데 두 개의 집단으로 나누어질 수 있다. 즉, 한 집단은 공무원 집단이고 다른 한 집단은 민간기업 종사자 집단이다. 이 경우 데이터를 합쳐서 분석하기보다는 두 집단으로 나누어 경로계수를 비교 분석해야 할 필요성이 생기게 된다.

다만, 이 경우 단순히 집단 간 계수값의 대소를 비교하는 것은 의미가 없다. 먼저, 이렇게 두 집단으로 나누어 모델의 적합성을 검정해 보는 것이 필요하고, 두 집단으로 나누었을 때 모델의 적합성이 여전히 있는 것으로 판단된다면 비교해 볼 만한 가치가 있는 것이다. 즉, 집단 간 경로계수에 유의미한 차이가 있는지를 확인하는 절차가 필요한 것이다.

이를 집단분석 또는 교차타당성(cross validation) 분석이라고 부르는데, 일종의 집단을 나누는 변수를 중심으로 조절효과를 보는 것과 마찬가지이다.

2) 챔피언과 도전자의 설정(가설설정)

이때 귀무가설과 연구가설은 다음과 같이 설정된다.

Ho: 집단 간 교차타당성(불변성, 등가성)이 있을 것이다. 추가적인 제약은 모형의 적합도를 악화시키지 않을 것이다.
Ha: 집단 간 교차타당성이 없을 것이다. 추가적인 제약은 모형의 적합도를 악화시킬 것이다.

3) R을 활용한 분석: 심판원-교차타당성 분석

교차타당성 분석은 데이터 셋을 train set과 test set으로 나누게 되는데, 여기서 두 개의 집단이 존재하므로 한 집단은 train set이 되고 나머지 한 집단은 test set이 된다. R에서는 별도의 옵션을 주지 않으면 빈도수가 큰 집단을 중심으로 분석을 수행한다. 여기서는 민간기업의 수가 더 많아 민간기업의 데이터로 분석이 되었다.

위의 귀무가설에서 집단 간 교차타당성이 있다는 것은 두 집단이 동일하여 차이가 없다는 것을 의미한다. 결론부터 얘기하면 교차타당성이 없어야 두 집단을 나누어 분석할 실익이 있는 것이다. 여기서 분석결과 카이제곱 검정값이나 다른 모형적합도 지표들을 참조하여 결론을 내리게 되는데, 만일 귀무가설이 기각된다면 그것은 집단 간 교차타당성이 없는 것이며, 다시 말해,

두 집단 간 경로계수에 차이가 있다는 말이 된다.

이제 R을 사용하여 분석을 수행해 보기로 한다. 구조방정식 모형에 〈group="affiliation"〉 명령어가 핵심인데, 이는 본 교재의 데이터 셋(commitment-productivity.csv)에 affiliation 변수가 이미 들어가 있고, affiliation이 '1'이면 공무원 집단이고 '2'이면 기업종사자이다.

```
compro<-'cs=~a1+a2+a3
cg=~a4+a5+a6
co=~a7+a8+a9
trust=~b1+b2+b3
extra=~c1+c2+c3
trust~cs+cg+co
extra~trust'

y<-sem(compro, group="affiliation", data=df)
summary(y, fit.measures=TRUE, standardized=TRUE)
fitmeasures(y)
```

```
> fitmeasures(y)
               npar                fmin               chisq                  df
             37.000               1.437             198.361              83.000
             pvalue      baseline.chisq         baseline.df   baseline.pvalue
              0.000            1002.123             105.000               0.000
                cfi                 tli                nnfi                 rfi
              0.871               0.837               0.837               0.750
                nfi                pnfi                 ifi                 rni
              0.802               0.634               0.874               0.871
               logl   unrestricted.logl                 aic                 bic
           -855.654            -756.474            1785.308            1867.970
             ntotal                bic2               rmsea      rmsea.ci.lower
             69.000            1751.439               0.142               0.117
     rmsea.ci.upper        rmsea.pvalue                 rmr          rmr_nomean
              0.167               0.000               0.063               0.063
               srmr        srmr_bentler srmr_bentler_nomean                crmr
              0.086               0.086               0.086               0.092
        crmr_nomean          srmr_mplus   srmr_mplus_nomean               cn_05
              0.092               0.086               0.086              37.617
              cn_01                 gfi                agfi                pgfi
             41.308               0.748               0.635               0.517
                mfi                ecvi
              0.433               3.947
>
```

[그림 11-11] 교차타당성 분석결과

지면관계상 분석결과를 다 싣지 못하고 마지막 지표들만 출력된 부분을 제시한다. 카이제곱 검정 값이 198.37이고 관찰된 p-value가 0.000으로 유의수준 0.05에서 귀무가설을 기각한다. 따라서 이 모형은 두 집단 간 교차타당성이 있다고 결론을 내릴 수 있다. 그 밖에 다른 지표들, 예를 들어 gfi, agif를 보아도 cutoff value인 0.9에 못 미치고 있어 모형이 적합하다고 할 수 없다. 즉, 두 집단을 구분하는 변수를 고려하여 구조방정식 모형을 돌렸을 때 모형이 적합하지 않다는 것은 두 집단이 결국 동일하다는 것을 의미한다.

따라서 이 경우 공무원 집단과 민간기업 집단을 구분하여 분석하는 것은 실익이 없다.

비록 구분의 실익은 없지만 실익이 있는 경우를 대비해서 두 집단으로 나누어 구조방정식 모형을 따로 분석해 볼 필요가 있다. 이를 위해서는 우선 affiliation 변수를 기준으로 1로 코딩된 경우만 선택하여 분석에 이용하겠다는 뜻을 R에게 전달해야 하며, 다음과 같은 명령어를 사용해 그렇게 데이터를 분리해 낼 수 있다. 중요한 것은 기존의 구조방정식 모형을 담아내는 방인 "compro"와 공무원 집단으로만 구성된 방인 "pro"를 합쳐야 한다는 것이며, 이는 "cbind" 명령으로 쉽게 합칠 수 있다. 최종적으로 "k" 데이터 셋을 중심으로 분석을 수행하면 되는 것이다. 이렇게 분석을 하고 이제 민간기업 집단만을 대상으로 구조방정식 모형을 돌리려면 "pro<-df[df$affiliation==1,]" 명령에서 숫자 1을 2로 바꾸어주면 된다. 그러면 두 개의 구조방정식 모형을 얻을 수 있고, 교차타당성이 없으면 경로계수를 비교해 볼 수 있게 된다.

```
pro<-df[df$affiliation==1,]
attach(pro)
compro<-'cs=~a1+a2+a3
cg=~a4+a5+a6
co=~a7+a8+a9
trust=~b1+b2+b3
extra=~c1+c2+c3
trust~cs+cg+co
extra~trust'

k<-cbind(pro, compro)
y<-sem(compro, data=k)
summary(y, fit.measures=TRUE, standardized=TRUE)
fitmeasures(y)
```

```
> fitmeasures(y)
           npar            fmin           chisq              df
         37.000           1.137         256.982          83.000
         pvalue  baseline.chisq     baseline.df baseline.pvalue
          0.000        1428.024         105.000           0.000
            cfi             tli            nnfi             rfi
          0.868           0.834           0.834           0.772
            nfi            pnfi             ifi             rni
          0.820           0.648           0.871           0.868
           logl unrestricted.logl           aic             bic
      -1373.911       -1245.420        2821.822        2922.736
         ntotal            bic2           rmsea  rmsea.ci.lower
        113.000        2805.797           0.136           0.117
 rmsea.ci.upper    rmsea.pvalue             rmr      rmr_nomean
          0.155           0.000           0.052           0.052
           srmr     srmr_bentler srmr_bentler_nomean        crmr
          0.083           0.083           0.083           0.089
    crmr_nomean      srmr_mplus  srmr_mplus_nomean        cn_05
          0.089           0.083           0.083          47.288
          cn_01             gfi            agfi            pgfi
         51.953           0.793           0.700           0.548
            mfi            ecvi
          0.463           2.929
```

[그림 11-12] 공무원 집단을 대상으로 한 구조방정식 모형분석

```
> fitmeasures(y)
              npar               fmin              chisq                 df 
            37.000              1.437            198.361             83.000 
            pvalue     baseline.chisq        baseline.df    baseline.pvalue 
             0.000           1002.123            105.000              0.000 
               cfi                tli               nnfi                rfi 
             0.871              0.837              0.837              0.750 
               nfi               pnfi                ifi                rni 
             0.802              0.634              0.874              0.871 
              logl  unrestricted.logl                aic                bic 
          -855.654           -756.474           1785.308           1867.970 
            ntotal               bic2              rmsea     rmsea.ci.lower 
            69.000           1751.439              0.142              0.117 
    rmsea.ci.upper       rmsea.pvalue                rmr         rmr_nomean 
             0.167              0.000              0.063              0.063 
              srmr       srmr_bentler srmr_bentler_nomean               crmr 
             0.086              0.086              0.086              0.092 
       crmr_nomean         srmr_mplus  srmr_mplus_nomean              cn_05 
             0.092              0.086              0.086             37.617 
             cn_01                gfi               agfi               pgfi 
            41.308              0.748              0.635              0.517 
               mfi               ecvi 
             0.433              3.947 
```

[그림 11-13] 민간기업 집단을 대상으로 한 구조방정식 모형분석

여기서는 비록 두 집단 간에 경로계수에 유의미한 차이가 없는 것으로 나타났지만 추후 신뢰성 있는 데이터 셋을 확보하면 구조방정식 모형을 비교해서 분석할 수 있을 것이다.

Winning Statistics

12 CHAPTER 미래예측모형의 적합성 찾아내기 게임 Ⅰ

제7장~제11장과 제12장을 연결하는 스토리

지금까지의 집단분석은 독립변수와 종속변수를 중심으로 회귀식을 만들고 각각의 변인(집단)들이 얼마나 영향력이 있었는지를 밝히는 게임이었다. 그러나 사람들은 회귀방정식을 만들어 가면서 "예측(forecasting)"이라는 함수의 기능에 관심을 갖게 되었다. 즉, 독립변수를 시간의 변수로 잡고 과거의 행적이 미래에도 영향을 미칠 수 있다는 가정 하에 회귀식을 만들면 이를 통해 미래의 종속변수 값을 예측해 볼 수 있는 방법이 있다는 것이었다. 따라서 이러한 모형이 얼마나 적합한지를 따져보는 게임이 필요하게 되었던 것이다. 이제 시계열 자료의 의미와 분석의 목적에 대해 알아보기로 한다.

시계열 자료의 의미와 분석의 목적

제12장, 제13장에서는 시계열분석에 대해 다룬다. 이는 회귀분석과 논리가 동일하다. 다만, 독립변수가 시간(time)이라는 점이 다른 점이다. 시간을 독립변인으로 하는 회귀분석을 수행하기 위해서는 단순히 X축에 시간정보만 넣는다고 해결되는 것은 아니다. 올바른 시계열분석을 수행하기 위해서는 많은 가정들에 대한 이해가 필요하고, 이 때문에 통계학을 공부하는 학생들에게 시계열분석은 매우 어렵고 복잡한 분석방법론이 되어 버린다. 특히 본 교재에서 언급하게 될 "ARIMA" 분석까지 들어가게 되면 개념들이 거의 이해조차 안 되고 배우는 것을 포기상태가 되어 버린다.

본 교재의 머리말에서도 언급했지만 사회과학도가 깊은 수준의 고급통계학의 전부를 속속들이 완벽하게 이해해야 할 필요도 없고 그럴 시간도 없다. 복잡한 논리와 가정을 고려해서 만들 기법들을 적절하고 수월하게 행정현상분석에 적용하는 방법을 배울 수만 있다면 그것으로 충분하다.

결론부터 말하자면 시계열분석을 배워야 하는 이유는 바로 예측(forecasting)에 있다. 정확한 예측을 위해서는 함수식을 세워야 하고 이를 위해서는 현실에 존재하는 가공되지 않은 데이터(raw data)를 가정에 맞게 조정하는 작업이 필요하게 된다. 시계열분석에서는 이러한 조정작업이 크게 두 가지로 나누어지는데, 하나는 평활(smoothing)이고 나머지 하나는 계절분해라고 하는 것이다.

평활은 이동평균(moving average)값을 통하여 이루어지고, 계절분해는 오차 또는 불규칙(error or irregular)성분, 추세(trend)성분, 그리고 계절(seasonal)성분으로 나누어진다. 분해에는 가법(additive)과 승법(multiplicative)이 있다. 시간수준에 따라 변이가 비례적이라면 승법모형에 가깝다고 판단한다. 많은 경우에 승법모형이 일반적이며, 가법모형은 시간수준에 따라 분산이 일정하다.

자 이제 '이기는 통계학'으로 다시 들어가 보기로 한다.

1. 게임에 대한 소개와 게임의 룰: 추세를 반영하는 종속변수를 예측하는 데 있어 모형의 적합성 테스트 통과하기

이 게임은 독립변수가 시간으로 나타나고 이에 상응하는 종속변수가 존재하며 추세를 반영하는 시계열 모델을 설정하고 이 모형이 얼마나 적합한지를 검증받는 게임이다. 챔피언의 입장에서 보면 설정된 시계열 모델이 미래를 예측하기에 얼마나 적합하지 않은지를 주장하여야 하고, 반대로 도전자(연구자)는 설정한 시계열 모형이 종속변수를 설명하는 데 적합하여 미래를 예측하는 데 문제가 없다는 것을 입증해야 이기는 게임이다.

2. 심판원의 이름: 지수평활모형(Exponential Smoothing: ETS)

시계열분석모형의 적합성 찾아내기 게임 Ⅰ에서 검증 후 손을 들어줄 심판원의 이름은 〈지수평활모형(Exponential Smoothing: ETS)〉으로 불리는 사람이다. 이 심판원이 경기를 지켜보고 도전자가 이겼는지 졌는지를 명확하게 알려줄 것이다.

ETS라는 심판원에 익숙해지기 위해서는 ETS 모형의 기본가정과 조건들에 대해 이해할 필요가 있다.

ETS 모형은 주로 단기적 관점에서 예측을 할 때 사용되는 모델이며 상대적으로 가정도 단순하다. 가장 중요한 것은 [표 12-1]에서 볼 수 있듯이 모델에 대한 가정이다. 여기서 적용 파라메터를 보면 level은 시간수준으로 오차(error)타입이며, slope(기울기)는 추세(trend)를, seasonal은 계절을 의미한다. 시계열 데이터가 이 파라메터들을 반영하는 정도에 따라 단순, 이중, 삼중 지수예측모델로 구분된다. 여기서 R 명령어 "ets(변수이름 또는 방의 이름, model=" ")"를 주목해야 한다. model="ANN"의 의미는 오차타입이 가법(additive)을 따르며, 추세타입이 없고, 계절타입이 없다는 뜻이다. 따라서 이를 단순지수예측모델(지수평활모형)이라 부른다.

[표 12-1] 지수평활모형의 유형과 적용 파라메터, 그리고 함수

타입	적용 파라메터	함수
단순	level	etsets(ts, model="ANN") ses(ts)
이중	level, slope	ets(ts, model="AAN") holt(ts)
삼중	level, slope, seasonal	ets(ts, model="AAA") hw(ts)

출처: 신종화 · 김선업 · 정희태 역(2017: 397).

또한 함수 ets는 error, trend, seasonal의 약자로 불리기도 하고, exponential smoothing의 약자로 불리기도 한다. 따라서 모델에 표기되는 순서도 오차, 추세, 계절의 순으로 정리된다. 각 타입별 구성의 조합을 나열하면 다음과 같다.

```
Error Component: A, M
Trend Component: N, A, Ad
Seasonal Component: N, A, M
N=None, A=Additive(가법모형), Ad=Additive damped(감쇠된 가법모형),
M=Multiplicative(승법모형)
```

위의 기호들이 의미하는 것은 오차, 추세, 계절요인에 있어서 시간에 따라 종속변수가 가법적으로 증감하거나(A), 승법적으로 증감하거나(M), 감쇠된 가법모형으로 증감(Ad)할 수 있다는 것을 의미한다.

3. 게임의 실제상황(사례) 소개

1) R을 활용한 분석: 심판원 1-지수평활모형 (Exponential Smoothing: ETS)

그러나 현실에서 시계열 자료가 오차가 어떤 모형을 따르고 있는지 추세와 계절성분이 어떤 모형을 따르고 있는지를 파악해 내는 절차는 간단치 않다. 다행히도 R에서는 친절하게 "ets( )" 명령어만 사용하면 자동적으로 이러한 부분을 분석해서 알려준다.

본 교재에서는 분석을 위해 "new-employment.csv" 파일을 제공한다. 이 파일은 제4차 산업혁명시대에 유망한 AI 유관산업 분야에서의 신규고용동향(변수명: new.employment)을 파악하는 자료라고 가정한다. 자료는 월별 데이터이며 2017년부터 2020년 12월까지 나와 있다. 다음의 명령어를 통하여 데이터를 확인해 본다.

```
df<-read.csv
("C://Users//user//Desktop//R-교재집필//new-employment")
View(df)
```

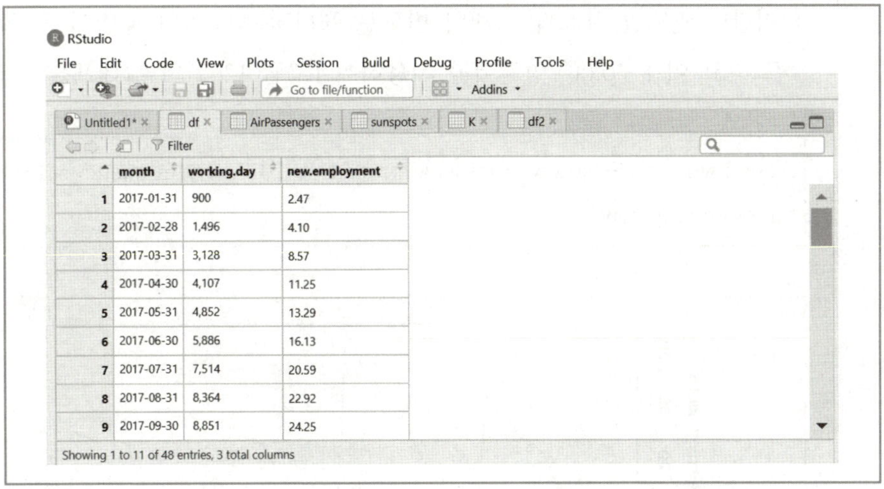

[그림 12-1] "new-employment.csv" 파일을 R에서 읽은 화면

우선, 시계열분석을 위해 기본으로 설치해야 할 두 종류의 중요한 패키지들이 있는데 이를 먼저 소개한다.

```
install.packages("tseries")
library(tseries)

install.packages("forecast")
library(forecast)
```

이제 위의 패키지들이 설치되고 라이브러리에 저장되었으면 본격적으로 시계열분석을 수행할 준비가 된 것이다. 제공된 파일의 데이터를 사용하여 시계열분석을 통한 예측을 해 보기로 한다.

우선, R에서는 다음의 명령어를 입력하여 시간을 X축으로 한 그래프를 한 번 확인해 보아야 한다. 여기서 명령어 "ts"는 time series의 약자이며, new.employment 변수를 읽어 들이고 시작점을 2017년으로 하라는 것이며, 콤마 뒤의 "1"은 연도별 자료라는 뜻이다. 만일 이것이 분기별 자료이면 "4"로 지정한다. 그리고 마지막으로 "frequency=12"는 이것이 월별 데이터라는 것을 의미한다(연도별 자료가 12개의 빈도로 표시되는 것이니 월별이 될 것이다).

그리고 이제 “plot” 명령어를 사용하여 [그림 12-2]의 그래프를 그려본다.

```
employment< -ts(new.employment, start=c(2017, 1), frequency=12)
plot(employment)
```

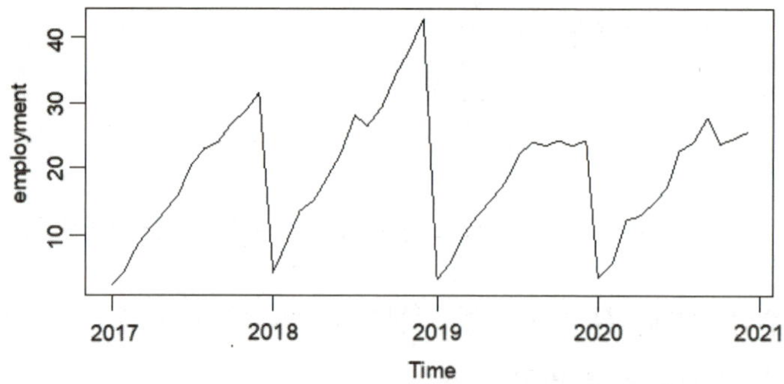

[그림 12-2] 신규고용지수에 대한 시계열 그래프

이제 본격적으로 지수예측모델을 사용해 예측을 시도해 보기로 한다. 명령어는 “est”이고 [그림 12-2]에서 만들어진 employment 변수(방)를 대상으로 분석을 하기로 한다.

```
fit< -ets(employment)
fit
```

```
> fit <- ets(employment)
> fit
ETS(M,A,M)

Call:
 ets(y = employment)

  Smoothing parameters:
    alpha = 0.9411
    beta  = 0.016
    gamma = 2e-04

  Initial states:
    l = 14.0362
    b = 0.418
    s = 1.6127 1.5186 1.4701 1.3845 1.2818 1.1917
           0.9308 0.8063 0.7002 0.5997 0.3165 0.1871

  sigma:  0.1126

     AIC     AICc      BIC
257.9045 278.3045 289.7150
>
```

[그림 12-3] 지수예측모델 분석결과

[그림 12-3]의 분석결과에서 보듯이 이 모형은 오차타입이 승법모형이고, 추세가 가법모형을 따르며, 계절타입이 승법모형을 따르는 시계열 자료임을 알 수 있고 세 가지 파라메터가 모두 포함되어 있으므로 삼중지수예측모델이라 할 수 있다. 여기서 오차타입(시간수준)에 대한 계수값은 0.94, 추세성분에 대한 계수값은 0.02, 계절성분에 대한 계수값은 0.4이다.

2) 모델의 적합성 평가

또한 "accuracy(fit)" 명령어를 사용하여 이 모형이 적합한지를 테스트해 볼 수 있다. 특정 지표에만 의존해서 모형의 적합성을 판단할 수는 없으나 RMSE (Root Mean Square Error)가 가장 많이 이용된다는 정도만 알아두자. 이는 실제값과 추정값과의 차이가 얼마나 떨어져 있는가를 측정하는 지표이다. 이 값이 크면 안 좋다고 할 수 있지만 사실상 구체적인 cutoff value가 정해져 있지 않다.

```
> accuracy(fit)
                        ME     RMSE      MAE      MPE     MAPE      MASE        ACF1
Training set -0.005117917 6.119344 5.446278 -82.8503 112.8533 0.8774559 0.003615769
```

[그림 12-4] 모델 정확성 분석결과

3) 미래의 예측

이제 제대로된 그래프를 그려보자. 다음의 명령어를 사용해서 그릴 수 있고 향후 2개월치의 예측을 요구하고 있으며, X축과 Y축에 들어갈 이름을 지정하고 있고 전체 제목을 지정해 주고 있다. "lty=1"의 의미는 선의 종류를 나타내며 1, 2, 3번에 따라 실선에서 파선이 나타난다.

```
plot(forecast(fit, 2), main="New Employment", ylab="Employment",
xlab="Time", lty=1)
```

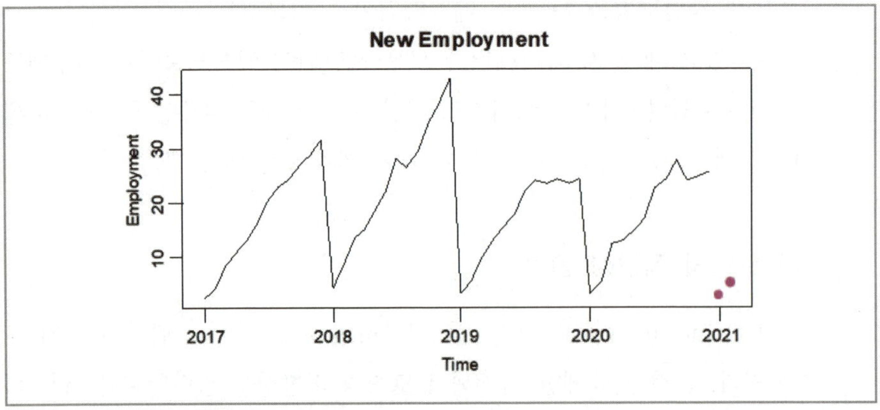

[그림 12-5] 신규고용지수에 대한 시계열 그래프(예측치 포함)

더 나아가 이제 향후 5개월치에 대한 예측을 해보기로 한다. 다음의 명령어를 통해 가능하다.

```
forecast(fit, 5)
```

```
> forecast(fit, 5)
         Point Forecast       Lo 80       Hi 80     Lo 95     Hi 95
Jan 2021       3.031667 2.594011   3.469323 2.362330  3.701004
Feb 2021       5.183125 4.149423   6.216828 3.602214  6.764037
Mar 2021       9.922578 7.508995 12.336162 6.231321 13.613836
Apr 2021      11.705415 8.414881 14.995949 6.672977 16.737852
May 2021      13.616053 9.324158 17.907948 7.052166 20.179940
```

[그림 12-6] 5개월 간의 예측치와 신뢰구간

[그림 12-6]의 분석결과에서 2021년 1월에는 고용지수가 3.03이 될 것임을 예측하고 있고, 95%의 신뢰구간에서 그 값이 2.36에서 3.70 사이에 존재하게 될 것이라고 예측하고 있다. 즉, 예측이 그 범위는 벗어나지 않을 것이란 얘기이다.

Winning Statistics

13 CHAPTER 미래예측모형의 적합성 찾아내기 게임 Ⅱ

제12장과 제13장을 연결하는 스토리

제12장에서 언급된 지수함수예측모델(지수평활모형)은 말 그대로 추세에 기초한 것이다. 이에 따른 미래예측모형의 적합성을 테스트해서 통과한 사람이 이기는 게임이었다. 그런데 과거 데이터라는 것이 어떤 의미에서 보면 추세를 보이는 것처럼 보이지만 사실상 추세라기보다는 정상성에 가까운 경우가 더 많다는 것이다. 즉, 그때그때 변하는 환경적 요인 내지는 수요에 따라서 데이터의 증감의 변화가 오는 것은 추세라 할 수 없고 정상성에 기초한 변화라는 것이다. 이제 이러한 데이터들을 가지고 미래예측모형의 적합성을 검증하는 게임을 새롭게 추가하게 되었다. 이를 위해 'ARIMA'라는 새로운 심판원을 초대하였다.

1. 게임에 대한 소개와 게임의 룰: 추세가 없는 (정상성을 반영하는) 종속변수를 예측하는 데 있어서 모형의 적합성 테스트 통과하기

시계열분석모형의 적합성 찾아내기 두 번째 게임은 제12장에서 다루었던 지수평활모형과는 달리 시간을 나타내는 독립변수가 종속변수에 대하여 추세를 가정하지 못하는 경우 시계열분석모형을 새롭게 구성하여 적합성을 평가받는 게임이다. 챔피언과 도전자의 입장에는 변함이 없고 연구자는 도전자의 입장에서 새로운 모형을 설계하여 모형의 적합성을 검증받아야 승리하는 게임이 된다.

2. 심판원의 이름: ARIMA(Auto Regressive Integrated Moving Average)

시계열분석모형의 적합성 찾아내기 게임 Ⅱ에서 검증 후 손을 들어줄 심판원의 이름은 〈ARIMA(Auto Regressive Integrated Moving Average)〉로 불리는 사람이다. 이 심판원이 경기를 지켜보고 도전자가 이겼는지 졌는지를 명확하게 알려줄 것이다.

ARIMA라는 심판원을 이해하기 위해서는 심판원의 기본가정인 정상성(stationarity)에 대한 개념을 살펴볼 필요가 있다.

ARIMA 분석은 내용이 방대하고 개념이 복잡하여 이해하기 어려운 통계기법 중의 하나이다. ARIMA를 제대로 이해하기 위해서는 시차, 자기상관, 부분자기상관, 정상성, 차분 등의 개념을 이해할 필요가 있는데, 본 교재에서 이 부분에 대해 깊숙하게 들어가려 하지 않는 이유는 이 부분에 대한 이해는 통계학과 석·박사과정 수업이 아니라면 그다지 많은 부분을 알아야 할 실익이 없기 때문이다. 물론 더 관심 있는 사람은 해당 전문서적을 보면 된다.

그러나 사회과학도가 ARIMA 모형을 활용하기 위해 가장 확실하게 이해해야 하는 것은 단 한 가지이다. 앞에서 다룬 지수예측모델들과 ARIMA의 차이는 시계열 자료가 정상성(stationarity)을 갖느냐에 있다. 이것은 다시 말해, 시계열 자료가 추세를 갖느냐 갖지 않느냐에 관한 것이다. 시계열 자료가 추세를 갖게 되면 ARIMA를 사용할 수 없다. 시계열 데이터가 정상성을 갖고 있는 것인가에 대한 구체적인 예시는 다음의 사례 소개에서 더 구체적으로 설명하기로 한다.

지수예측모델에서와 마찬가지로 ARIMA 모형에서도 세 개의 중요한 파라메터 값이 있는데 이를 차수로 표현한다. 그것은 바로 p, d, q이다. 여기서 p는 AR(auto regressive) 모형이 몇 차시까지 상관성을 갖느냐를 나타내는 수치이며 d는 차분의 횟수이고, q는 MA(moving average) 모형이 몇 차시까지 상관성을 갖느냐를 나타내는 수치이다. 예를 들어, ARIMA(2, 1, 2)라면 이 시계열은 1차 차분이 완료된(d=1), 그리고 자기상관모형인 AR항이 2차시까지 ($Y_t = aY_{t-1} + bY_{t-2} + e$) 가며, MA항이 2차시($Y_t = et - Ce_{t-1} - De_{t-2}$)까지 존재하는 모형임을 나타낸다.

$$Y_t = aY_{t-1} + bY_{t-2} + Ce_{t-1} + De_{t-2} + et$$

3. 게임의 실제상황(사례) 소개

1) R을 활용한 분석: 심판원-ARIMA(Auto Regressive Integrated Moving Average) 분석

ARIMA라는 심판원을 게임에 초대하기 위해 본 교재에서 제공되는 파일인 "Phd.csv" 파일을 소개하기로 한다. 이 데이터는 1930년도부터 우리나라와 해외에서 박사학위를 받은 사람들의 숫자를 가정한 것이다. 연도별 데이터이며 2017년도까지의 데이터를 보여준다. 여기서 해마다 박사학위를 받는 사람들의 수는 증가폭이 다양하지만 전체적으로 박사학위를 받는 사람들이 특정 기간에 줄어드는 것은 해당 분야의 교수자리가 다 찼기 때문이며, 학위를 받아도 취업을 하기가 어렵기 때문에 숫자가 주는 것이다. 특정 연령대의 교수들이(베이비붐 세대들의) 정년퇴임을 하기 시작하는 시점부터는 자리가 생기기 시작하기 때문에, 자연스럽게 대학원에 입학하여 박사학위를 받으려고 하는 사람들의 숫자가 늘어날 것이다. 이러한 변동은 추세가 아니라는 것이다. 정상성은 시간의 흐름에 따라 무조건 수평선을 그리는 것이 아니라, 하나의 사건이 발생하더라도 그것이 자연적인 것이면 정상성(stationarity)으로 본다는 점을 주목할 필요가 있다.

이것은 안정화된 시계열 데이터가 있을 때에만 ARIMA 모형을 사용할 수 있다는 것을 의미하며, 설사 안정화되어 있지 않더라도 수차례의 차분(differencing)과정을 거쳐서 안정화된 데이터로 전환된 이후 사용할 수 있게 된다.

지수예측모델에서와 마찬가지로 ARIMA 모형에서도 다행스럽게도 시계열 자료가 정상성을 띠고 있는지 아닌지를 복잡한 과정을 거치지 않고 자동적으로 판단해 주고 (p, d, q)의 차수를 정해주는 자동 절차가 존재한다.

이제 지수예측모델에서와 마찬가지로 데이터를 R에서 불러들여 확인해 보자.

```
df<-read.csv("C://Users//user//Desktop//R-교재집필//Phd.csv")
View(df)
```

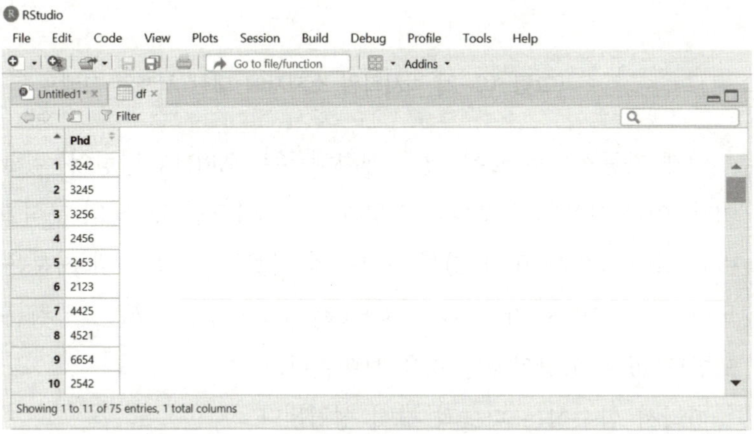

[그림 13-1] "Phd.csv" 파일을 R에서 읽은 화면

지수예측모델에서와 같은 방식으로 연도를 지정해 주고 X축에 들어갈 내용을 정해준다. 여기서는 월별 데이터가 아니라 연도별 데이터이므로 "frequency=1"로 처리하였다.

```
PhDers<-ts(Ph.D.Holders, start=c(1930, 1), frequency=1)
plot(PhDers)
```

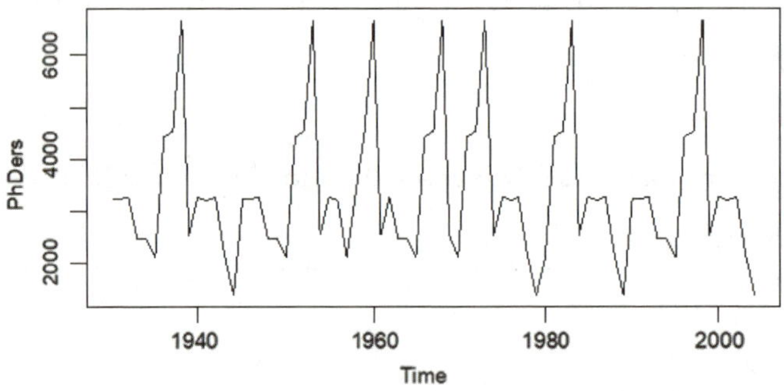

[그림 13-2] 박사학위 소지자에 대한 시계열 그래프

이제 자동적으로 모든 것을 해결해 주는 ARIMA 명령어는 "auto.arima( )"이다. 이를 사용하여 분석을 수행하면 다음 [그림 13-3]의 분석결과에서 보는 바와 같이 ARIMA(0, 0, 3)이 나오는데 이것은 AR 모형과 차분은 없으며, MA 모형이 3차시까지 가는($Y_t = et - Ce_{t-1} - De_{t-2} - Ee_{t-3}$) 차분은 없고, MA 모형도 없는 모형이라는 것을 보여준다.

따라서 함수식은 다음과 같이 성립된다.

$$Y_t = et - 0.18e_{t-1} + 0.06e_{t-2} - 0.48e_{t-3}$$

```
> fit <- auto.arima(PhDers)
> fit
Series: PhDers
ARIMA(0,0,3) with non-zero mean

Coefficients:
         ma1     ma2      ma3       mean
      0.1841  0.0601  -0.4825  3384.0686
s.e.  0.1184  0.1347   0.1232   107.1512

sigma^2 estimated as 1484131:  log likelihood=-637.72
AIC=1285.43   AICc=1286.3   BIC=1297.02
```

[그림 13-3] ARIMA 분석결과

2) 모델의 적합성 평가

이제 ARIMA 모형도 모델 적합성 평가를 거쳐야 한다. qqnorm(fit$residuals)

와 qqline(fit$residuals) 함수는 다음 [그림 13-4]를 만들어 낸다.

```
qqnorm(fit$residuals)
qqline(fit$residuals)
Box.test(fit$residuals, type="Ljung-Box")
```

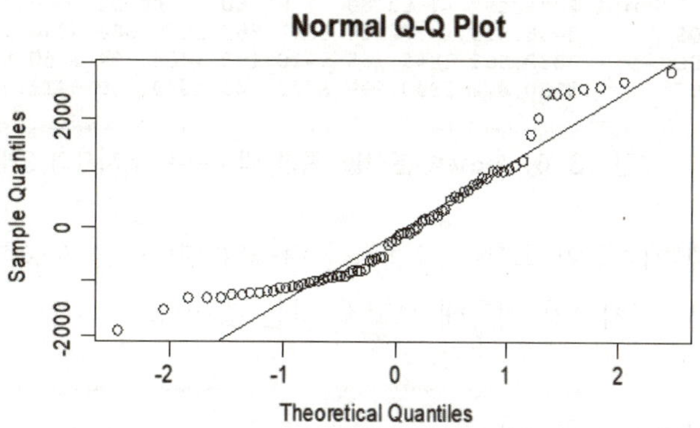

[그림 13-4] 정규분포성에 대한 검증

[그림 13-4]에서 자료들이 대략적으로 정규분포의 대각선 라인을 따라가고 있어 모델 적합성이 있다고 판단된다.

한편 Box.test( ) 함수는 모형 적합도를 검증해 주는 추가적 심판원으로 작동한다. 여기에서는 귀무가설(Ho)이 "자기상관성이 0이 아니다"이므로, 이것이 기각되지 못하므로(p-value=0.61) 자기상관이 있다는 것을 의미하며, 이는 ARIMA 모델은 자기상관이 있어야 함을 가정하기 때문에 이 자료에 매우 적합함을 보여준다.

```
> Box.test(fit$residuals,type="Ljung-Box")

        Box-Ljung test

data:  fit$residuals
X-squared = 0.26429, df = 1, p-value = 0.6072
```

[그림 13-5] Box-Ljung test 결과

3) 미래의 예측

또한 3년 뒤의 예측치에 대해서도 분석해 볼 수 있다. 여기서 2020년에는 박사학위 취득자가 3,981명이 될 것으로 예상되며, 95% 신뢰구간에서 1,071명과 5,846명 사이의 구간에 있다.

```
> forecast(fit, 3)
     Point Forecast    Lo 80    Hi 80    Lo 95    Hi 95
2005       3458.413 1897.164 5019.662 1070.688 5846.138
2006       3832.665 2245.165 5420.165 1404.794 6260.537
2007       3980.872 2390.599 5571.145 1548.759 6412.985
```

[그림 13-6] ARIMA 분석을 통한 박사학위 소지자의 3개년 예측결과

이제 예측값이 포함된 그래프를 다음의 명령어를 사용하여 다시 그려본다. 최대 3개년치까지 예측해 보고자 하는 것이다.

```
plot(forecast(fit, 3))
```

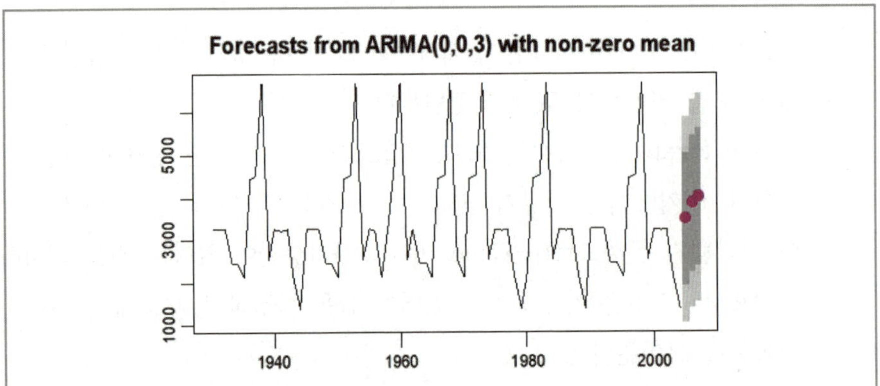

[그림 13-7] 박사학위 소지자에 대한 시계열 그래프(예측치와 신뢰구간 포함)

Winning Statistics

14 CHAPTER 비정형데이터 분석

제1장~제13장까지의 내용과 제14장을 연결하는 스토리

제4편 제1장에서 제13장까지의 내용은 정형화된 계량데이터를 대상으로 하는 게임의 소개와 심판원의 소개에 관한 것이었다. 이제 세상이 더 다양해져서 비정형화된 데이터를 대상으로 한 게임을 소개하는 것이 가능해졌다. 아직 빈도분석이나 상관관계 분석 같은 기초단계에 머무르긴 하지만 비정형데이터를 이용해서도 얼마든지 정형화된 데이터와 유사하게 변수 간의 관계성을 분석할 수 있는 것이 가능해지고 있다. 이제 비정형데이터를 대상으로 한 〈빈도분석 게임〉과 〈상관관계 찾아내기 게임〉을 소개해 본다. 여기서 등장하는 심판원의 이름은 각각 "말구름(wordcloud) 분석"과 "상관계수"이다.

지금까지 R-Studio를 활용하여 계량화된 데이터를 통계적으로 분석하는 방법을 배웠다. 최근 들어 빅데이터에 대한 중요성이 강조되면서 이렇게 계량적으로 정형화된 데이터뿐 아니라 비정형화된 데이터에 대한 분석요구가 증대하게 되었으며, 계량화된 통계적 방법론에 덧붙여 비계량화된 데이터에 대한 분석이 의사결정에 중요한 역할을 하게 된 것이다.

R-Studio는 이러한 비정형데이터 분석을 수행하는 기능을 또한 지원한다. 본 교재에서는 R-Studio를 활용하여 비정형데이터를 분석하는 방법을 배워 본다.

먼저, 비정형데이터 분석을 위해 사전에 설치해야 할 패키지들이 많다. 시작하기 전에 미리 모든 패키지들을 설치하고 분석에 들어가는 것이 편리하다. 다음의 아홉 개의 패키지를 꼭 설치하고 라이브러리에 저장해 두자. 물론 다음에서 각각의 분석방법을 제시할 때마다 필요한 패키지는 별도로 언급해 둘 것이다.

```
install.packages("wordcloud")
library(wordcloud)
install.packages("devtools")
library(devtools)
install.packages("N2H4")
library(N2H4)
install.packages("KoNLP")
library(KoNPL)
install.packages("stringr")
library(stringr)
install.packages("dplyr")
library(dplyr)
install.packages("tm")
library(tm)
install.packages("rJava")
library(rJava)
install.packages("NLP4kec")
library(NLP4kec)
```

다만, 위의 패키지 중 "rJava"와 "NLP4kec" 패키지는 서로 연동되어 운영되고, R 버전의 레벨과 안 맞는 경우 설치가 안 되어 고전하는 경우가 종종 있다. 이럴 때에는 우선 R 버전을 최신버전으로 업데이트를 해야 한다. R-Studio 또한 표준(기본) 인터페이스인 R-Gui에 의해 연동되어 운영되기 때문에 우선 R-Gui를 띄워 놓고([그림 14-1] 참조) 여기서 명령어를 주어야 한다.

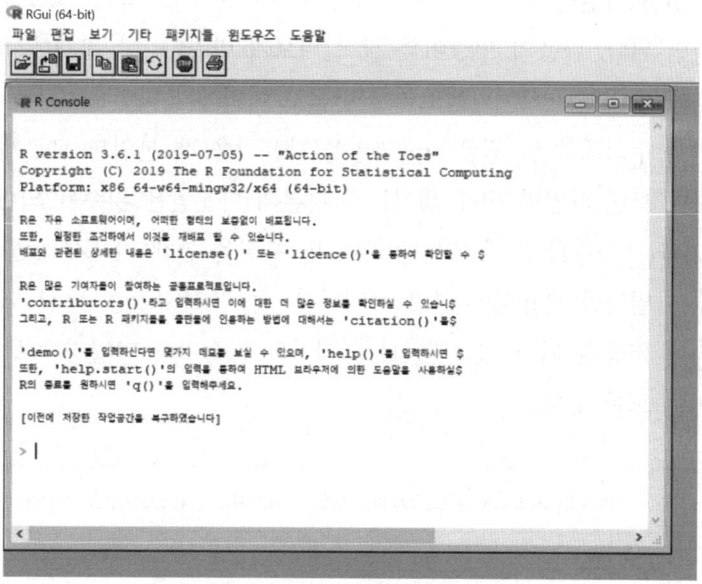

[그림 14-1] RGui 인터페이스 첫 화면

[그림 14-1]의 화면에서 다음의 명령어를 입력해 주면 된다.

```
install.packages("installr")
library(installr)
updateR( )
```

그런 다음 다시 R-Studio를 새로 띄우고 버전이 업데이트되었는지를 확인하고 새롭게 "rJava" 패키지를 설치한다. 다음으로, "NPL4kec" 패키지를 설치해야 하는데, 자연어 처리 패키지인 "NPL4kec"는 새로운 버전에서 없는 패키지로 나타나는 경우가 많다. 이 패키지를 별도로 다운받기 위해서는 다음의 Github 사이트를 방문하여 zip 파일의 형태로 컴퓨터에 다운받아야 한다.

```
https://github.com/NamyounKim/NLP4kec
```

일단 파일을 다운받으면 경로를 지정해서 "NLP4kec_1.4.0.zip" 파일을 설치하면 된다. 다음의 명령어를 잘 살펴보기 바란다. 본 교재에서는 C 드라이브 내에 rpackage라는 디렉토리를 만들고 여기에다 파일을 다운받았다. 다만, 여기서 주의해야 할 점은 zip 파일을 다운받을 때 본인도 모르게 여러 번 시도하다 보면 파일명 뒤에 생기는 복사본의 다운받은 횟수를 의미하는 (1) 또는 (2)라는 숫자를 보게 되는데, 파일명 수정을 통해 반드시 이를 제거한 뒤 순수 파일명만 사용해야 한다는 점이다. 즉, "NLP4kec_1.4.0(1).zip"이라고 컴퓨터에 저장이 되어 있으면 (1)을 제거하고 순수한 파일명으로 수정하여 만들어 주도록 한다.

```
install.packages("C://rpackage//NLP4kec_1.4.0.zip", repos=NULL)
```

한편 R에서는 다양한 분석을 연이어서 할 때 기존에 설치했던 패키지 간 충돌이 일어날 수 있으므로 다음과 같이 세션을 종료하고 새로운 분석에 들어가면 좋다.

```
"Session-Terminate R"
[1] "Session-Terminate R"
```

또한 java를 사용하는 한국어 형태소 분석을 위한 패키지인 KoNLP도 설치에 주의를 요한다. R의 상위버전에서(4.0 이상) 직접 설치할 수가 없다. 따라서 이것도 github 버전을 활용하여 온라인으로 설치를 해주어야 하는데, 그 구체적인 절차는 다음과 같다. 절차가 복잡해 보이지만 일단 설치해서 내 컴퓨터에 장착만 되면 그 다음부터는 신경쓰지 않아도 된다. 언제든 필요시 library 기능을 이용해 불러들이면 된다.

```
1. rtools40 설치하기(c:/Rtools에 설치)
# https://cran.r-project.org/bin/windows/Rtools/index.html

2. java, rJava 설치하기
install.packages("multilinguer")
library(multilinguer)
install_jdk( )

3. 의존성 패키지 설치하기
install.packages(c("hash", "tau", "Sejong", "RSQLite", "devtools", "bit", "rex",
"lazyeval", "htmlwidgets", "crosstalk", "promises", "later", "sessioninfo",
"xopen", "bit64", "blob", "DBI", "memoise", "plogr", "covr", "DT",
"rcmdcheck", "rversions"), type="binary")

4. github 버전 설치하기
install.packages("remotes")

5. KoNLP 설치하기(64bit에서만 동작)
remotes::install_github('haven-jeon/KoNLP', upgrade="never",
INSTALL_opts=c("--no-multiarch"))
```

출처: R 4.0. 이상 KoNLP 설치순서, available on-line at https://e-datanews.tistory.com/155

1. 〈빈도분석 게임〉과 심판원으로서의 말구름(wordcloud) 분석

1) 인터넷 기사 댓글 분석

이제 위의 패키지들이 일괄적으로 설치가 되면 인터넷 기사의 댓글 분석을 해서 말구름(wordcloud)을 만들어 보는 프로그램을 만들어 본다. 이제부터는 다음에서 제시된 함수들과 명령어들을 일일이 이해하려 들지 말고 큰 틀에서 포맷만 유지하기로 한다. 인터넷 기사의 사이트 주소부분만 바꾸어 주면 나머지 절차는 동일하게 이루어진다는 점을 명심하자. R과 관련한 인터넷 사이트나 R 관련 서적에서도 비슷한 포맷의 함수와 프로그램들을 사용하고 있다.

```
article=
("https://news.naver.com/main/ranking/read.naver?mode=LSD&mid=
shm&sid1=001&oid=056&aid=0011114412&rankingType=RANKING")

library(N2H4)
art<-getContent(article)
art

x<-getAllComment(article)
x$contents[1:10] # 댓글 중 첫 번째부터 열 번째 댓글까지만 보겠다는 것이다.
View(x)

library(KoNLP)
p<-sapply(x$contents, extractNoun, USE.NAMES=F) # 자료 중 한글명사
만으로 추출한다.
p

text<-unlist(p)
head(text, 20)

text2<-Filter(function(x){nchar(x)==3}, text)
head(text2, 20)

write(unlist(text2), "myfittt.txt")
myword<-read.table("myfittt.txt", fill=TRUE)
nrow(myword)
myword<-myword[!is.na(myword)]
wordcount<-table(myword)
head(sort(wordcount, decreasing=T), 20)

pal<-brewer.pal(8, "Dark2")
```

```
library(wordcloud)
wordcloud(
 names(wordcount),
   freq=wordcount,
   scale=c(5, 1),
   rot.per=0.5,
   min.freq=7,
   random.order=F,
   ramdom.color=T,
 colors=pal)
```

[그림 14-2] 말구름(wordcloud) 출력결과 1

[그림 14-2]의 출력결과를 보면 가운데에서부터 가장 빈도가 높은 순으로 워딩이 나타나고 있고, '남자들', '아프간', '탈레반'에 대한 언급이 가장 많음을 알 수 있다. [그림 14-2]의 기사는 "탈레반 장악 아프간에서 여성 시위 수도 카불로 확산"이라는 기사제목으로 보도된 내용이다.

2) 텍스트 파일을 읽어 들인 텍스트데이터 분석

위와 같이 인터넷 기사들을 바로 URL로 읽어 들여 분석에 사용할 수도 있지만, 별도의 파일을 확장자 "txt" 파일로 전환하여 데이터를 분석할 수도 있다. 한 학회의 초대글(invitation.txt) 파일을 읽어 들여 분석에 사용해 보기로 한다. 여기서 주의할 것은 텍스트 파일로 만드는 과정에서 아래한글에서 불러들인 후 텍스트 파일로 저장한 뒤에 "UTF-8"의 형태로 지정하는 과정을 거치기를 권장한다. 물론 R 프로그램에서도 이 부분을 별도로 인코딩하여 지정해 주지만 아래한글에서 미리 저장해 주기 바란다.

다른 엑셀파일에서 직접 유니코드 텍스트나 다른 텍스트 파일로 저장한 것을 직접 R에서 읽어 들이게 되면 종종 파일의 콘텐츠들이 읽히지 않는 오류가 발생하므로 주의해야 한다.

```
txt<-readLines("C://Users//user//Desktop//R-교재집필//invitation.txt",
encoding="UTF-8")
head(txt)

library(stringr)
txt<-str_replace_all(txt, "\\W", " ")

library(KoNLP)
nouns<-extractNoun(txt)
wordcount<-table(unlist(nouns))
df_word<-as.data.frame(wordcount, stringsASFACTORS=F)

library(dplyr)
df_word<-rename(df_word, word=Var1, freq=Freq)
df_word<-filter(df_word, str_length(word)>=2)

pal<-brewer.pal(8, "Dark2")
set.seed(1234)
```

```
library(wordcloud)
wordcloud(words = df_word$word,
          freq = df_word$freq,
          min.freq = 2,
          max.words = 200,
          random.order = F,
          rot.per = .1,
          scale = c(4, 0.3),
          colors = pal)
```

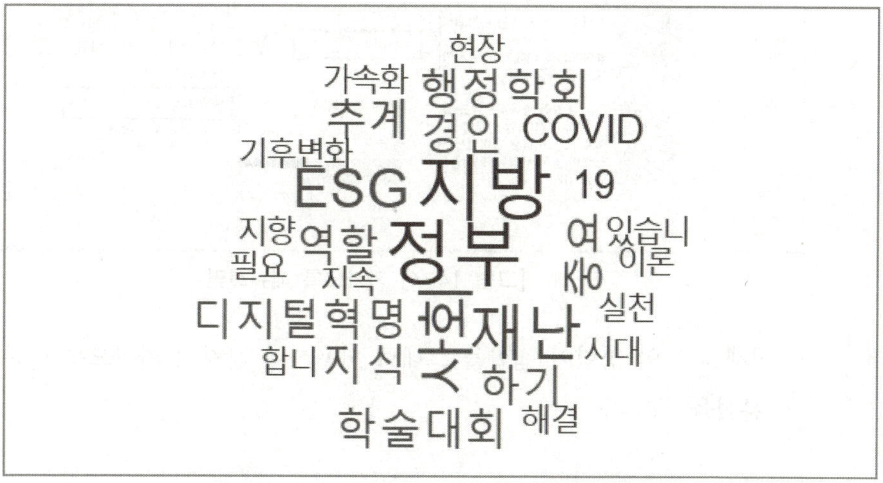

[그림 14-3] 말구름(wordcloud) 출력결과 2

[그림 14-3]의 분석결과를 보면 학회장의 초대의 글에서 '지방', '정부', 'ESG', '사회', '재난', '디지털 혁명' 등 이번 학술대회에서 다루어질 이슈들이 무엇인지를 가늠하게 하고 있다.

3) 카카오톡 단톡방 채팅 분석

또한 위와 같은 방식으로 카카오톡 단톡방에서 오고간 내용들을 중심으로 텍스트데이터 분석을 할 수도 있다. 이를 위해 먼저 카카오톡 대화방의 메뉴

중에 "대화내용" -> "대화 내보내기"를 선택하면 대화내용 전체를 텍스트 파일로 저장할 수 있게 된다.

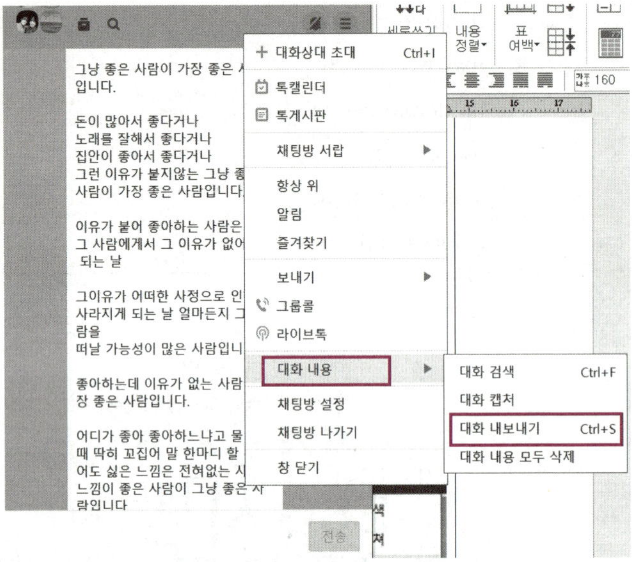

[그림 14-4] 카카오톡 메뉴화면

이제 다음의 명령어 집합을 그대로 사용하여 각자의 카카오톡 단톡방에서의 분석을 해보자.

```
library(KoNLP)
useNIADic( )/useSejongDic( ) # 두 사전 중의 하나를 선택하여 입력

lee<-readLines("C://Users//user//Desktop//R-교재집필//kakao.txt",
encoding="UTF-8")

library(KoNLP)
pword<-sapply(lee, extractNoun, USE.NAMES=F)
pword
```

```
text<-unlist(pword) # sapply 명령은 리스트를 만들기 때문에 이를 다시
풀어주는 명령어(unlist)가 필요
head(text, 20) # 상위 20개의 단어를 대상

text2<-Filter(function(x) {nchar(x)<=2}, text) # 문자의 수를 세어 두 글
자 이하인 경우를 봄 (nchar=count the number of characters
head(text2, 20)
text3<-Filter(function(x) {nchar(x)==3}, text)
head(text3, 20)
text4<-Filter(function(x) {nchar(x)>=2 & nchar(x)<=4}, text)
head(text4, 20)

text2<-gsub("들", "", text2) # 해당되는 글자들을 제거함
text2<-gsub("것", "", text2)
text2<-gsub("한", "", text2)
text2<-gsub("이", "", text2)
text2<-gsub("나", "", text2)
text2<-gsub("진짜", "", text2)
text2<-gsub("데", "", text2)
text2<-gsub("ㅋ", "", text2)
text3<-gsub("월요일", "", text3)
text3<-gsub("화요일", "", text3)
text3<-gsub("수요일", "", text3)
text3<-gsub("목요일", "", text3)
text3<-gsub("금요일", "", text3)

write(unlist(text3), "myfittt.txt")
myword<-read.table("myfittt.txt")
nrow(myword)
wordcount<-table(myword)
head(sort(wordcount, decreasing=T), 20)
pal<-brewer.pal(8, "Dark2")
```

```
library(wordcloud)
wordcloud(
 names(wordcount),
  freq=wordcount,
  scale=c(5, 1),
  rot.per=0.5,
  min.freq=7,
  random.order=F,
  ramdom.color=T,
 colors=pal)
```

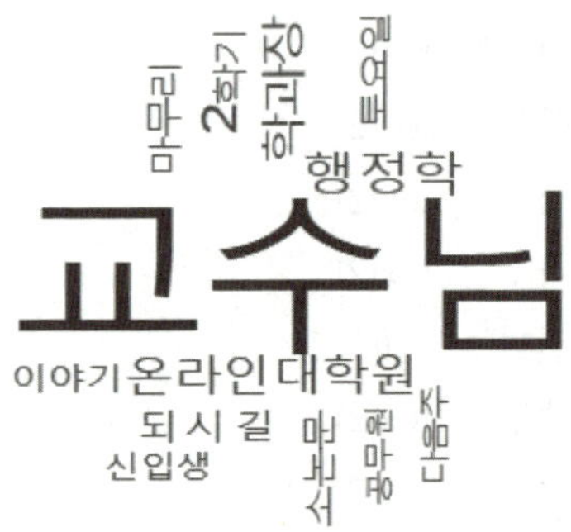

[그림 14-5] 말구름(wordcloud) 출력결과 3

[그림 14-5]의 분석결과를 보면 '교수님', '행정학', '온라인대학원' 등 코로나19 거리두기 강화에 따른 2학기 수업의 방향에 관한 논의가 주를 이루고 있음을 알 수 있다.

2. 〈상관관계 찾아내기 게임〉과 심판원으로서의 말구름(wordcloud) 분석과 상관계수

이상에서 살펴본 바와 같이 비정형데이터들의 빈도분석을 기초로 하여 어느 낱말들이 가장 많이 등장하는지를 시각적으로 알아보았다. 계량화된 수치 데이터는 아니지만 분명 많은 사람들의 말과 워딩 속에 시대를 반영하고, 미래를 예측하게 해 주는 단서들이 들어 있음을 발견하게 된다. 이제 한 단계 더 나아가 두 개의 비정형데이터들의 빈도수와 워딩의 내용을 비교해 보고, 실질적으로 이 두 개의 집단 간에 나타나는 비정형데이터 간에 어느 정도의 상관관계가 있는지를 알아보는 것은 매우 흥미로운 일이 된다. 상관관계 분석결과에 따라 두 집단 간의 성향이나 태도가 어느 정도나 일치하는지 또는 반대로 나타나는지를 알 수 있기 때문이다.

이하에서는 동일한 주제에 대하여 두 개의 신문사의 기조에 따라 신문기사의 내용이 어떻게 달라지는지를 분석해 보고자 한다. 이를 위해 두 개의 신문사의 동일주제를 다루는 인터넷 기사들을 확보하였다. 주제는 얼마 전 발생하였던 미국 동부(뉴욕, 뉴저지)지역에 쏟아져 큰 수해를 입힌 허리케인 '아이다'에 대한 소식이다. 주제 자체가 임의로 선정된 두 신문사 간 차별화를 만들어 내기는 어렵지만 정치뉴스나 사회뉴스를 다루면 신문사 간 성향이 다름을 알 수 있다. 관심 있는 사람들은 실제 이 부분을 분석해 보기 바란다.

여러분도 기사내용만 바꾸면 얼마든지 여러분만의 분석을 수행할 수 있다. 구체적인 명령어들을 각각 이해하려고 하지 말고 그대로 카피해서 명령어 집합을 통으로 사용한다는 생각을 하면 편하다.

다만, 신문기사를 크롤링 하는 경우 몇 가지 중요한 명령어에 대해서는 이해가 필요하니 언급해 두고 넘어가도록 한다. 먼저, 신문기사가 있는 해당 웹사이트로 들어가서 필요한 정보가 있는 노드를 선택해야 하는데, 반드시 크롬(chrome)을 이용하여 접근해야만 한다. Microsoft Edge로는 기사의 노드에 접근할 수 없다. 일단 크롬을 접근하여 컴퓨터 자판의 F12 키를 누른다. 그러면 다음과 같은 화면이 분리되어 나타나고, 오른쪽 화면 좌측 상단의 화살표를 클릭한다(색 네모박스로 표기된 부분).

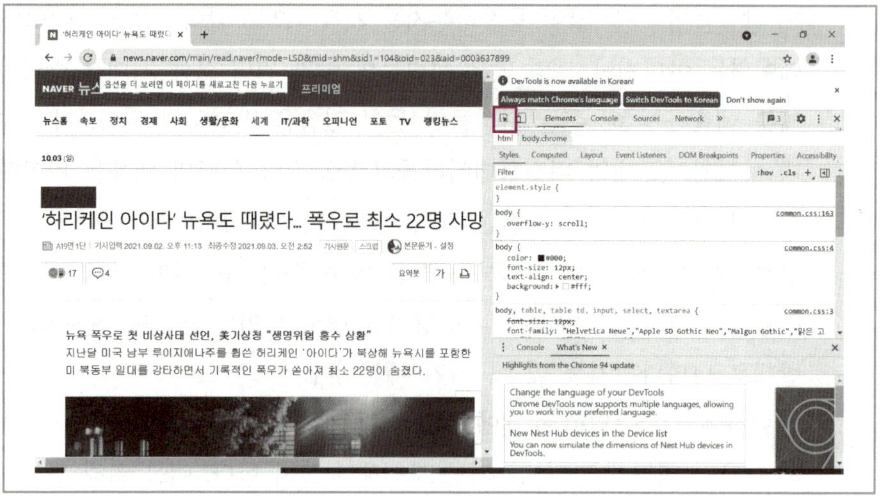

그러면 이제 좌측 화면에 마우스를 갖다 대면 자동으로 블록이 지정되며, 원하는 곳에 갖다 대면 오른쪽 화면에 음영으로 div id="articleBodyContents"가 표시되어 있다. 이 부분을 그대로 가져와서 다음과 같이 입력한다. 이때 css라는 selector를 통해 내용을 가져온다.

```
content<-html_nodes(html, css="#articleBodyContents")
```

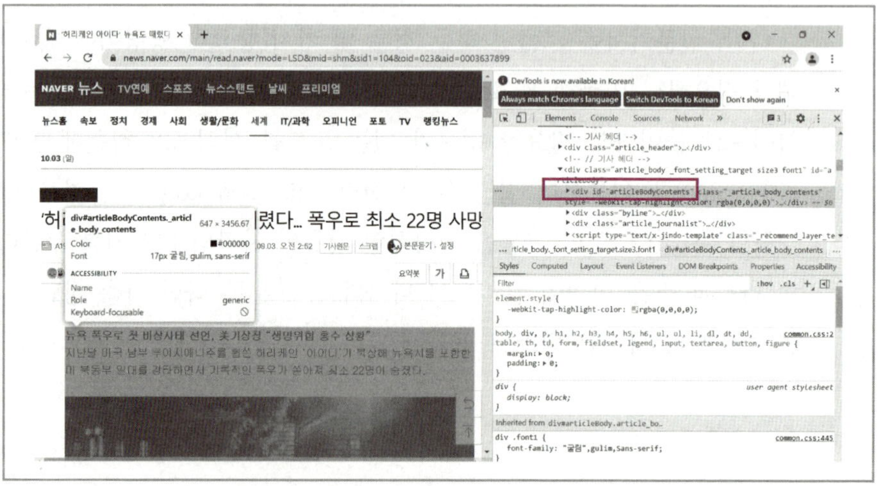

한편 우리가 비교해 보고자 하는 같은 주제를 다룬 또 다른 언론사의 기사는 위와 같은 방식으로 접근했을 때 화면 우측에 “div id”의 형태로 나타나지 않고 “class”의 형태로 나타남을 볼 수 있다.

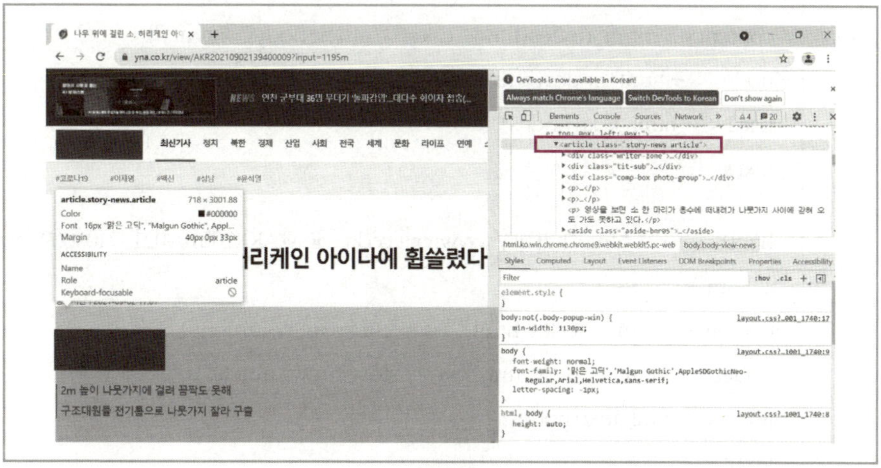

이 경우에는 css selector에 다음과 같이 달리 입력을 해주어야 한다(# 표시없이 “.”으로 시작). 이때 또 한 가지 주의할 점은 크롬의 화면에서는 “story-news article”로 나와 있지만 “news”와 “article” 사이에 공간이 있어서는 안 되므로 마침표를 찍어 표현해 주어야 한다는 사실에 주의해야 한다.

```
content<-html_nodes(html, css=".story-news.article")
```

이제 분석을 위한 전체 프로그램을 정리해 보면 다음과 같다.[1])

1) 비정형데이터 비교분석 및 상관관계 분석을 위한 R 프로그램의 전체적인 프레임은 이석민(2019: 261-275) 내용을 참조.

```
library(rvest)
html<-
read_html("https://news.naver.com/main/read.naver?mode=LSD&mid=
shm&sid1=104&oid=023&aid=0003637899")
content<-html_nodes(html, css="#articleBodyContents")
nodes<-html_nodes(html, css="#articleBodyContents")
text1<-html_text(nodes)
text1

html<-read_html("https://www.yna.co.kr/view/AKR20210902139400009?input=
1195m")
content<-html_nodes(html, css=".story-news.article")
nodes<-html_nodes(html, css=".story-news.article")
text2<-html_text(nodes)
text2

text<-rbind(text1, text2) # 열 기준으로 두 개의 데이터를 묶음

text_p<-NLP4kec::r_parser_r(contentVector=text, language="ko")

text_p<-gsub("","", text_p)

library(tm)
corp<-VCorpus(VectorSource(text_p))
corp

corp<-tm_map(corp, removePunctuation)
corp<-tm_map(corp, removeNumbers)
corp<-tm_map(corp, tolower)
corp<-tm_map(corp, PlainTextDocument)

dtm<-DocumentTermMatrix(corp, control=list(wordLengths=c(2, Inf)))
colnames(dtm)<-trimws(colnames(dtm))
```

```
dtm<-dtm[, nchar(colnames(dtm))>1]
dtm

dtm<-removeSparseTerms(dtm, as.numeric(0.98))
dtm

dtm_df<-as.data.frame(as.matrix(dtm))
tdm_df<-t(dtm_df)

library(wordcloud)

colnames(tdm_df)<-c("A신문", "B신문")
View(tdm_df)

commonality.cloud(tdm_df, colors=c("purple", "red"), scale=c(2, 1),
                  rot.par=.02, max.words=50, random.order=FALSE)

comparison.cloud(tdm_df, colors=c("blue", "red"), scale=c(2, 1),
                 rot.par=.01, max.words=70, random.order=FALSE,
                 title.bg.colors=c("grey40", "grey70"))
```

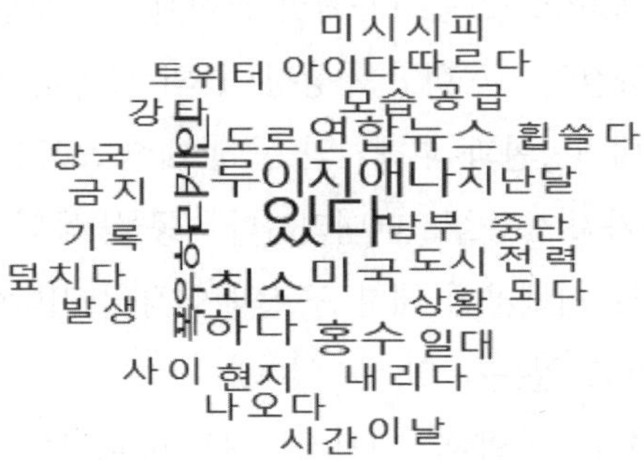

[그림 14-6] 통합된 데이터 셋의 말구름 출력결과(공통부분)

[그림 14-6]은 두 신문 기사 간 공통내용에 대하여 말구름 분석을 한 것이다(명령어: commonality.cloud). 두 신문사 모두 루이지애나, 허리케인, 도로, 미국 등을 공통적으로 언급하고 있다.

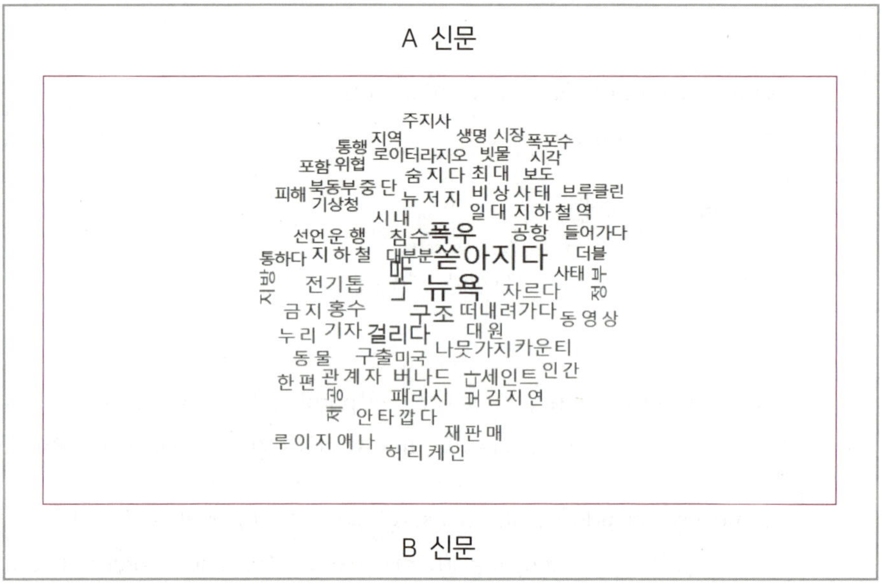

[그림 14-7] 두 신문사 간 비교 말구름 출력결과

[그림 14-7]은 두 신문사 간 비교분석을 한 말구름 출력결과이다(명령어: comparison.cloud). [그림 14-7]의 분석결과를 보면 A 신문사는 '뉴저지', '비상사태', '지하철역', '공항', '기상청' 등의 낱말이 사용되면서 보도의 방향이 정부기관의 대처방안과 피해지역 등에 대한 보도를 집중적으로 하였고, B 신문사는 '나뭇가지', '구출', '떠내려가다', '동물' 등의 단어사용이 더 등장하면서 더 구체적으로 피해자에 대한 구조와 현장의 긴박함, 피해의 정도 등에 대하여 보도를 하고 있음을 알 수 있다.

한편 [그림 14-7]의 두 기사 간 내용의 비교는 본 교재에서 얘기하는 〈상관관계 찾아내기 게임〉이 된다. 따라서 상관계수라는 심판원을 등장시켜 검증을 받아 볼 수 있다. 다음의 명령어를 입력하면 된다(명령어: my.assoc.func).

```
my.assoc.func<-function(tdm, term1, term2){
  var1<-as.numeric(tdm[, term1])
  var2<-as.numeric(tdm[, term2])
  cor.test(var1, var2)}
my.assoc.func(tdm_df, "A신문", "B신문")
```

분석결과는 다음에 나와 있고 상관계수값은 −0.179가 나왔다. 이에 해당하는 관찰된 p-value는 0.004.로 나타나 두 집단 간에 기사내용에 있어 부(−)의 상관관계가 존재하고 있음을 보여주고 있다. 이것은 두 언론사의 기사의 논조에 서로 상관관계가 없다고 주장하는 챔피언의 입장에 맞서 양측 간 상관관계가 존재한다고 주장하는 연구자의 손을 들어준 것이다. 즉, 기사의 내용과 방향이 서로 대별되고 있으며, 전달되는 의미와 내용이 서로 반대의 입장에서 차별화된다는 것을 의미한다.

```
        Pearson's product-moment correlation

data:  var1 and var2
t = -2.8698, df = 249, p-value = 0.00446
alternative hypothesis: true correlation is not equal to 0
95 percent confidence interval:
 -0.29618989 -0.05636243
sample estimates:
       cor
-0.1789329
```

[그림 14-8] 비정형데이터 간 상관관계 분석결과

3. 텍스트 파일 분석에의 응용: 말구름(wordcloud) 비교분석과 상관계수

이상에서는 두 언론사의 기사내용을 토대로 분석을 하였지만 얼마든지 응용하여 기사가 아니어서 텍스트 파일로 저장된 내용들만 있으면 얼마든지 비교분석이 가능하다. 예를 들어, 특정한 프로그램에 대한 만족도를 측정함에 있어 만족도 점수보다 주관식 문항에 대한 답변이 훨씬 더 중요할 수 있음을 우리는 알고 있다. 만일 이것이 특정한 교육프로그램에 대한 만족도 조사에 기인한 주관식 답변이라면 우리는 학생과 교사, 학부모가 답변한 내용들을 가지고 위에서 배운 방식으로 비교분석을 할 수 있는 것이다. 예를 들어, “edu1. txt” 파일이 교사들이 응답한 주관식 답변들의 모음이고, “edu2. txt” 파일이 학부모들이 응답한 파일이라면 우리는 동일한 프로그램으로 다음 [그림 14-9]와 같이 분석이 가능한 것이다. 단, 이 경우에 텍스트 파일을 정리할 때 신문기사 분석처럼 하나의 문단으로 이어진 형태로 파일을 만들어 비교해야 한다는 점을 주의해야 한다. 그렇지 않으면 행렬상 데이터의 길이와 폭이 맞지 않아 R이 에러 메시지를 보내게 된다.2)

다음 [그림 14-9]의 텍스트 파일 정리 예시와 출력결과를 참고하기 바란다. 비정형데이터 분석에서는 이러한 데이터의 전처리가 매우 중요하다.3)

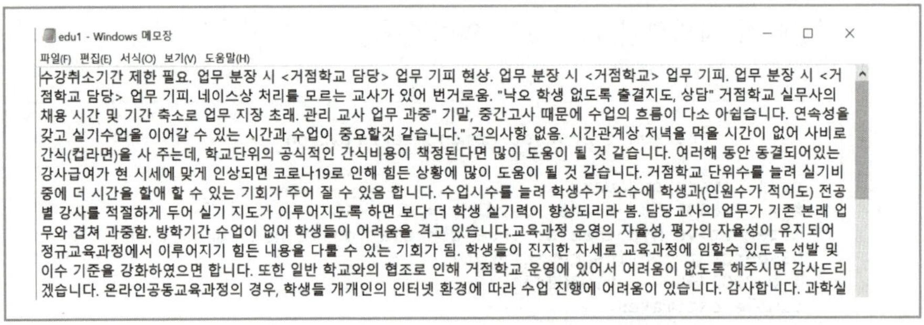

[그림 14-9] 텍스트 파일 정리 예시4)

---

2) 보통 이 경우 <'dimnames'의 길이 [1]가 배열의 크기와 같지 않습니다>라는 메시지를 종종 보게 된다.

3) 또한 이 경우 파일을 불러 읽어 들일 때 종종 R에서 “incomplete final line found on C://~” 같은 오류 메시지를 볼 수 있는데, 텍스트 파일을 저장하기 전에 마지막 한 줄을 enter key를 쳐서 띄워 주어야 한다. R은 줄이 바뀌고 데이터가 없을 때, 파일의 끝을 인식하기 때문에 텍스트 파일 생성 시 마지막에 키보드에서 enter key를 쳐주는 것이 중요하다.

4) 본 텍스트는 저자가 최근 참여한 「최근 3년 간 고교학점제 추진 성과분석 미 향후 개선과제」(서울시 교육청, 2021) 연구에서 학부모, 교사, 학생들에 대한 만족도 조사의 주관식 답변들을 토대로 재구성한 것임.

❑ 두 집단 주관적 만족도 비교분석

```
library(rvest)
edu1<-readLines("C://Users//user//Desktop//R-교재집필//edu1.txt",
encoding="UTF-8")

edu2<-readLines("C://Users//user//Desktop//R<-교재집필//edu2.txt",
encoding="UTF<-8")

edu<-rbind(edu1, edu2)

edu_p<-NLP4kec::r_parser_r(contentVector=edu, language="ko")

edu_p<-gsub("","", edu_p)
edu_p<-gsub("학교", "", edu_p)
edu_p<-gsub("학생", "", edu_p)
edu_p<-gsub("수업", "", edu_p)
edu_p<-gsub("거점", "", edu_p)
edu_p<-gsub("운영", "", edu_p)
edu_p<-gsub("필요", "", edu_p)
edu_p<-gsub("있다", "", edu_p)
edu_p<-gsub("하다", "", edu_p)

library(tm)
corp<-VCorpus(VectorSource(edu_p))
corp

corp<-tm_map(corp, removePunctuation)
corp<-tm_map(corp, removeNumbers)
corp<-tm_map(corp, tolower)
corp<-tm_map(corp, PlainTextDocument)

dtm<-DocumentTermMatrix(corp, control=list(wordLengths=c(2, Inf)))
colnames(dtm)<-trimws(colnames(dtm))
```

```
dtm<-dtm[, nchar(colnames(dtm))>1]
dtm

dtm<-removeSparseTerms(dtm, as.numeric(0.98))
dtm

dtm_df<-as.data.frame(as.matrix(dtm))
tdm_df<-t(dtm_df)

library(wordcloud)

colnames(tdm_df)<-c("교사", "학부모")
View(tdm_df)

commonality.cloud(tdm_df, colors=c("purple", "red"), scale=c(2, 1),
                  rot.par=.02, max.words=50, random.order=FALSE)

comparison.cloud(tdm_df, colors=c("blue", "red"), scale=c(2, 1),
                 rot.par=.01, max.words=70, random.order=FALSE,
                 title.bg.colors=c("grey40", "grey70"))
```

❑ 상관계수 분석

```
my.assoc.func<-function(tdm, term1, term2){
  var1<-as.numeric(tdm[, term1])
  var2<-as.numeric(tdm[, term2])
  cor.test(var1, var2)}
my.assoc.func(tdm_df, "교사", "학부모")
```

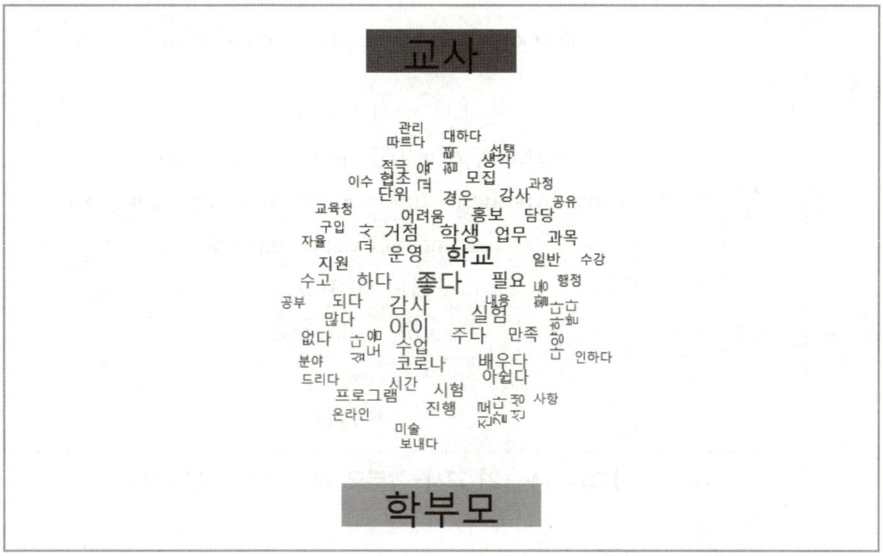

[그림 14-10] 교사와 학부모 간 차이점 분석: 말구름 출력결과

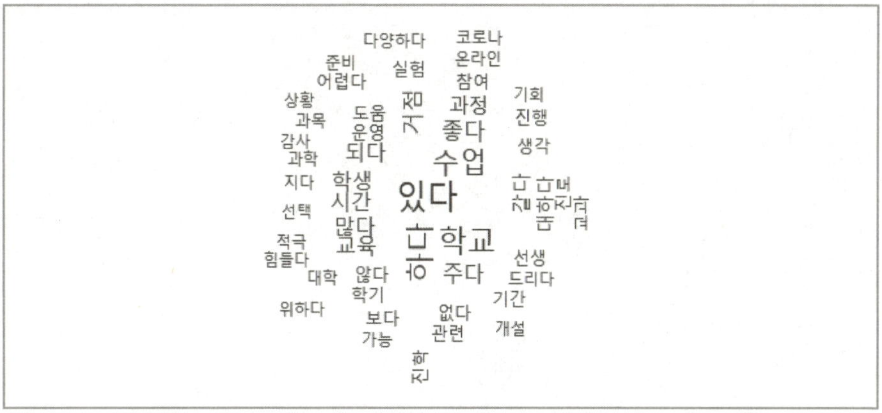

[그림 14-11] 교사와 학부모 간 공통점 분석: 말구름 출력결과

```
Pearson's product-moment correlation

data: var1 and var2
t=41.677, df=1057, p-value<2.2e-16
alternative hypothesis: true correlation is not equal to 0
95 percent confidence interval:
0.7645401 0.8102237
sample estimates:
cor
0.7884669
```

[그림 14-12] 교사-학부모 간 상관관계 분석결과

【에필로그 I】 지는 통계학: 이기는 통계학으로 가는 값진 과정

통계학은 인생과도 같다. 모든 학문의 논리가 인생과 흡사하다지만 통계학의 논리는 더 그런 것 같다. 저자가 본 교재에서도 인생의 권투경기에 비유하여 챔피언과 도전자의 관점에서 교재를 기술해 나간 것도 통계학의 논리가 이와 일치하기에 가능한 것이었다.

본 교재를 통해 저자는 지속적으로 연구자(도전자)의 입장에서 이기는 통계학을 가르쳤다. 그러나 만일 이기지 못한다면 의미가 없는 것일까?

절대 그렇지 않다는 점을 이제부터 말해 보려 하는 것이다.

이기는 통계학과 지는 통계학은 사실상 그 끝이 맞닿아 있다. 우리는 수많은 가설을 설정하고 연구를 하면서 매번 승리하는 것이 아니다. 아니 승리하는 경우보다 지는 경우가 더 많을 것이다. 그러나 수없이 쓰러지고 지는 경험을 통하여 우리는 다음번 연구를 위한 가설을 더 정교하게 다듬게 되고, 새롭게 데이터를 모으거나 다양한 각도에서 새로운 분석을 시도하면서 점차 진리의 발견에 다가가게 된다.

더 놀라운 것은 연구자의 입장에서 보면 귀무가설을 기각시키기 위해 연구가설을 만들었는데, 실망스럽게도 귀무가설을 기각시키지 못해 좌절할 때도 있지만 종종 우리는 우리가 전혀 예측하지 못했던 이른바 "unexpected results"를 통해 새로운 발견의 장을 열게 되기도 한다. 즉, 우리의 가정과는 달리 정반대의 결과가 나타나면서 그럴듯한(plausible) 추론을 하게 되고, 정량적·정성적 증거자료들을 수집하게 되면 실로 위대한 발견이 되는 것이다.

따라서 지는 통계학이 이기는 통계학의 대척점에 서있다고 생각하면 안 된다. 우리의 목적은 진리탐구와 발견에서 궁극적으로는 이기는 것이지만 지는 과정에서 많은 시행착오와 예기치 못한 발견을 하게 된다는 것이다. 실제로 인류의 병을 치료하는 많은 신약들이 애초에 의도하지 않았던 영역에서 부작용으로 또는 잘못된 배합으로 나타나게 되고, 이것이 다른 병을 치유하는 데 더 탁월한 효과를 내는 경우를 우리는 많이 보아왔다.

'이기는 통계학'은 그러한 면에서 '지는 통계학'을 먹고 자란다고 할 수 있다.

지금 이 시간에도 불을 밝히며 실험과 연구에 시간가는 줄도 모르고 실패와 시행착오를 거듭하며 밤을 새는 이 땅의 모든 연구자들을 위하여 뜨거운 감사와 격려의 박수를 보낸다. 분명 이들은 세상을 바꾸는 너무나도 중요한 일들을 하는 인재들이기 때문이다. 거기에 '이기는 통계학'이 있기 때문에 이들의 연구 성과가 입증되고 세상을 이롭게 하는 것이라 믿는다.

【에필로그 Ⅱ】 통계학과 관리과학(OR)의 상호연계성

지금까지 R이라는 오프소스 소프트웨어를 중심으로 추론통계학의 다양한 통계기법들을 살펴보았다. 물론 제14장의 비정형데이터 분석은 추론통계학의 영역은 아니지만 어쨌거나 우리는 우리가 접근하기 어려운 모집단을 대상으로 표본이라는 것을 추출하여 이 표본에 대한 분석을 토대로 모집단을 추론해 보는 과학적 방법론을 배웠던 것이다.

누가 봐도 이 영역은 과학(science)의 영역임이 분명하다. 과학은 인과관계를 밝혀내는 학문의 영역이다. 그런데 우리가 계량행정을 하면서 무시할 수 없고, 또 앞으로 더 관심을 가져야 하는 영역이 더 있는데 그게 바로 예술(art)의 영역이다. 예술이란 무엇일까?

예술이란 과학의 영역처럼 모집단과 표본 간의 관계에 집중하여 인과관계에 관심을 두기보다는 사회나 행정현상의 문제를 바라보고 상황을 단순화시켜 바로 해결책(solution)을 내는 데 관심이 있다. 그렇다고 과학과 예술이 전혀 차원이 다른 별개의 것이 아니다. 둘은 서로 밀접하게 연결되어 있다. 과학이 인과관계를 밝혀 어느 부분이 가장 중요하다는 것을 밝혔다면, 예술은 현실적인 부분에서 자원의 배분과 밀접한 관련을 갖는다. 현실적 제약요건 하에서 어떻게 해야 가장 효율적이고 효과적인 방법으로 목표를 달성할 수 있을 것인가에 관심을 더 갖는다.

따라서 과학은 모든 상황과 조건이 동일하다면 인과관계가 맞아 떨어져야 한다는 일반화의 논리에 집착하는 반면, 예술은 인과관계에 기초하되 주어진 자원의 한계를 고려하면서 그 대상의 상황과 맥락에 따라 일반화에 기초한 이론들이 다 들어맞지는 않는다는 점을 강조한다. 예술은 이러한 측면에서 주어진 환경 하에서 어떻게 효율적으로 자원을 배분해서 최대의 효과를 낼 것인가에 더 관심을 갖는다.

따라서 예술은 매우 디테일한 부분에 관심을 갖는 반면, 과학은 거시적이고 일반화를 중심으로 큰 그림을 그리는 데 관심이 있다.

예를 들어, 특정한 병을 치료하기 위해 신약을 개발해서 FDA의 인준을 받는 행위는 과학의 영역이다. 그러나 구체적으로 개별 환자의 특성에 따라 어느 정도의 양과 조합으로 약을 써야 가장 효율적이고 효과적인가를 따지는 영역은 예술의 영역이다.

이러한 예술을 중점적으로 다루는 영역을 OR(Operation Research)이라고 하고, 관리과학(management science)이라고도 부른다. 그렇다. 예술도 과학이라 할 수 있다. 사실 예술과 과학 간의 공통점은 두 영역 모두 확률이론을 기초로 한다는 것이며, 이는 측정의 척도와 중심화 경향에 대한 이해와 함께 이항확률분포, 정규분포, 포아송분포, 초기하확률분포에 대한 이해가 필요하다는 것을 의미한다.

이러한 관점에서 예술도 여전히 과학의 영역이라고 볼 수 있지만 일반화된 이론을 강조하는 과학과는 조금 다른 영역이라고 보아야 한다. 따라서 행정학은 과학이면서 동시에 예술이어야 한다.

관리과학에서 다루어지는 기법들은 통계학에서 다루어지는 기법들과 조금 다르다. 여기에는 마코프모형, 선형계획모형, 줄서기 모형, PERT 등이 포함된다.

R뿐만 아니라 기존의 통계패키지(SAS, SPSS)에서는 이러한 관리과학 기법들을 다룰 수 있는 프로그램을 또한 제공하고 있다. 그러나 이러한 관리과학 기법들을 가장 쉽게 다룰 수 있는 소프트웨어는 엑셀프로그램이다.

이제 학부와 대학원 수준에서 추론통계학을 과학으로서 충실히 배웠다면 관리과학의 영역으로 넘어가야 할 필요가 있다. 본 교재에서는 이 관리과학의 부문을 여기서 직접 다루지 않고 별도의 교재에서 다룰 예정으로 있다. 그만큼 관리과학의 영역은 별도의 교재에서 다루기에 충분한 양의 교육내용이 있기 때문이다.

여하튼 행정계량분석을 공부하는 학부, 대학원생의 입장에서 관리과학의 영역이 있다고 하는 것과 그 기법들을 함께 알고 있어야 할 필요가 있다. 그래야 행정계량분석 능력이 완벽해진다.

이제 R을 통해 추론통계학을 마스터했으니 곧 관리과학의 세계에 관심을 가지고 들어가 보게 되기를 기원한다.

부록

〈표 1〉 이항확률분포표

$$P_r(X \le c) = \sum_{x=0}^{c} \binom{n}{x} p^x (1-p)^{n-x}$$

		p										
		.05	.10	.20	.30	.40	.50	.60	.70	.80	.90	.95
n=1	0	.950	.900	.800	.700	.600	.500	.400	.300	.200	.100	.050
	1	1.000	1.000	1.000	1.000	1.000	1.000	1.000	1.000	1.000	1.000	1.000
n=2	0	.902	.810	.640	.490	.360	.250	.160	.090	.040	.010	.002
	1	.997	.990	.960	.910	.840	.750	.640	.510	.360	.190	.097
	2	1.000	1.000	1.000	1.000	1.000	1.000	1.000	1.000	1.000	1.000	1.000
n=3	0	.857	.729	.512	.343	.216	.125	.064	.027	.008	.001	.000
	1	.993	.972	.896	.784	.648	.500	.352	.216	.104	.028	.007
	2	1.000	.999	.992	.973	.936	.875	.784	.657	.488	.271	.143
	3	1.000	1.000	1.000	1.000	1.000	1.000	1.000	1.000	1.000	1.000	1.000
n=4	0	.815	.656	.410	.240	.130	.063	.026	.008	.002	.000	.000
	1	.986	.948	.819	.652	.475	.313	.179	.084	.027	.004	.000
	2	1.000	.996	.973	.916	.821	.688	.525	.348	.181	.052	.014
	3	1.000	1.000	.998	.992	.974	.938	.870	.760	.590	.344	.185
	4	1.000	1.000	1.000	1.000	1.000	1.000	1.000	1.000	1.000	1.000	1.000
n=5	0	.774	.590	.328	.168	.078	.031	.010	.002	.000	.000	.000
	1	.977	.919	.737	.528	.337	.188	.087	.031	.007	.000	.000
	2	.999	.991	.942	.837	.683	.500	.317	.163	.058	.009	.001
	3	1.000	1.000	.993	.969	.913	.813	.663	.472	.263	.081	.023
	4	1.000	1.000	1.000	.998	.990	.969	.922	.832	.672	.410	.226
	5	1.000	1.000	1.000	1.000	1.000	1.000	1.000	1.000	1.000	1.000	1.000
n=6	0	.735	.531	.262	.118	.047	.016	.004	.001	.000	.000	.000
	1	.967	.886	.655	.420	.233	.109	.041	.011	.002	.000	.000
	2	.998	.984	.901	.744	.544	.344	.179	.070	.017	.001	.000
	3	1.000	.999	.983	.930	.821	.656	.456	.256	.099	.016	.002
	4	1.000	1.000	.998	.989	.959	.891	.767	.580	.345	.114	.033
	5	1.000	1.000	1.000	.999	.996	.984	.953	.882	.738	.469	.265
	6	1.000	1.000	1.000	1.000	1.000	1.000	1.000	1.000	1.000	1.000	1.000

						p						
		.05	.10	.20	.30	.40	.50	.60	.70	.80	.90	.95
n=7	0	.698	.478	.210	.082	.028	.008	.002	.000	.000	.000	.000
	1	.956	.850	.577	.329	.159	.063	.019	.004	.000	.000	.000
	2	.996	.974	.852	.647	.420	.227	.096	.029	.005	.000	.000
	3	1.000	.997	.967	.874	.710	.500	.290	.126	.033	.003	.000
	4	1.000	1.000	.995	.971	.904	.773	.580	.353	.148	.026	.004
	5	1.000	1.000	1.000	.996	.981	.938	.841	.671	.423	.150	.044
	6	1.000	1.000	1.000	1.000	.998	.992	.972	.918	.790	.522	.302
	7	1.000	1.000	1.000	1.000	1.000	1.000	1.000	1.000	1.000	1.000	1.000
n=8	0	.663	.430	.168	.058	.017	.004	.001	.000	.000	.000	.000
	1	.943	.813	.503	.255	.106	.035	.009	.001	.000	.000	.000
	2	.994	.962	.797	.552	.315	.145	.050	.011	.001	.000	.000
	3	1.000	.995	.944	.806	.594	.363	.174	.058	.010	.000	.000
	4	1.000	1.000	.990	.942	.826	.637	.406	.194	.056	.005	.000
	5	1.000	1.000	.999	.989	.950	.855	.685	.448	.203	.038	.006
	6	1.000	1.000	1.000	.999	.991	.965	.894	.745	.497	.187	.057
	7	1.000	1.000	1.000	1.000	.999	.996	.983	.942	.832	.570	.337
	8	1.000	1.000	1.000	1.000	1.000	1.000	1.000	1.000	1.000	1.000	1.000
n=9	0	.630	.387	.134	.040	.010	.002	.000	.000	.000	.000	.000
	1	.929	.775	.436	.196	.071	.020	.004	.000	.000	.000	.000
	2	.992	.947	.738	.463	.232	.090	.025	.004	.000	.000	.000
	3	.999	.992	.914	.730	.483	.254	.099	.025	.003	.000	.000
	4	1.000	.999	.980	.901	.733	.500	.267	.099	.020	.001	.000
	5	1.000	1.000	.997	.975	.901	.746	.517	.270	.086	.008	.001
	6	1.000	1.000	1.000	.996	.975	.910	.768	.537	.262	.053	.008
	7	1.000	1.000	1.000	1.000	.996	.980	.929	.804	.564	.225	.071
	8	1.000	1.000	1.000	1.000	1.000	.998	.990	.960	.866	.613	.370
	9	1.000	1.000	1.000	1.000	1.000	1.000	1.000	1.000	1.000	1.000	1.000
n=10	0	.599	.349	.107	.028	.006	.001	.000	.000	.000	.000	.000
	1	.914	.736	.376	.149	.046	.011	.002	.000	.000	.000	.000
	2	.988	.930	.678	.383	.167	.055	.012	.002	.000	.000	.000
	3	.999	.987	.879	.650	.382	.172	.055	.011	.001	.000	.000
	4	1.000	.998	.967	.850	.633	.377	.166	.047	.006	.000	.000
	5	1.000	1.000	.994	.953	.834	.623	.367	.150	.033	.002	.000
	6	1.000	1.000	.999	.989	.945	.828	.618	.350	.121	.013	.001
	7	1.000	1.000	1.000	.998	.988	.945	.833	.617	.322	.070	.012
	8	1.000	1.000	1.000	1.000	.998	.989	.954	.851	.624	.264	.086
	9	1.000	1.000	1.000	1.000	1.000	.999	.994	.972	.893	.651	.401
	10	1.000	1.000	1.000	1.000	1.000	1.000	1.000	1.000	1.000	1.000	1.000

		p										
		.05	.10	.20	.30	.40	.50	.60	.70	.80	.90	.95
n=11	0	.569	.314	.086	.020	.004	.000	.000	.000	.000	.000	.000
	1	.898	.697	.322	.113	.030	.006	.001	.000	.000	.000	.000
	2	.985	.910	.617	.313	.119	.033	.006	.001	.000	.000	.000
	3	.998	.981	.839	.570	.296	.113	.029	.004	.000	.000	.000
	4	1.000	.997	.950	.790	.533	.274	.099	.022	.002	.000	.000
	5	1.000	1.000	.988	.922	.753	.500	.247	.078	.012	.000	.000
	6	1.000	1.000	.998	.978	.901	.726	.467	.210	.050	.003	.000
	7	1.000	1.000	1.000	.996	.971	.887	.704	.430	.161	.019	.002
	8	1.000	1.000	1.000	.999	.994	.967	.881	.687	.383	.090	.015
	9	1.000	1.000	1.000	1.000	.999	.994	.970	.887	.678	.303	.102
	10	1.000	1.000	1.000	1.000	1.000	1.000	.996	.980	.914	.686	.431
	11	1.000	1.000	1.000	1.000	1.000	1.000	1.000	1.000	1.000	1.000	1.000
n=12	0	.540	.282	.069	.014	.002	.000	.000	.000	.000	.000	.000
	1	.882	.659	.275	.085	.020	.003	.000	.000	.000	.000	.000
	2	.980	.889	.558	.253	.083	.019	.003	.000	.000	.000	.000
	3	.998	.974	.795	.493	.225	.073	.015	.002	.000	.000	.000
	4	1.000	.996	.927	.724	.438	.194	.057	.009	.001	.000	.000
	5	1.000	.999	.981	.882	.665	.387	.158	.039	.004	.000	.000
	6	1.000	1.000	.996	.961	.842	.613	.335	.118	.019	.001	.000
	7	1.000	1.000	.999	.991	.943	.806	.562	.276	.073	.004	.000
	8	1.000	1.000	1.000	.998	.985	.927	.775	.507	.205	.026	.002
	9	1.000	1.000	1.000	1.000	.997	.981	.917	.747	.442	.111	.020
	10	1.000	1.000	1.000	1.000	1.000	.997	.980	.915	.725	.341	.118
	11	1.000	1.000	1.000	1.000	1.000	1.000	.998	.986	.931	.718	.460
	12	1.000	1.000	1.000	1.000	1.000	1.000	1.000	1.000	1.000	1.000	1.000
n=13	0	.513	.254	.055	.010	.001	.000	.000	000	000	000	000
	1	.865	.621	.234	.064	.013	.002	.000	.000	.000	.000	.000
	2	.975	.866	.502	.202	.058	.011	.001	.000	000	000	000
	3	.997	.966	.747	.421	.169	.046	.008	.001	.000	.000	.000
	4	1.000	.994	.901	.654	.353	.133	.032	.004	.000	000	000
	5	1.000	.999	.970	.835	.574	.291	.098	.018	.001	.000	.000
	6	1.000	1.000	.993	.938	.771	.500	.229	.062	.007	.000	000
	7	1.000	1.000	.999	.982	.902	.709	.426	.165	.030	.001	.000
	8	1.000	1.000	1.000	.996	.968	.867	.647	.346	.099	.006	.000
	9	1.000	1.000	1.000	.999	.992	.954	.831	.579	.253	.034	.003
	10	1.000	1.000	1.000	1.000	.999	.989	.942	.798	.498	.134	.025
	11	1.000	1.000	1.000	1.000	1.000	.998	.987	.936	.766	.379	.135
	12	1.000	1.000	1.000	1.000	1.000	1.000	.999	.990	.945	.746	.487
	13	1.000	1.000	1.000	1.000	1.000	1.000	1.000	1.000	1.000	1.000	1.000

							p					
		.05	.10	.20	.30	.40	.50	.60	.70	.80	.90	.95
n=14	0	.488	.229	.044	.007	.001	.000	.000	.000	.000	.000	.000
	1	.847	.585	.198	.047	.008	.001	.000	.000	.000	.000	.000
	2	.970	.842	.448	.161	.040	.006	.001	.000	.000	.000	.000
	3	.996	.956	.698	.355	.124	.029	.004	.000	.000	.000	.000
	4	1.000	.991	.870	.584	.279	.090	.018	.002	.000	.000	.000
	5	1.000	.999	.956	.781	.486	.212	.058	.008	.000	.000	.000
	6	1.000	1.000	.988	.907	.692	.395	.150	.031	.002	.000	.000
	7	1.000	1.000	.998	.969	.850	.605	.308	.093	.012	.000	.000
	8	1.000	1.000	1.000	.992	.942	.788	.514	.219	.044	.001	.000
	9	1.000	1.000	1.000	.998	.982	.910	.721	.416	.130	.009	.000
	10	1.000	1.000	1.000	1.000	.996	.971	.876	.645	.302	.044	.004
	11	1.000	1.000	1.000	1.000	.999	.994	.960	.839	.552	.158	.030
	12	1.000	1.000	1.000	1.000	1.000	.999	.992	.953	.802	.415	.153
	13	1.000	1.000	1.000	1.000	1.000	1.000	.999	.993	.956	.771	.512
	14	1.000	1.000	1.000	1.000	1.000	1.000	1.000	1.000	1.000	1.000	1.000
n=15	0	.463	.206	.035	.005	.000	.000	.000	.000	.000	.000	
	1	.829	.549	.167	.035	.005	.000	.000	.000	.000	.000	.000
	2	.964	.816	.398	.127	.027	.004	.000	.000	.000	.000	.000
	3	.995	.944	.648	.297	.091	.018	.002	.000	.000	.000	.000
	4	.999	.987	.836	.515	.217	.059	.009	.001	.000	.000	.000
	5	1.000	.998	.939	.722	.403	.151	.034	.004	.000	.000	.000
	6	1.000	1.000	.982	.869	.610	.304	.095	.015	.001	.000	.000
	7	1.000	1.000	.996	.950	.787	.500	.213	.050	.004	.000	.000
	8	1.000	1.000	.999	.985	.905	.696	.390	.131	.018	.000	.000
	9	1.000	1.000	1.000	.996	.966	.849	.597	.278	.016	.002	.000
	10	1.000	1.000	1.000	.999	.991	.941	.783	.485	.164	.013	.001
	11	1.000	1.000	1.000	1.000	.998	.982	.909	.703	.352	.056	.005
	12	1.000	1.000	1.000	1.000	1.000	.996	.973	.873	.602	.184	.036
	13	1.000	1.000	1.000	1.000	1.000	1.000	.995	.965	.833	.451	.171
	14	1.000	1.000	1.000	1.000	1.000	1.000	1.000	.995	.965	.794	.537
	15	1.000	1.000	1.000	1.000	1.000	1.000	1.000	1.000	1.000	1.000	1.000
n=16	0	.440	.185	.028	.003	.000	.000	.000	.000	.000	.000	.000
	1	.811	.515	.141	.026	.003	.000	.000	.000	.000	.000	.000
	2	.957	.789	.352	.099	.018	.002	.000	.000	.000	.000	.000
	3	.993	.932	.598	.246	.065	.011	.001	.000	.000	.000	.000
	4	.999	.983	.798	.450	.167	.038	.005	.000	.000	.000	.000
	5	1.000	.997	.918	.660	.329	.105	.019	.002	.00	.000	.000
	6	1.000	.999	.973	.825	.527	.227	.058	.007	.000	.000	.000
	7	1.000	1.000	.993	.926	.716	.402	.142	.026	.001	.00	.000
	8	1.000	1.000	.999	.974	.858	.598	.284	.074	.007	.000	.000
	9	1.000	1.000	1.000	.993	.942	.773	.473	.175	.027	.001	.000
	10	1.000	1.000	1.000	.998	.981	.895	.671	.340	.082	.003	.000

		p										
		.05	.10	.20	.30	.40	.50	.60	.70	.80	.90	.95
n=16	11	1.000	1.000	1.000	1.000	.995	.962	.833	.550	.202	.017	.001
	12	1.000	1.000	1.000	1.000	.999	.989	.935	.754	.402	.068	.007
	13	1.000	1.000	1.000	1.000	1.000	.998	.982	.901	.648	.211	.043
	14	1.000	1.000	1.000	1.000	1.000	1.000	.997	.974	.859	.485	.189
	15	1.000	1.000	1.000	1.000	1.000	1.000	1.000	.997	.972	.815	.560
	16	1.000	1.000	1.000	1.000	1.000	1.000	1.000	1.000	1.000	1.000	1.000
n=17	0	.418	.167	.023	.002	.000	.000	.000	.000	.000	.000	.000
	1	.792	.482	.118	.019	.002	.000	.000	.000	.000	.000	.000
	2	.950	.762	.310	.077	.012	.001	.000	.000	.000	.000	.000
	3	.991	.917	.549	.202	.046	.006	.000	.000	.000	.000	.000
	4	.999	.978	.758	.389	.126	.025	.003	.000	.000	.000	.000
	5	1.000	.995	.894	.597	.264	.072	.011	.001	.000	.000	.000
	6	1.000	.999	.962	.775	.448	.166	.035	.003	.000	.000	.000
	7	1.000	1.000	.989	.895	.641	.315	.092	.013	.000	.000	.000
	8	1.000	1.000	.997	.960	.801	.500	.199	.040	.003	.000	.000
	9	1.000	1.000	1.000	.987	.908	.685	.359	.105	.011	.000	.000
	10	1.000	1.000	1.000	.997	.965	.834	.552	.225	.038	.001	.000
	11	1.000	1.000	1.000	.999	.989	.928	.736	.403	.106	.005	.000
	12	1.000	1.000	1.000	1.000	.997	.975	.874	.611	.242	.022	.001
	13	1.000	1.000	1.000	1.000	1.000	.994	.954	.798	.451	.083	.009
	14	1.000	1.000	1.000	1.000	1.000	.999	.988	.923	.690	.238	.050
	15	1.000	1.000	1.000	1.000	1.000	1.000	.998	.981	.882	.518	.208
	16	1.000	1.000	1.000	1.000	1.000	1.000	1.000	.998	.977	.833	.582
	17	1.000	1.000	1.000	1.000	1.000	1.000	1.000	1.000	1.000	1.000	1.000
n=18	0	.397	.150	.018	.002	.000	.000	.000	.000	.000	.000	.000
	1	.774	.450	.099	.014	.001	.000	.000	.000	.000	.000	.000
	2	.942	.734	.271	.060	.008	.001	.000	.000	.000	.000	.000
	3	.989	.902	.501	.165	.033	.004	.000	.000	.000	.000	.000
	4	.998	.972	.716	.333	.094	.015	.001	.000	.000	.000	.000
	5	1.000	.994	.867	.534	.209	.048	.006	.000	.000	.000	.000
	6	1.000	.999	.949	.722	.374	.119	.020	.001	.000	.000	.000
	7	1.000	1.000	.984	.859	.563	.240	.058	.006	.000	.000	.000
	8	1.000	1.000	.996	.940	.737	.407	.135	.021	.001	.000	.000
	9	1.000	1.000	.999	.979	.865	.593	.263	.060	.004	.000	.000
	10	1.000	1.000	1.000	.994	.942	.760	.437	.141	.016	.000	.000
	11	1.000	1.000	1.000	.999	.980	.881	.626	.278	.051	.001	.000
	12	1.000	1.000	1.000	1.000	.994	.952	.791	.466	.133	.006	.000
	13	1.000	1.000	1.000	1.000	.999	.985	.906	.567	.284	.028	.002
	14	1.000	1.000	1.000	1.000	1.000	.996	.967	.835	.499	.098	.011
	15	1.000	1.000	1.000	1.000	1.000	.999	.992	.940	.729	.266	.058
	16	1.000	1.000	1.000	1.000	1.000	1.000	.999	.986	.901	.550	.226
	17	1.000	1.000	1.000	1.000	1.000	1.000	1.000	.998	.982	.850	.603
	18	1.000	1.000	1.000	1.000	1.000	1.000	1.000	1.000	1.000	1.000	1.000

		p										
		.05	.10	.20	.30	.40	.50	.60	.70	.80	.90	.95
n=19	0	.377	.135	.014	.001	.000	.000	.000	.000	.000	.000	.000
	1	.755	.420	.083	.010	.001	.000	.000	.000	.000	.000	.000
	2	.933	.705	.237	.046	.005	.000	.000	.000	.000	.000	.000
	3	.987	.885	.455	.133	.023	.002	.000	.000	.000	.000	.000
	4	.998	.965	.673	.282	.070	.010	.001	.000	.000	.000	.000
	5	1.000	.991	.837	.474	.163	.032	.003	.000	.000	.000	.000
	6	1.000	.998	.932	.666	.308	.084	.012	.001	.000	.000	.000
	7	1.000	1.000	.977	.818	.488	.180	.035	.003	.000	.000	.000
	8	1.000	1.000	.993	.916	.667	.324	.088	.011	.000	.000	.000
	9	1.000	1.000	.998	.967	.814	.500	.186	.033	.002	.000	.000
	10	1.000	1.000	1.000	.989	.912	.676	.333	.084	.007	.000	.000
	11	1.000	1.000	1.000	.997	.965	.820	.512	.182	.023	.000	.000
	12	1.000	1.000	1.000	.999	.988	.916	.692	.334	.068	.002	.000
	13	1.000	1.000	1.000	1.000	.997	.968	.837	.526	.163	.009	.000
	14	1.000	1.000	1.000	1.000	.999	.990	.930	.718	.327	.035	.002
	15	1.000	1.000	1.000	1.000	1.000	.998	.977	.867	.545	.115	.013
	16	1.000	1.000	1.000	1.000	1.000	1.000	.995	.954	.763	.295	.067
	17	1.000	1.000	1.000	1.000	1.000	1.000	.999	.990	.917	.580	.245
	18	1.000	1.000	1.000	1.000	1.000	1.000	1.000	.999	.986	.865	.623
	19	1.000	1.000.	1.000	1.000	1.000	1.000	1.000	1.000	1.000	1.000	1.000
n=20	0	.358	.122	.012	.001	.000	.000	.000	.000	.000	.000	.000
	1	.736	.392	.069	.008	.001	.000	.000	.000	.000	.000	.000
	2	.925	.677	.206	.035	.004	.000	.000	.000	.000	.000	.000
	3	.984	.867	.411	.107	.016	.001	.000	.000	.000	.000	.000
	4	.997	.957	.630	.238	.051	.006	.000	.000	.000	.000	.000
	5	1.000	.989	.840	.416	.126	.021	.002	.000	.000	.000	.000
	6	1.000	.998	.913	.608	.250	.058	.006	.000	.000	.000	.000
	7	1.000	1.000	.968	.772	.416	.132	.021	.001	.000	.000	.000
	8	1.000	1.000	.990	.887	.596	.252	.057	.005	.000	.000	.000
	9	1.000	1.000	.997	.952	.755	.412	.128	.017	.001	.000	.000
	10	1.000	1.000	.999	.983	.872	.588	.245	.048	.003	.000	.000
	11	1.000	1.000	1.000	.995	.943	.748	.404	.113	.010	.000	.000
	12	1.000	1.000	1.000	.999	.979	.868	.584	.228	.032	.000	.000
	13	1.000	1.000	1.000	1.000	.994	.942	.750	.392	.087	.002	.000
	14	1.000	1.000	1.000	1.000.	.998	.979	.874	.584	.196	.011	.000
	15	1.000	1.000	1.000	1.000	1.000	.994	.949	.762	.370	.043	.003
	16	1.000	1.000	1.000	1.000.	1.000.	.999	.984	.893	.589	.133	.016
	17	1.000	1.000	1.000	1.000	1.000	1.000	.996	.965	.794	.323	.075
	18	1.000	1.000	1.000	1.000.	1.000.	1.000.	.999	.992	.931	.608	.264
	19	1.000	1.000	1.000	1.000	1.000	1.000	1.000	.999	.988	.878	.642
	20	1.000	1.000	1.000	1.000.	1.000.	1.000.	1.000.	1.000	1.000	1.000	1.000

		p										
		.05	.10	.20	.30	.40	.50	.60	.70	.80	.90	.95
n=25	0	.277	.072	.004	.000	.000	.000	.000	.000	.000	.000	.000
	1	.642	.271	.027	.002	.000	.000	.000	.000	.000	.000	.000
	2	.873	.537	.098	.009	.000	.000	.000	.000	.000	.000	.000
	3	.966	.764	.234	.033	.002	.000	.000	.000	.000	.000	.000
	4	.993	.902	.421	.090	.009	.000	.000	.000	.000	.000	.000
	5	.999	.967	.617	.193	.029	.002	.000	.000	.000	.000	.000
	6	1.000	.991	.780	.341	.074	.007	.000	.000	.000	.000	.000
	7	1.000	.998	.891	.512	.154	.022	.001	.000	.000	.000	.000
	8	1.000	1.000	.953	.677	.274	.054	.004	.000	.000	.000	.000
	9	1.000	1.000	.983	.811	.425	.115	.013	.000	.000	.000	.000
	10	1.000	1.000	.994	.902	.586	.212	.034	.002	.000	.000	.000
	11	1.000	1.000	.998	.956	.732	.345	.078	.006	.000	.000	.000
	12	1.000	1.000	1.000	.983	.846	.500	.154	.017	.000	.000	.000
	13	1.000	1.000	1.000	.994	.922	.655	.268	.044	.002	.000	.000
	14	1.000	1.000	1.000	.998	.966	.788	.414	.098	.006	.000	.000
	15	1.000	1.000	1.000	1.000	.987	.885	.575	.189	.017	.000	.000
	16	1.000	1.000	1.000	1.000	.996	.946	.726	.323	.047	.000	.000
	17	1.000	1.000	1.000	1.000	.999	.978	.846	.488	.109	.002	.000
	18	1.000	1.000	1.000	1.000	1.000	.993	.926	.659	.220	.009	.000
	19	1.000	1.000	1.000	1.000	1.000	.998	.971	.807	.383	.033	.001
	20	1.000	1.000	1.000	1.000	1.000	1.000	.991	.910	.579	.098	.007
	21	1.000	1.000	1.000	1.000	1.000	1.000	.998	.967	.766	.236	.034
	22	1.000	1.000	1.000	1.000	1.000	1.000	1.000	.991	.902	.463	.127
	23	1.000	1.000	1.000	1.000	1.000	1.000	1.000	.998	.973	.729	.358
	24	1.000	1.000	1.000	1.000	1.000	1.000	1.000	1.000	.996	.928	.723
	25	1.000	1.000	1.000	1.000	1.000	1.000	1.000	1.000	1.000	1.000	1.000

〈표 2〉 표준정규분포표

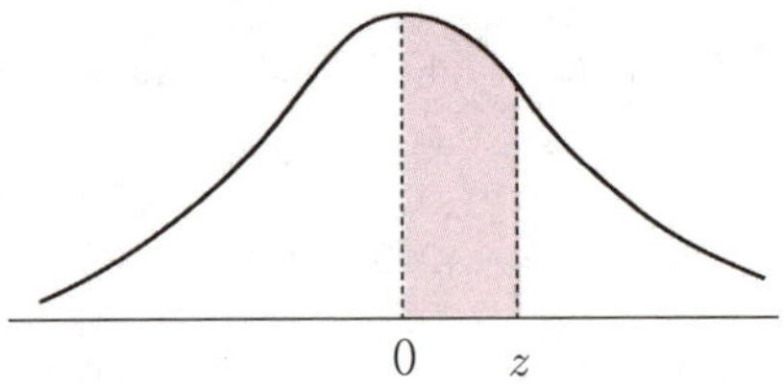

z	.00	.01	.02	.03	.04	.05	.06	.07	.08	.09
0.0	.0000	.0040	.0080	.0120	.0160	.0199	.0239	.0279	.0319	.0359
0.1	.0398	.0438	.0478	.0517	.0557	.0596	.0636	.0675	.0714	.0753
0.2	.0793	.0832	.0871	.0910	.0948	.0987	.1026	.1064	.1103	.1141
0.3	.1179	.1217	.1255	.1293	.1331	.1368	.1406	.1443	.1480	.1517
0.4	.1554	.1591	.1628	.1664	.1700	.1735	.1772	.1808	.1844	.1879
0.5	.1915	.1950	.1985	.2019	.2054	.2088	.2123	.2157	.2190	.2224
0.6	.2257	.2291	.2324	.2357	.2389	.2422	.2454	.2486	.2518	.2549
0.7	.2580	.2612	.2642	.2673	.2704	.2734	.2764	.2794	.2823	.2852
0.8	.2281	.2910	.2939	.2967	.2995	.3023	.3051	.3078	.3106	.3133
0.9	.3159	.3185	.3212	.3238	.3264	.3289	.3315	.3340	.3365	.3389
1.0	.3413	.3438	.3461	.3485	.3508	.3531	.3554	.3577	.3599	.3621
1.1	.3643	.3655	.3686	.3708	.3729	.3749	.3770	.3790	.3810	.3830
1.2	.3849	.3859	.3888	.3907	.3925	.3944	.3962	.3980	.3997	.4015
1.3	.4032	.4049	.4066	.4082	.4099	.4115	.4131	.4147	.4162	.4177
1.4	.4192	.4207	.4222	.4235	.4251	.4265	.4279	.4292	.4305	.4319
1.5	.4332	.4345	.4357	.4370	.4382	.4394	.4406	.4418	.4429	.4441
1.6	.4452	.4463	.4474	.4484	.4495	.4505	.4515	.4525	.4535	.4545
1.7	.4554	.4564	.4573	.4582	.4591	.4599	.4608	.4616	.4625	.4633
1.8	.4641	.4649	.4656	.4664	.4671	.4678	.4686	.4693	.4699	.4706
1.9	.4713	.4719	.4726	.4732	.4738	.4744	.4750	.4756	.4761	.4764
2.0	.4772	.4778	.4783	.4788	.4793	.4798	.4803	.4808	.4812	.4817
2.1	.4821	.4826	.4830	.4834	.4838	.4842	.4846	.4850	.4854	.4857
2.2	.4851	.4864	.4858	.4871	.4875	.4878	.4881	.4884	.4887	.4890
2.3	.4893	.4896	.4898	.4901	.4904	.4906	.4909	.4911	.4913	.4916
2.4	.4918	.4920	.4922	.4925	.4927	.4929	.4931	.4932	.4934	.4936
2.5	.4938	.4940	.4941	.4943	.4945	.4946	.4948	.4949	.4951	.4952
2.6	.4953	.4955	.4956	.4957	.4959	.4960	.4961	.4962	.4963	.4964
2.7	.4965	.4966	.4967	.4968	.4969	.4970	.4971	.4972	.4973	.4974
2.8	.4974	.4975	.4976	.4977	.4977	.4978	.4979	.4979	.4980	.4981
2.9	.4981	.4982	.4982	.4983	.4984	.4984	.4985	.4985	.4986	.4986
3.0	.4986	.4987	.4987	.4988	.4988	.4989	.4989	.4989	.4990	.4990
3.1	.4990	.4991	.4991	.4991	.4992	.4992	.4992	.4992	.4993	.4993
3.2	.4993	.4993	.4994	.4994	.4994	.4994	.4994	.4995	.4995	.4995
3.3	.4995	.4995	.4995	.4996	.4996	.4996	.4996	.4996	.4996	.4997
3.4	.4997	.4997	.4997	.4997	.4997	.4997	.4997	.4997	.4998	.4998
3.5	.4998	.4998	.4998	.4998	.4998	.4998	.4998	.4998	.4998	.4998
3.6	.4998	.4998	.4999	.4999	.4999	.4999	.4999	.4999	.4999	.4999
3.7	.4999	.4999	.4999	.4999	.4999	.4999	.4999	.4999	.4999	.4999
3.8	.4999	.4999	.4999	.4999	.4999	.4999	.4999	.5000	.5000	.5000
3.9	.5000	.5000	.5000	.5000	.5000	.5000	.5000	.5000	.5000	.5000

〈표 3〉 t 분포표

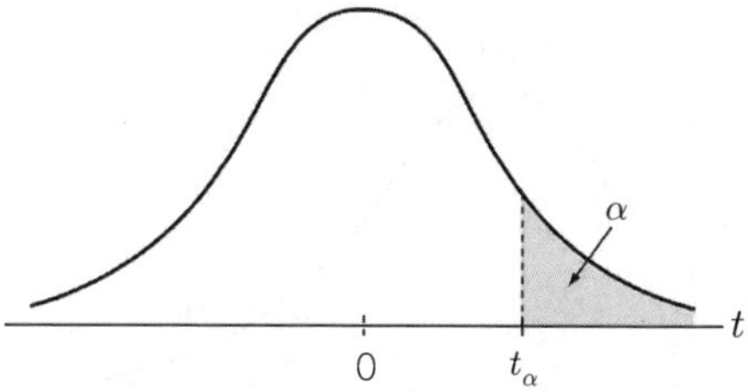

	α					
$d.f.$	0.25	0.1	0.05	0.025	0.01	0.005
1	1.000	3.078	6.314	12.706	31.821	63.657
2	0.816	1.886	2.920	4.303	6.965	9.925
3	0.765	1.638	2.353	3.182	4.541	5.841
4	0.741	1.533	2.132	2.776	3.747	4.604
5	0.727	1.476	2.015	2.571	3.365	4.032
6	0.718	1.440	1.943	2.447	3.134	3.707
7	0.711	1.415	1.895	2.365	2.998	3.499
8	0.706	1.397	1.860	2.306	2.896	3.355
9	0.703	1.383	1.833	2.262	2.821	3.250
10	0.700	1.372	1.812	2.228	2.764	3.169
11	0.697	1.363	1.796	2.201	2.718	3.106
12	0.695	1.356	1.782	2.179	2.681	3.055
13	0.694	1.350	1.771	2.160	2.650	3.012
14	0.692	1.345	1.761	2.145	2.624	2.977
15	0.691	1.341	1.753	2.131	2.602	2.947
16	0.690	1.337	1.746	2.120	2.583	2.921
17	0.689	1.333	1.740	2.110	2.567	2.898
18	0.688	1.330	1.734	2.101	2.552	2.878
19	0.688	1.328	1.729	2.093	2.539	2.816
20	0.687	1.325	1.725	2.086	2.528	2.845
21	0.686	1.323	1.721	2.080	2.518	2.831
22	0.686	1.321	1.717	2.074	2.508	2.819
23	0.685	1.319	1.714	2.069	2.500	2.807
24	0.685	1.318	1.711	2.064	2.492	2.797
25	0.684	1.316	1.708	2.060	2.485	2.787
26	0.684	1.315	1.706	2.056	2.479	2.779
27	0.684	1.314	1.703	2.052	2.473	2.771
28	0.683	1.313	1.701	2.048	2.467	2.763
29	0.683	1.311	1.699	2.045	2.462	2.756
30	0.683	1.310	1.697	2.042	2.457	2.750
40	0.681	1.303	1.684	2.021	2.423	2.704
60	0.697	1.296	1.671	2.000	2.390	2.660
120	0.677	1.289	1.658	1.980	2.358	2.617
∞	0.674	1.282	1.645	1.960	2.326	2.576

〈표 4〉 카이제곱(χ^2) 분포표

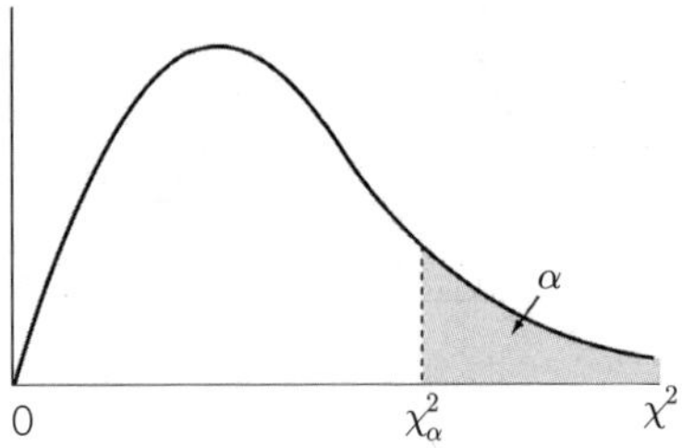

$d.f.$	0.990	0.975	0.950	0.900	0.500	0.100	0.050	0.025	0.010	0.005
1	0.002	0.001	0.004	0.02	0.45	2.71	3.84	5.02	6.63	7.88
2	0.02	0.05	0.10	0.21	1.39	4.61	5.99	7.38	9.21	10.60
3	0.11	0.22	0.35	058	2.37	6.25	7.81	9.35	11.34	12.84
4	0.30	0.48	0.71	1.06	3.36	7.78	9.49	11.14	13.28	14.86
5	0.55	0.83	1.15	1.61	4.35	9.24	11.07	12.83	15.09	16.75
6	0.87	1.24	1.64	2.20	5.35	10.64	12.59	14.45	16.81	18.55
7	1.24	1.69	2.17	2.83	6.35	12.02	14.07	16.01	18.48	20.28
8	1.65	2.18	2.73	3.49	7.34	13.36	15.51	17.53	20.09	21.95
9	2.09	2.70	3.33	4.17	8.34	14.68	16.92	19.02	21.67	23.59
10	2.56	3.25	3.94	4.87	9.34	15.99	18.31	20.48	23.21	25.19
11	3.05	3.82	4.57	5.58	10.34	17.28	19.68	21.92	24.72	26.76
12	3.57	4.40	5.23	6.30	11.34	18.55	21.03	23.34	26.22	28.30
13	4.11	5.01	5.89	7.04	12.34	19.81	22.36	24.74	27.69	29.82
14	4.66	5.63	6.57	7.79	13.34	21.06	23.68	26.12	29.14	31.32
15	5.23	6.26	7.26	8.55	14.34	22.31	25.00	27.49	30.58	32.80
16	5.81	6.91	7.96	9.31	15.34	23.54	26.30	28.85	32.00	34.27
17	6.41	7.56	8.67	10.09	16.34	24.77	27.59	30.19	33.41	35.72
18	7.01	8.23	9.39	10.86	17.34	25.99	28.87	31.53	34.81	37.16
19	7.63	8.91	10.12	11.65	18.34	27.20	30.14	32.85	36.19	38.58
20	8.26	9.59	10.85	12.44	19.34	28.41	31.41	34.17	37.57	40.00
21	8.90	10.28	11.59	13.24	20.34	29.62	32.67	35.48	38.93	41.40
22	9.54	10.98	12.34	14.04	21.34	30.81	33.92	36.78	40.29	42.80
23	10.20	11.69	13.09	14.85	22.34	32.01	35.17	38.08	41.64	44.18
24	10.86	12.40	13.85	15.66	23.34	33.20	36.42	39.36	42.98	45.56
25	11.52	13.12	14.61	16.47	24.34	34.38	37.65	40.65	44.31	46.93
26	12.20	13.84	15.38	17.29	25.34	35.56	38.89	41.92	45.64	48.29
27	12.83	14.57	16.15	18.11	26.34	36.74	40.11	43.19	46.96	49.64
28	13.56	15.31	16.93	18.93	27.34	37.92	41.34	44.46	48.28	50.99
29	14.26	16.05	17.71	19.77	28.34	39.09	42.56	45.72	49.59	52.34
30	14.95	16.79	18.49	20.60	29.34	40.26	43.77	46.98	50.89	53.67
40	22.16	24.43	26.51	29.05	39.34	51.81	55.76	59.34	63.69	66.77
50	29.71	32.36	34.76	37.69	49.33	63.17	67.50	71.42	76.15	79.49
60	37.48	40.48	43.19	46.46	59.33	74.40	79.08	83.30	88.38	91.95
70	45.44	48.76	51.74	55.33	69.33	85.53	90.53	95.02	100.43	104.21
80	53.54	57.15	60.39	64.28	79.33	96.58	101.88	106.63	112.33	116.32
90	61.75	65.65	68.13	73.29	89.33	107.57	113.15	118.14	124.12	128.30
100	70.06	74.22	77.93	82.36	99.33	118.50	124.34	129.56	135.81	140.17

〈표 5〉 F 분포표

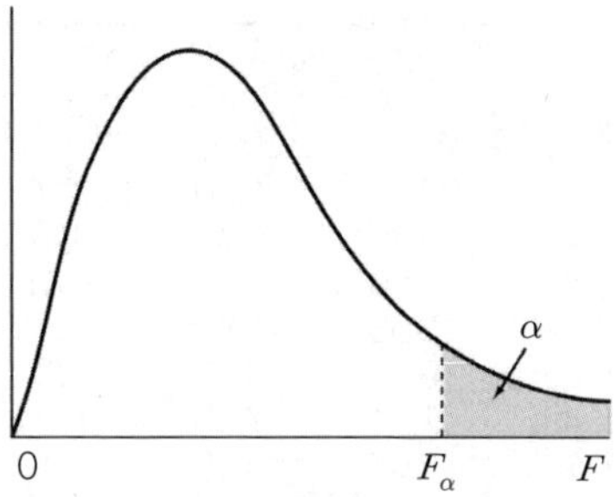

$\alpha = 0.01$

	ν_1								
ν_2	1	2	3	4	5	6	7	8	9
1	4052.0	4999.0	5403.0	5625.0	5764.0	5859.0	5928.0	5982.0	6022.0
2	98.50	99.00	99.17	99.25	99.30	99.33	99.36	99.37	99.39
3	34.12	30.82	29.46	28.71	28.24	27.91	27.67	27.49	27.34
4	21.20	18.00	16.69	15.98	15.52	15.21	14.98	14.80	14.66
5	16.26	13.27	12.06	11.39	10.97	10.67	10.46	10.29	10.16
6	13.74	10.92	9.78	9.15	8.75	8.47	8.26	8.10	7.98
7	12.25	9.55	8.45	7.85	7.46	7.19	6.99	6.84	6.72
8	11.26	8.65	7.59	7.01	6.63	6.37	6.18	6.03	5.91
9	10.56	8.02	6.99	6.42	6.06	5.80	5.61	5.47	5.35
10	10.04	7.56	6.55	5.99	5.64	5.39	5.20	5.06	4.94
11	9.65	7.21	6.22	5.67	5.32	5.07	4.89	4.74	4.63
12	9.33	6.93	5.95	5.41	5.06	4.82	4.64	4.50	4.39
13	9.07	6.70	5.74	5.21	4.86	4.62	4.44	4.30	4.19
14	8.86	6.51	5.56	5.04	4.69	4.46	4.28	4.14	4.03
15	8.68	6.36	5.42	4.89	4.56	4.32	4.14	4.00	3.89
16	8.53	6.23	5.29	4.77	4.44	4.20	4.03	3.89	3.78
17	8.40	6.11	5.18	4.67	4.34	4.10	3.93	3.79	3.68
18	8.29	6.01	5.09	4.58	4.25	4.01	3.84	3.71	3.60
19	8.18	5.93	5.01	4.50	4.17	3.94	3.77	3.63	3.52
20	8.10	5.85	4.94	4.43	4.10	3.87	3.70	3.56	3.46
21	8.02	5.78	4.87	4.37	4.04	3.81	3.64	3.51	3.40
22	7.95	5.72	4.82	4.31	3.99	3.76	3.59	3.45	3.35
23	7.88	5.66	4.76	4.26	3.94	3.71	3.54	3.41	3.30
24	7.82	5.61	4.72	4.72	3.90	3.67	3.50	3.36	3.26
25	7.77	5.57	4.68	4.68	3.85	3.63	3.46	3.32	3.22
26	7.72	5.53	4.64	4.14	3.82	3.59	3.42	3.29	3.18
27	7.68	5.49	4.60	4.11	3.78	3.56	3.39	3.26	3.15
28	7.64	5.45	4.57	4.07	3.75	3.53	3.36	3.23	3.12
29	7.60	5.42	4.54	4.04	3.73	3.50	3.33	3.20	3.09
30	7.56	5.39	4.51	4.02	3.70	3.47	3.30	3.17	3.07
40	7.31	5.18	4.31	3.83	3.51	3.29	3.12	2.99	2.89
60	7.08	4.98	4.13	3.65	3.34	3.12	2.95	2.82	2.72
120	6.85	4.79	3.95	3.48	3.17	2.96	2.79	2.66	2.56
∞	6.63	4.61	3.78	3.32	3.02	2.80	2.64	2.51	2.41

$\alpha = 0.01$

ν_2 \ ν_1	10	15	20	24	30	40	60	120	∞
1	6056.0	6157.0	6209.0	6235.0	6261.0	6287.0	6313.0	6339.0	6366.0
2	99.40	99.43	99.45	99.46	99.47	99.47	99.48	99.49	99.50
3	27.23	26.87	26.69	26.60	26.50	26.41	26.32	26.22	26.12
4	14.55	14.20	14.02	13.93	13.84	13.74	13.65	13.56	13.46
5	10.05	9.72	9.55	9.47	9.38	9.29	9.20	9.11	9.02
6	7.87	7.56	7.49	7.31	7.23	7.14	7.06	6.97	6.88
7	6.62	6.31	6.16	6.07	5.99	5.91	5.82	5.74	5.65
8	5.81	5.52	5.36	5.28	5.20	5.12	5.03	4.95	4.86
9	5.26	4.96	4.81	4.73	4.65	4.57	4.48	4.40	4.31
10	4.85	4.56	4.41	4.33	4.33	4.17	4.08	4.00	3.91
11	4.54	4.25	4.10	4.02	3.94	3.86	3.78	3.69	3.60
12	4.30	4.01	3.86	3.78	3.70	3.62	3.54	3.45	3.36
13	4.10	3.82	3.66	3.59	3.51	3.43	3.34	3.25	3.17
14	3.94	3.66	3.51	3.43	3.35	3.27	3.18	3.09	3.00
15	3.80	3.52	3.37	3.29	3.21	3.13	3.05	2.96	2.87
16	3.69	3.41	3.26	3.18	3.10	3.02	2.93	2.84	2.75
17	3.59	3.31	3.16	3.08	3.00	2.92	2.83	2.75	2.65
18	3.51	3.23	3.08	3.00	2.92	2.84	2.75	2.66	2.57
19	3.43	3.15	3.00	2.92	2.84	2.76	2.67	2.58	2.49
20	3.37	3.09	2.94	2.86	2.78	2.69	2.61	2.52	2.42
21	3.31	3.03	2.88	2.80	2.72	2.64	2.55	2.46	2.36
22	3.26	2.98	2.83	2.75	2.67	2.58	2.50	2.40	2.31
23	3.21	2.93	2.78	2.70	2.62	2.54	2.45	2.35	2.26
24	3.17	2.89	2.74	2.66	2.58	2.49	2.40	2.31	2.21
25	3.13	2.85	2.70	2.62	2.54	2.45	2.36	2.27	2.17
26	3.09	2.81	2.66	2.58	2.50	2.42	2.33	2.23	2.13
27	3.06	2.78	2.63	2.55	2.47	2.38	2.29	2.20	2.10
28	3.03	2.75	2.60	2.52	2.44	2.35	2.26	2.17	2.06
29	3.00	2.73	2.57	2.49	2.41	2.33	2.23	2.14	2.03
30	2.98	2.70	2.55	2.47	2.39	2.30	2.21	2.11	2.01
40	2.80	2.52	2.37	2.29	2.20	2.11	2.02	1.92	1.80
60	2.63	2.35	2.20	2.12	2.03	1.94	1.84	1.73	1.60
120	2.47	2.19	2.03	1.95	1.86	1.76	1.66	1.53	1.38
∞	2.32	2.04	1.88	1.79	1.70	1.59	1.47	1.32	1.00

$\alpha = 0.05$

ν_2 \ ν_1	1	2	3	4	5	6	7	8	9
1	161.45	199.50	215.71	224.58	230.16	233.99	236.77	238.88	240.54
2	18.51	19.00	19.16	19.25	19.30	19.33	19.35	19.37	19.38
3	10.13	9.55	9.28	9.12	9.01	8.94	8.89	8.85	8.81
4	7.71	6.94	6.59	6.39	6.26	6.16	6.09	6.04	6.00
5	6.61	5.79	5.41	5.19	5.05	4.95	4.88	4.82	4.77
6	5.99	5.14	4.76	4.53	4.39	4.28	4.21	4.15	4.10
7	5.59	4.74	4.35	4.12	3.97	3.87	3.79	3.73	3.68
8	5.32	4.46	4.07	3.84	3.69	3.58	3.50	3.44	3.39
9	5.12	4.26	3.86	3.63	3.48	3.37	3.29	3.23	3.18
10	4.96	4.10	3.71	3.48	3.33	3.22	3.14	3.07	3.02
11	4.84	3.98	3.59	3.36	3.20	3.09	3.01	2.95	2.90
12	4.75	3.89	3.49	3.26	3.11	3.00	2.91	2.85	2.80
13	4.67	3.81	3.41	3.18	3.03	2.92	2.83	2.77	2.71
14	4.60	3.74	3.34	3.11	2.96	2.85	2.76	2.70	2.65
15	4.54	3.68	3.29	3.06	2.90	2.79	2.71	2.64	2.59
16	4.49	3.63	3.24	3.01	2.85	2.74	2.66	2.59	2.54
17	4.45	3.59	3.20	2.96	2.81	2.70	2.61	2.55	2.49
18	4.41	3.55	3.16	2.93	2.77	2.66	2.58	2.51	2.46
19	4.38	3.52	3.13	2.90	2.74	2.63	2.54	2.48	2.42
20	4.35	3.49	3.10	2.87	2.71	2.60	2.51	2.45	2.39
21	4.32	3.47	3.07	2.84	2.68	2.57	2.49	2.42	2.37
22	4.30	3.44	3.05	2.82	2.66	2.55	2.46	2.40	2.34
23	4.28	3.42	3.03	2.80	2.64	2.53	2.44	2.37	2.32
24	4.26	3.40	3.01	2.78	2.62	2.51	2.42	2.36	2.30
25	4.24	3.39	2.99	2.76	2.60	2.49	2.40	2.34	2.28
26	4.23	3.37	2.98	2.74	2.59	2.47	2.39	2.32	2.27
27	4.21	3.35	2.96	2.73	2.57	2.46	2.37	2.31	2.25
28	4.20	3.34	2.95	2.71	2.56	2.45	2.36	2.29	2.24
29	4.18	3.33	2.93	2.70	2.55	2.43	2.35	2.28	2.22
30	4.17	3.32	2.92	2.69	2.53	2.42	2.33	2.27	2.21
40	4.08	3.23	2.84	2.61	2.45	2.34	2.25	2.18	2.12
60	4.00	3.15	2.76	2.53	2.37	2.25	2.17	2.10	2.04
120	3.92	3.07	2.68	2.45	2.29	2.17	2.09	2.02	1.96
∞	3.84	3.00	2.60	2.37	2.21	2.10	2.01	1.94	1.88

$\alpha = 0.05$

ν_2	ν_1 10	15	20	24	30	40	60	120	∞
1	241.88	245.95	248.01	249.05	250.09	251.14	252.20	253.25	254.32
2	19.40	19.43	19/45	19.45	19.46	19.47	19.48	19.49	19.50
3	8.76	8.70	8.66	8.64	8.62	8.59	8.57	8.55	8.53
4	5.96	5.86	5.80	5.77	5.75	5.75	5.69	5.66	5.63
5	4.74	4.62	4.56	4.53	4.50	4.46	4.43	4.40	4.36
6	4.06	3.94	3.87	3.84	3.81	3.77	3.74	3.70	3.67
7	3.64	3.51	3.44	3.41	3.38	3.34	3.30	3.27	3.23
8	3.35	3.22	3.15	3.12	3.08	3.04	3.01	2.97	2.93
9	3.14	3.01	2.94	2.90	2.86	2.83	2.79	2.75	2.71
10	2.98	2.84	2.77	2.74	2.70	2.66	2.62	2.58	2.54
11	2.85	2.72	2.65	2.61	2.57	2.53	2.49	2.45	2.40
12	2.75	2.62	2.54	2.51	2.47	2.43	2.38	2.34	2.30
13	2.67	2.53	2.46	2.42	2.38	2.34	2.30	2.25	2.21
14	2.60	2.46	2.39	2.35	2.31	2.27	2.22	2.18	2.13
15	2.54	2.40	2.33	2.29	2.25	2.20	2.16	2.11	2.07
16	2.49	2.35	2.28	2.24	2.19	2.15	2.11	2.06	2.01
17	2.45	2.31	2.23	2.19	2.15	2.10	2.06	2.01	1.96
18	2.41	2.27	2.19	2.15	2.11	2.06	2.02	1.97	1.92
19	2.38	2.23	2.16	2.11	2.07	2.03	1.98	1.93	1.88
20	2.35	2.20	2.12	2.08	2.04	1.99	1.95	1.90	1.84
21	2.32	2.18	2.10	2.05	2.01	1.96	1.92	1.87	1.81
22	2.30	2.15	2.07	2.03	1.98	1.94	1.89	1.84	1.78
23	2.27	2.13	2.05	2.00	1.96	1.91	1.86	1.81	1.76
24	2.25	2.11	2.03	1.98	1.94	1.89	1.84	1.79	1.73
25	2.24	2.09	2.01	1.96	1.92	1.87	1.82	1.77	1.71
26	2.22	2.07	1.99	1.95	1.90	1.85	1.80	1.75	1.69
27	2.20	2.06	1.97	1.93	1.88	1.84	1.79	1.73	1.67
28	2.19	2.04	1.96	1.91	1.87	1.82	1.77	1.71	1.65
29	2.18	2.03	1.94	1.90	1.85	1.81	1.75	1.70	1.64
30	2.16	2.01	1.93	1.89	1.84	1.79	1.74	1.68	1.62
40	2.08	1.92	1.84	1.79	1.74	1.69	1.64	1.58	1.51
60	1.99	1.84	1.75	1.70	1.65	1.59	1.53	1.47	1.39
120	1.91	1.75	1.66	1.61	1.55	1.50	1.43	1.35	1.25
∞	1.83	1.67	1.57	1.52	1.46	1.39	1.31	1.22	1.00

$\alpha = 0.10$

ν_2	ν_1 1	2	3	4	5	6	7	8	9
1	39.86	49.50	53.59	55.83	57.24	58.20	58.91	59.44	59/86
2	8.53	9.00	9.16	9.24	9.29	9.33	9.35	9.37	9.38
3	5.54	5.46	5.39	5.34	5.31	5.28	5.27	5.25	5.24
4	4.54	4.32	4.19	4.11	4.05	4.01	3.98	3.95	3.94
5	4.06	3.78	3.62	3.52	3.45	3.40	3.37	3.34	3.32
6	3.78	3.46	3.29	3.18	3.11	3.05	3.01	2.98	2.6
7	3.59	3.26	3.07	2.96	2.88	2.83	2.78	2.75	2.72
8	3.46	3.11	2.92	2.81	2.73	2.67	2.62	2.59	2.56
9	3.36	3.01	2.81	2.69	2.61	2.55	2.51	2.47	2.44
10	3.28	2.92	2.73	2.61	2.52	2.46	2.41	2.38	2.35
11	3.23	2.86	2.66	2.54	2.45	2.39	2.34	2.30	2.27
12	3.13	2.81	2.61	2.48	2.39	2.33	2.28	2.24	2.21
13	3.14	2.76	2.56	2.43	2.35	2.28	2.23	2.20	2.16
14	3.10	2.73	2.52	2.39	2.31	2.24	2.19	2.15	2.12
15	3.07	2.70	2.49	2.36	2.27	2.21	2.16	2.12	2.09
16	3.05	2.67	2.46	2.33	2.24	2.18	2.13	2.09	2.06
17	3.03	2.64	2.44	2.31	2.22	2.15	2.10	2.06	2.03
18	3.01	2.62	2.42	2.29	2.20	2.13	2.08	2.04	2.00
19	2.99	2.61	2.40	2.27	2.18	2.11	2.06	2.02	1.98
20	2.97	2.59	2.38	2.25	2.16	2.09	2.04	2.00	1.96
21	2.96	2.57	2.36	2.23	2.14	2.08	2.02	1.98	1.95
22	2.95	2.56	2.35	2.22	2.13	2.06	2.01	1.97	1.93
23	2.94	2.55	2.34	2.21	2.11	2.05	1.99	1.95	1.92
24	2.93	2.54	2.33	2.19	2.10	2.04	1.98	1.94	1.91
25	2.92	2.53	2.32	2.18	2.09	2.02	1.97	1.93	1.89
26	2.91	2.52	2.31	2.17	2.08	2.01	1.96	1.92	1.88
27	2.90	2.51	2.30	2.17	2.07	2.00	1.95	1.91	1.87
28	2.89	2.50	2.29	2.16	2.06	2.00	1.94	1.90	1.87
29	2.89	2.50	2.28	2.15	2.06	1.99	1.93	1.89	1.86
30	2.88	2.49	2.28	2.14	2.05	1.98	1.93	1.88	1.85
40	2.84	2.44	2.23	2.09	2.00	1.93	1.87	1.83	1.79
60	2.79	2.39	2.18	2.04	1.95	1.87	1.82	1.77	1.74
120	2.75	2.35	2.13	1.99	1.90	1.82	1.77	1.72	1.68
∞	2.71	2.30	2.08	1.94	1.85	1.77	1.72	1.67	1.63

$\alpha = 0.10$

ν_2	ν_1 10	12	15	20	24	30	40	60	120	∞
1	60.20	60.71	61.22	61.74	62.00	62.26	62.53	62.79	63.06	63.83
2	9.39	9.41	9.42	9.44	9.45	9.46	9.47	9.47	9.48	9.49
3	5.23	5.22	5.20	5.18	5.18	5.17	5.16	5.15	5.14	5.13
4	3.92	3.90	3.87	3.84	3.83	3.82	3.80	3.79	3.78	3.76
5	3.30	3.27	3.24	3.21	3.19	3.17	3.16	3.14	3.12	3.10
6	2.94	2.90	2.87	2.84	2.82	2.80	2.78	2.70	2.74	2.72
7	2.70	2.67	2.63	2.59	2.58	2.56	2.54	2.51	2.49	2.47
8	2.54	2.50	2.46	2.42	2.40	2.38	2.36	2.34	2.32	2.29
9	2.42	2.38	2.34	2.30	2.28	2.25	2.23	2.21	2.18	2.16
10	2.32	2.28	2.24	2.20	2.18	2.16	2.13	2.11	2.08	2.06
11	2.25	2.21	2.17	2.12	2.10	2.08	2.05	2.03	2.00	1.97
12	2.19	2.15	2.10	2.06	2.04	2.01	1.99	1.96	1.93	1.90
13	2.14	2.10	2.05	2.01	1.98	1.96	1.93	1.90	1.88	1.85
14	2.10	2.05	2.01	1.96	1.94	1.91	1.89	1.86	1.83	1.80
15	2.06	2.02	1.97	1.92	1.90	1.87	1.85	1.82	1.79	1.76
16	2.03	1.99	1.94	1.89	1.87	1.84	1.81	1.78	1.75	1.72
17	2.00	1.96	1.91	1.86	1.84	1.81	1.78	1.75	1.72	1.69
18	1.98	1.93	1.89	1.84	1.81	1.78	1.75	1.72	1.69	1.66
19	1.96	1.91	1.86	1.81	1.79	1.76	1.73	1.70	1.67	1.63
20	1.94	1.89	1.84	1.79	1.77	1.74	1.71	1.68	1.64	1.61
21	1.92	1.88	1.83	1.78	1.75	1.72	1.69	1.66	1.62	1.59
22	1.90	1.86	1.81	1.76	1.73	1.70	1.67	1.64	1.60	1.57
23	1.89	1.84	1.80	1.74	1.72	1.69	1.66	1.62	1.59	1.55
24	1.88	1.83	1.78	1.73	1.70	1.67	1.64	1.61	1.57	1.53
25	1.87	1.82	1.77	1.72	1.69	1.66	1.63	1.59	1.56	1.52
26	1.86	1.81	1.76	1.71	1.68	1.65	1.61	1.58	1.54	1.50
27	1.85	1.80	1.75	1.70	1.67	1.64	1.60	1.57	1.53	1.49
28	1.84	1.79	1.74	1.69	1.66	1.63	1.59	1.56	1.52	1.48
29	1.83	1.78	1.73	1.68	1.65	1.62	1.58	1.55	1.51	1.47
30	1.82	1.77	1.72	1.67	1.64	1.61	1.57	1.54	1.50	1.49
40	1.76	1.71	1.66	1.61	1.57	1.54	1.51	1.47	1.42	1.38
60	1.71	1.66	1.60	1.54	1.51	1.48	1.44	1.40	1.35	1.29
120	1.65	1.60	1.54	1.48	1.45	1.41	1.37	1.32	1.26	1.19
∞	1.60	1.55	1.49	1.42	1.38	1.34	1.30	1.24	1.17	1.00

참고문헌

Carole L. Jurkiewicz, Tom K. Massey, Jr., & Roger G. Brown(1998). Motivation in Public and Private Organizations: A Comparative Study. *Public Productivity & Management Review*, 21(3): 230-250.

John E. Freund & Benjamin M. Perles(1999). *Statistics: A First Course*(7th ed.).: Prentice Hall.

Lee, S-H & Olshfski, D.(2002a). An examination of variations in the nature of employee commitment: The case of paid and volunteer firefighters. *International Review of Public Administration*, 7(1): 29-38.

______(2002b). Employee commitment and firefighters: It's my job. *Public Administration Review*, 62(Special Issue): 108-114.

Lyman R. Ott(1993). *An Introduction to Statistical Methods and Data Analysis*(4th ed.).: Duxbury Press.

Murray R. Spiegel(1992). *Theory and Problems of Statistics*(2nd ed.).: Mcgraw-Hill Inc.

Package 'semPlot'(August 20, 2019). available on-line at https://cran.r-project.org/web/packages/semPlot/semPlot.pdf, accessed on August 30, 2021.

Seok-Hwan Lee(2008). The Effect of Employee Trust and Commitment on Innovative Behavior in the Public Sector: An Empirical Study. *Inter-*

national Review of Public Administration, 13(1): 27-46.

김계수(2015). 『R-구조방정식 모델링』(서울: 한나래출판사).

박국흠(2017). 『엑셀을 활용한 계량행정』(서울: 대영문화사).

백영민(2017). 『R을 이용한 텍스트 마이닝』(파주: 한울엠플러스).

신종화 · 김선업 · 정희태 역(2017). 『R인 액션: 빅데이터 분석도구』(서울: 홍릉과학출판사).

이석민(2019). 『인문사회과학을 위한 빅데이터 분석방법론』(서울: 윤성사).

이석환(2008). 『행정과 컴퓨터』(강의교재). 국민대학교 행정학과.

허훈 · 고대유(2019). 『빅데이터 시대의 계량행정론: R-Studio로 배우는 통계입문』(서울: 윤성사).

찾아보기

ㅇ

ㅈ

ㅊ

ㅋ

저자 소개

이석환

서울 출생. 국민대 행정학과와 고려대 대학원 행정학과를 졸업하고, 미국 뉴저지주립대학교(Rutgers University)에서 성과관리 및 생산성 분야에서 행정학 박사학위를 취득하였으며, 미국 일리노이대학교(University of Illinois-Springfield) 행정학과 조교수, 가톨릭대학교 행정학과 조교수를 거쳐 현재 국민대학교 행정학과 교수로 재직하고 있다. 2004년 국내 최초로 경기도 부천시에 중앙정부에 앞서 BSC(Balanced ScoreCard)에 기반한 성과관리모델을 도입·구축하는 데 자문교수로 활동하였으며, 이후 광역 및 기초자치단체에 성과관리시스템을 도입하는 데 자문을 해 왔다. 한편 국무총리실 정부업무평가단 평가위원, 중앙부처 자체평가위원회 위원장 및 위원, 기획재정부의 공공기관경영평가단 위원 등을 역임하면서 성과관리 및 평가 분야에 다양한 평가활동 및 자문을 수행해 왔다. 2019년에 한국정책분석평가학회 회장을 역임하였고, 주요 저서로는 『The B·L·U·E Government: 성과와 결과를 창출하는 유능한 미래정부의 조건(2021, 법문사)』, 『Public Productivity Handbook(2004, 2nd Edition, Marcel Dekker, 공저자: Marc Holzer)』, 『UOFO(Unreasonable Objectives-focused Organization): 신뢰받는 정부와 기업을 위한 전략적 성과관리(2008, 법문사)』, 『Public Administration in a Globalized World: Theories and Practices between the US and Korea(2014, M.E. Sharpe & Daeyoung, 공저자: Marc Holzer & Rechard Schwester)』 외 국내·외 다수가 있고, 성과관리와 관련된 논문들이 *Public Administration Review*, *Public Performance & Management Review*, *Review of Public Personnel Administration*, *International Journal of Public Administration* 등 다수의 유명 해외저널과 국내저널에 실려 있다. SCOPUS 등재저널인 *International Review of Public Administration*(*IRPA*)의 편집위원장을 역임하였으며, 현재 미국행정학회(ASPA)의 SSCI 등재저널인 *Public Performance & Management Review*(*PPMR*)와 *Review of Public Personnel Administration*(*ROPPA*)의 편집위원(Editorial Board Member)으로 활동하고 있다.

R-Studio와의 대화를 통한 행정/경영계량분석

이기는 통계학(Winning Statistics)

챔피언과 도전자 관점에서 본 게임 중심의 스토리가 있는 통계학

펴낸날 제1판 제1쇄 2022년 2월 16일
지은이 이석환
펴낸이 임춘환
펴낸곳 도서출판 **대영문화사**
주소 (본사) 사무실: 경기도 고양시 일산서구 주화로 70 우신프라자 307호 (우) 10387)
(본사) 물류센터: 경기도 고양시 일산서구 덕산로 107번길 68-50 (우) 10205)
등록 1975년 12월 26일 제3-16호
전화 (031) 913-3062, (031) 914-3884~5
팩스 (031) 913-3839
홈페이지 http://www.dymbook.co.kr

인지
도서출판 대영문화사

ISBN 978-89-7644-858-3
값 17,000원